JOSEPH CAILLAUX

DEVANT L'HISTOIRE

Mes prisons

> Les forfaits sont parfois récompensés en ce monde, mais la satisfaction n'en dure pas longtemps.
>
> Mémoires de SAINT-SIMON

PARIS
ERNEST FLAMMARION, ÉDITEUR

26, Rue Racine, 26

Quarante-sixième mille

Mes prisons

JOSEPH CAILLAUX

DEVANT L'HISTOIRE

Mes prisons

Les forfaits sont parfois récompensés en ce monde, mais la satisfaction n'en dure pas longtemps.

(Mémoires de Saint Simon.)

PARIS

ERNEST FLAMMARION, ÉDITEUR

26, RUE RACINE, 26

A tous ceux qui...

—————

*A tous ceux qui m'ont soutenu au cours des
épreuves que j'ai subies depuis près de dix ans; à
tous ceux qui m'ont remercié d'avoir maintenu la
paix du monde le jour où, poursuivant une politique
traditionnelle dont j'accentuais le dessin, je dénouais
la crise d'Agadir; à tous ceux qui. pendant les deux
années et demie durant lesquelles je fus torturé, m'ont
réconforté en me criant leur confiance à travers les
barreaux de mes prisons; à tous ceux qui, avec une
attention passionnée, ont suivi les étapes de mon cal-
vaire; à tous ceux qui m'ont magnifiquement défendu
par la plume, par la parole. par la clameur enthou-
siaste; à tous ceux, à toutes celles qui, m'écoutant à
la Haute-Cour ou bien lisant ma défense, m'adres-
saient le touchant hommage de leur sympathie; à
tous ceux, à toutes celles qui, remplissant les tribunes le dernier jour où je parlai, firent retentir les
voûtes du Sénat d'applaudissements dont l'écho se
prolongea bien au delà du Luxembourg; à tous ceux,
à toutes celles qui m'ont compris ou deviné, j'offre
ce livre.*

*Je l'ai écrit sans haine — « Mon cœur est fait
pour l'amour et non pour la haine », dit l'Antigone
de Sophocle — je l'ai écrit sans passion. J'ai fait
effort pour contenir les frémissements de mon être.*

Je n'ai pas dit combien on m'avait fait souffrir. J'ai faiblement représenté les traitements que j'ai subis. Je n'ai pas parlé des douleurs morales qui me furent infligées.

Oh ! la douleur des nuits sur la couchette de la cellule quand, cherchant le sommeil qui fuit, on songe qu'un gouvernement de brutalité, pour satisfaire les basses passions que ses suppôts ont déchaînées, pour arrêter un vaste mouvement démocratique, pour obéir peut-être à de mystérieuses injonctions, pour se parer en tous cas d'un rôle de sauveur, a accumulé contre celui qu'il a pris la précaution préalable d'emmurer les accusations les plus monstrueuses! la douleur des nuits où l'on pense que des millions de braves gens peuvent accepter, acceptent sans doute, les mensonges répandus dans le public! Et l'on revoit sa vie, et l'on n'y rencontre pas un acte qui n'ait été dicté par l'amour du pays, et le plus minutieux examen de conscience ne révèle pas une pensée qui n'ait été inspirée par le culte du bien général. Une seule faute : avoir eu, sur la politique, sur les destinées de la France, d'autres conceptions que celle des maîtres de l'heure, avoir entendu marier la foi patriotique avec le souci de l'humanité, selon de grandes traditions, avoir en même temps envisagé les périls de toute sorte que courait la patrie, avoir regardé tous les récifs quels qu'ils fussent, avoir anxieusement scruté l'avenir, s'être à de certaines heures remémoré le mot de Vergniaud : « Craignez « qu'au milieu de ses triomphes, la France ne res-« semble à ces monuments fameux qui, dans « l'Egypte, ont vaincu le temps. L'étranger qui passe « s'étonne de leur grandeur. S'il veut y pénétrer, « qu'y trouve-t-il? Des cendres inanimées, et le si-« lence des tombeaux. » Et voici que, dans la demi-obscurité qui enveloppe, surgissent les fantômes de ceux qui furent traqués pour les mêmes crimes d'opi-

nion et de pensée : les hérésiarques, les penseurs libres, plus près de nous les hommes d'Etat de la Révolution, dont les procès s'apparentent de si près
avec celui qui est à l'horizon, et tant d'autres... tous,
tous, accusés de menées ténébreuses, d'intelligence
avec l'ennemi, de complots contre la sûreté de
l'Etat... que sais-je?... « Il est inépuisable le voca-
« bulaire de l'hypocrisie et de l'injustice, » s'écriait
Benjamin Constant. Elles sont inépuisables les ressources de la calomnie, se dit-on, et, à côté des
Malesherbes, des Vergniaud, des Danton, on entrevoit ceux qui, sans avoir subi le martyr des procès
d'infamie, eurent la chair labourée par l'outrage qui
leur coûta la vie ; on aperçoit Jules Ferry, Jaurès...
Grandes ombres qui font cortège! admirable lignée
où l'on prendra joyeusement place! Mais la pensée
évolue, s'étrangle dans l'angoisse de la nuit d'in-
somnie : Aura-t-on cette consolation suprême? Les
images des grands persécutés, resplendissent sur
l'écran de l'histoire... pas toutes... Il est des
hommes qui ont emporté jusque dans le tombeau,
collée à leurs flancs, la tunique de Nessus de la calomnie. Pâtir pour l'idée, passer des années dans une
géhenne accusé ou condamné pour un crime d'opinion, ce n'est rien. On ne peut aider son temps sans
le dépasser et le bourreau a toujours guetté le précur-
seur. Mais songer que, de par la puissance du mensonge, on peut s'abîmer dans l'ignominie, que le
nom qu'on porte et qui est pur de toute souillure
peut être taché de boue... il n'est pas de plus intolérable souffrance.

Quelques mots d'un ami qui n'abandonne pas —
il en est beaucoup parmi ceux qui ne doivent rien,
— des fleurs envoyées par un de ces humbles qui,
dans les réunions populaires, acclament avec une
touchante ferveur les tribuns au grand cœur s'élevant contre l'odieuse injustice, des lettres d'in-

connus dont les uns clament leur foi, dont les
autres disent les troubles de leur conscience, dissi-
pent le mauvais rêve, expriment l'opinion silencieuse
qui veille. C'est pour informer complètement cette
opinion silencieuse déjà édifiée par le déroulement
du drame judiciaire, par l'incroyable lenteur de l'instruction, par la transformation du procès en trahison
en un procès politique, par le dessaisissement du
Conseil de guerre au profit de la Haute-Cour, par le
débat devant le Sénat, par l'écroulement de l'accusation, par la misère d'un verdict dont un de ceux qui
y ont participé a pu dire qu'il était « un acquittement
dans la lâcheté », que j'ai écrit ce volume.

« *Je te cite devant le tribunal de Dieu,* » criait au
roi de France le Grand Maître des Templiers Jacques
Molay montant sur le bûcher. Je cite devant le tribunal de l'Histoire, avec, à mes côtés, cette opinion
du monde que j'évoque, les auteurs directs et indi-
rects, les bas artisans d'une machination ourdie aux
fins de servir, en même temps que l'expansion des
grandes races qui veulent dominer le monde, la contre-révolution dont l'avènement, s'il survenait, sonne-
rait le glas d'une France dévoyée.

J. CAILLAUX.

Mes prisons

CHAPITRE PREMIER

RÉFORMES ET RÉACTION
LA PAIX OU LA GUERRE
CLEMENCEAU — JAURÈS

En tête de ce livre où je décrirai la tourmente qui, pendant quelques années, a enveloppé ma vie et dont j'aperçois que je ne la puis complètement expliquer si je n'élargis mon récit, j'inscrirai une double épigraphe.

Attentif à son destin, Mirabeau a dit la haine que les gens de sa caste vouent aux hommes qui, sortis de leurs rangs, s'appliquent à servir la grande cause des revendications populaires. Il a montré les aristocrates poursuivant ceux auxquels ils reprochent de les avoir abandonnés avec une rigueur implacable dans le double but « de décourager qui serait tenté de les suivre et d'inspirer la terreur par le choix de la victime ». La grande bourgeoisie, qui s'est haussée à la place vide des nobles, s'est approprié une direction où elle a cru qu'elle pourrait trouver une sauvegarde pour ses privilèges nouveaux coulés dans le moule des privilèges anciens. Comme les pairs du comte de Mirabeau, les grands bourgeois du xxe siècle éprouvent une aversion instinctive pour tous ceux qui leur appartiennent par la naissance, mais que leur mentalité, la pente de leur esprit, l'étude objective et probe des faits politiques, économiques et sociaux orientent vers la démocratie, pour tous ceux qui sont imbus de cette idée que la société issue de la Révolution française ne peut vivre et se développer qu'à la condition de se périodiquement réformer et renouveler. Les héritiers de l'ancienne noblesse ont peine à comprendre qu'il faut, ainsi que Sieyès le conseillait à leurs aînés en 1788, « céder doucement à l'action du temps, à l'influence des lumières ». Ils se persuadent difficilement que l'intérêt, qui se concilie avec le devoir, commande aux classes dirigeantes d'ouvrir leurs rangs, de faire raisonnablement place à ceux qui attendent, d'éviter la peur — « mal terriblement français en politique », disait Gambetta, « le pire des conseillers d'une nation », ajoutait-il, — la peur dont ceux qui s'y abandonnent en haut n'aperçoivent pas qu'elle suscite l'esprit d'aventure et de violence en bas. Ils croient plus expédient de pourchasser les sages qui prêchent les accommodements et les concessions.

« Ceux qui ont servi la Révolution ont labouré la mer », s'écriait Bolivar mourant. Les hommes qui, comme le libérateur des Amériques du Sud, se sont voués au progrès démocratique, se sont efforcés de concilier les intérêts des classes, de les rapprocher, de préparer les moissons du lendemain en imposant les sacrifices utiles aux favorisés de la fortune, ont pu, à de certaines heures, quand les haines dont parlait Mirabeau s'abattaient sur eux, jetaient dans leur existence des épisodes de tragédie, se remémorer cette parole et établir un parallèle, qui ne va pas sans quelque mélancolie, entre le réformateur obstiné agonisant dans l'abandon et ceux qui, sortis des classes populaires, désertèrent la cause de la Révolution après avoir fait mine de la servir. Vers l'époque où succombait Bolivar, Fouché

et ses pareils pêchaient maint trésor dans la grande
eau trouble de la politique... Mais que vaut la victoire apparente des cynismes et des apostasies? Le
héros de l'Amérique latine eût recommencé sa vie
si elle eût été à refaire; il eût laissé à d'autres —
il n'en manquera jamais! — le soin de suivre ou de
continuer Fouché.

Les deux formules que j'évoque encadrent ma
vie publique dont je ne conterai que l'une des
phases, mais dont il me faut dire cependant que
son point de départ me valut l'animosité des
royalistes que je dépouillai de la circonscription
de Mamers. Les conservateurs m'eussent par-
donné si j'étais resté dans le camp des républicains modérés soucieux de ménager la puissance
de l'Eglise et les intérêts des classes riches. Mais,
une année après mon entrée à la Chambre, j'étais
ministre des Finances dans le cabinet Waldeck-
Rousseau, je prenais ma part de responsabilité
dans le dépôt et dans le vote de la grande loi sur
les associations, je faisais surtout aboutir la
réforme des impôts sur les boissons, la réforme
des droits sur les successions, je préparais la
refonte des impôts sur les sucres, je traçais dès
ce moment le dessin d'une politique de rénova-
tion fiscale que je ne devais cesser de développer
et qui avait pour caractéristiques : la réduction des
impôts sur les denrées de première nécessité, l'aug-
mentation des taxes sur les classes fortunées. La
guerre m'est dès lors déclarée par tous ceux qui ne
comprennent pas qu'on ne peut conserver les forêts
en santé qu'à la condition de couper le bois mort,
par tous ceux-là même qui, entendant obscurément
la nécessité des réformes, se cramponnent cependant avec un égoïsme désespéré aux avantages qu'ils
détiennent. Les animosités dont je suis l'objet vont
en s'amplifiant à mesure que les années s'écoulent

et qu'on me voit accentuer ma politique financière.
Un moment d'accalmie entre 1902 et 1906 pendant
que je suis à l'écart des affaires ! Mais, quand, re-
prenant la direction des services du ministère des
Finances dans le cabinet Clemenceau, j'exprime
dans un projet d'impôt sur le revenu longuement
médité, laborieusement édifié, toute ma doctrine
fiscale, la fureur éclate dans les milieux conservateurs avec lesquels la presse fait chorus. J'ai dit
ailleurs, dans un essai qui a vu le jour en dehors
de moi et malgré moi, la transformation qui s'est
opérée depuis quelques années dans le journalisme
contemporain. C'est à l'heure actuelle, ai-je écrit.
un lieu commun pour les hommes politiques de
constater l'effacement dans les grandes villes du
monde et surtout à Paris des journaux de parti et
de principes devant les grands journaux d'information. Le grand journal d'information, qui tire à
plusieurs centaines de mille exemplaires, qui dépasse parfois le million, représente une vaste entreprise. C'est une grosse affaire qui nécessite un capital de plusieurs millions, souvent de quelques di-
zaines de millions. Ceux qui la dirigent ou la soutiennent appartiennent nécessairement aux classes
riches. Tant que les républicains de gauche pour-
suivirent l'exécution d'un programme purement
politique dont la base était l'anticléricalisme, les
hommes d'affaires, maîtres des grands journaux, ne
marchandèrent pas leurs concours. Que leur impor-
tait la dissolution des congrégations, la séparation
des Eglises et de l'Etat ? Mais, le jour où, ce programme étant épuisé, les partis de gauche annon-
cèrent l'intention d'aborder les réformes sociales et
financières et où se profila à l'horizon le spectre de
l'impôt sur le revenu, tout changea. Contristés à
l'idée qu'il leur faudrait supporter un prélèvement
notable sur leurs énormes revenus, craignant sur-

tout des indiscrétions fâcheuses sur l'importance et
l'origine de leurs fortunes rapidement édifiées, les
capitalistes qui détenaient les grands organes d'information et la clientèle qui les entourait lièrent in-
sensiblement partie avec les conservateurs. Dès lors,
l'homme qui avait donné corps à la réforme fiscale
depuis longtemps débattue devant le pays, mais
dont, jusqu'à lui, on n'avait pas trouvé la formule
décisive, devenait l'objet de leurs attaques. Ceux
d'entre eux qui avaient quelque espace dans la pensée étaient d'autant plus alarmés qu'ils apercevaient
que l'impôt sur le revenu était redoutable pour leurs
intérêts moins à raison de ce qu'il renfermait en
lui-même qu'à raison de ce qu'il préparait. Ils entendaient qu'il devait être le prélude de systèmes
économiques et sociaux qui charpenteraient la
France; ils comprenaient que, aboutissant à un ca-
dastre des fortunes, la réforme fournirait aux pouvoirs publics les moyens de prévenir les excès de
ploutocratie qui pourraient surgir, soit des grandes
affaires, soit des événements, les moyens aussi de
proportionner à la taille de chacun les fardeaux de
tout ordre que les nécessités de l'heure, les besoins
de solidarité sociale commanderaient à la nation
d'assumer. Une grande transformation à l'horizon!
Salutaire et saine — nul homme réfléchi n'en peut
douter, — mais dommageable à ceux des puissants
du jour qui veulent à tout prix s'épargner les douleurs, à la fois nécessaires et momentanées, du progrès bienfaisant! Pour la prévenir, pour en retarder
tout au moins l'échéance, il faut abattre l'audacieux
qui prétend reconstruire la vieille maison fiscale si
confortablement aménagée pour le repos de la grande
bourgeoisie. Tous les moyens seront mis en œuvre
pour y parvenir.

*
* *

Les concours manqueront d'autant moins que

celui qui est en cause a des défauts de caractère — il lui arrive de répéter le mot de Jules Ferry : « Ceux qui ont du caractère l'ont généralement mauvais » — et qu'il s'est aliéné, qu'il s'aliène bien des... personnages par la rudesse intransigeante qu'il apporte dans la gestion des affaires de l'Etat. Quelque délicat que soit l'exposé que je vais faire, je ne puis cependant l'omettre. Pour le présenter comme il convient, il me faut remonter à mon passé.

Issu d'une race bourgeoise attentive à ses intérêts, soucieuse sans doute de l'argent dont elle sait qu'il est l'armature de sa caste, mais profondément honnête, ne connaissant d'autre source d'enrichissement que le placement heureux et surtout, par dessus tout, l'économie, descendant d'officiers ministériels ou de magistrats d'une probité scrupuleuse, fils d'un ingénieur des ponts et chaussées, dont la carrière faillit être brisée parce qu'il avait violemment dénoncé les malversations de certains entrepreneurs s'enrichissant aux dépens de l'Etat, j'ai été élevé dans l'horreur du gain illicite. Les dix années que j'ai passées dans l'Inspection des finances à rechercher les moindres défaillances des administrateurs ou des comptables de deniers publics ont encore prononcé les directions d'esprit que m'avaient inculquées l'atavisme et l'éducation. Dans la vie politique je suis resté inspecteur des finances, fils d'ingénieur des ponts et chaussées. Non seulement j'ai géré la fortune de la France, quand elle m'a été confiée, comme mon propre patrimoine, mais, dès que j'ai aperçu, autour des affaires publiques ou à leur occasion, quelques tentatives... je ne me suis pas borné à écarter doucement, j'ai réprimé rudement. Je n'ai même pas manqué de fustiger, avec trop de vivacité sans doute, selon mon tempérament, ceux qui essayaient ces ma-

nœuvres, quelles que fussent leur situation ou leur
qualité.

De là une abondante moisson d'ennemis!

Publicistes financiers, intermédiaires suspects
entre le monde des affaires d'une part, le monde
politique et le monde de la presse de l'autre, parvenus enrichis à l'aide de tripotages effrontés dans
les grandes entreprises nationales et désireux d'a-
jouter encore à leur opulence, tous ces hommes
habitués à gagner sans travail, à l'aide des liens
sociaux, de grosses sommes, recherchent les politiques qui tolèrent leurs agissements ou, à tout
le moins, font semblant de les ignorer. Pour ceux-
là seuls ils ont une sympathie agissante. A la rigueur supportent-ils, en les entourant d'une bien-
veillante commisération, les honnêtes gens qui, investis du pouvoir, ne se prêtent pas à leurs desseins,
mais qui n'ont pas le courage de les heurter trop
rudement. Mais ceux qui élèvent la voix, ceux qui
barrent la route, deviennent l'objet des campagnes
les plus violentes et les plus passionnées.

Combien de faits ne pourrais-je pas citer!

J'en retiendrai deux.

Quelque jour de la fin de 1910 — je n'étais pas
au gouvernement — j'appris qu'il était question
d'admettre à la cote de la Bourse certaine tranche
de valeurs étrangères *à lots* contrairement à la loi.
On invoquait un précédent. J'annonce l'intention
de m'y opposer. On vient me voir et on m'explique :
le directeur d'une grande affaire de presse a acheté
un paquet de ces titres, un très large bénéfice lui
est assuré si les valeurs en question sont cotées. « A
qui cela fera-t-il tort? » me demande-t-on. « Simplement à la petite épargne qui achètera trop cher
des titres qui la séduisent, mais dont le législateur
a sagement entendu l'écarter », telle fut ma réponse, et je conclus en indiquant que j'interpel-

lerais. Naturellement il ne fut plus question de l'opération. Mais on ne me pardonna pas d'avoir entravé un si beau projet.

J'ai dit dans mon livre sur Agadir ce qu'était l'affaire de la N'Goko-Sangha. J'ai omis d'indiquer que, quand on essaya d'escroquer à l'Etat une indemnité qui n'était due ni en droit ni en fait, on me dépêcha un sénateur, avoué de la Compagnie, qui aborda la question que j'ignorais dans mon cabinet de ministre des Finances. Ma réplique un peu rude ne fut jamais oubliée. J'eus l'occasion de m'en apercevoir au cours du procès de la Haute-Cour. Quand les hommes d'affaires qui conduisaient la N'Goko-Sangha eurent imaginé le célèbre consortium, c'est-à-dire la fusion de la compagnie française avec une entreprise allemande ou, pour mieux dire, l'absorption par les Allemands de la société française et par suite l'abandon d'une partie du Congo à l'Allemagne, mon adhésion à cette mirifique opération fut encore sollicitée par le directeur d'un grand journal — nationaliste bien entendu — qui est aujourd'hui sénateur. Comme ses suggestions n'eurent d'autre résultat que de me faire accentuer mon opposition à cette monstrueuse opération, je fus depuis ce moment en butte à une campagne passionnée du grand organe qu'il dirigeait. Il va de soi qu'on y a constamment incriminé mon patriotisme.

L'Arétin écrivait jadis à Michel-Ange, qui lui avait refusé un dessin, une lettre blâmant sévèrement l'impudicité des figures de la Sixtine !

*
* *

A l'hostilité des hommes d'affaires et de presse, mus par les raisons que je viens de dire ou obsédés par la crainte des réformes, devait s'ajouter l'animosité violente du parti nationaliste. Jusqu'en 1911 j'étais le ministre des Finances haïssable de l'impôt sur le revenu; j'étais aussi l'inspecteur des finances dont l'inflexibilité administrative est gênante. Je n'étais que cela. Après Agadir, je fus non seulement l'homme de la réforme fiscale, mais l'homme qui avait mis le pied sur des velléités belliqueuses, qui avait empêché la guerre.

Je ne reprendrai naturellement pas l'exposé, que j'ai fait dans un livre, de ma politique de 1911. Politique traditionnelle du parti républicain ! Politique de conciliation européenne dont le principal objet était de prévenir l'immense catastrophe que je voyais poindre à l'horizon! Politique qui m'était dictée par le souci de maintenir une civilisation dont je savais combien elle était fragile! Politique qui était au surplus impérieusement commandée par l'état de nos alliances, par l'insuffisance de notre préparation militaire! Politique dont je ne me lasserai pas de dire qu'elle a préservé mon pays! Politique qui n'a pu cependant être mise en œuvre qu'en surmontant des oppositions aussi irréfléchies, aussi pleines d'illusions que celles qui, en 1870, parvinrent à l'emporter grâce à la mégalomanie du duc de Gramont et de ses bureaux, grâce à la faiblesse d'un Emile Ollivier. Même état d'esprit au Quai d'Orsay en 1911 qu'en 1870 : le ministre des Affaires étrangères a simplement changé de nom; le duc de Gramont s'appelle M. de Selves!

La politique de mesure et de bon sens que j'avais fait prévaloir à la Chambre des Députés aurait sans doute triomphé au Sénat malgré l'opposition sourde de personnages consulaires, impatients de recueillir ma succession, si je n'avais été guetté, au coin de la commission sénatoriale chargée d'examiner le traité du 4 novembre 1911, par mon ancien Président du Conseil de 1906, par M. Clemenceau.

Je ferai sans doute quelque jour le portrait en

pied de Clemenceau. J'écrirai ce que je sais, ce que m'ont appris mes anciens, ceux qui furent mes guides en politique; je dirai, après les avoir soigneusement contrôlés et mis au point, les récits qui me furent faits par des ambassadeurs, des fonctionnaires de la Sûreté générale, de grands hommes d'affaires qui approchèrent Clemenceau ou furent mêlés de près ou de loin à sa vie. Mais c'est plus tard que j'essaierai de résumer le tumulte de cette existence. Pour le moment, il ne sied pas que je puisse m'attirer le reproche, même injustifié, de retourner l'injustice dont j'ai été l'objet contre celui qui l'a commise. Certes, au cours de ce récit, je rapprocherai du nom de Bolo, avec lequel j'eus comme tant d'autres des relations dont on dut convenir qu'elles furent purement mondaines, celui de Cornélius Herz, de cet interlope financier bavarois qui subventionna — à quelles fins? et avec quel argent? — le journal de Clemenceau, qui mourut à Bournemouth dans un enveloppement de mystère. Quand je parlerai de Lenoir dont on a, sans pouvoir y parvenir, obstinément cherché à accoler le nom au mien, je serai conduit à dire quelle fut l'intimité de Clemenceau avec le courtier de publicité du ministère des Finances, comment, sans l'opposition de la censure, on eut, en 1917, placardé sur les murs de Paris une affiche d'attaques violentes contre Clemenceau avec ce titre : « De Cornélius Herz à Rosenberg en passant par Lenoir. » Mais je ne ferai qu'effleurer ces sujets; je laisse de côté la chronique, je ne lui demande pas, aujourd'hui du moins, de commenter l'histoire.

Il me suffira de représenter largement en quelques coups de pinceau le grand homme politique qu'on a souvent figuré par une formule qui,. les mots important peu, évoque l'âpre génie de destruction qui est en lui. Et c'est sans nul doute à la destruc-

tion qu'ont abouti les gestes de M. Clemenceau.
Mais elle n'est qu'un de ses aspects extérieurs, elle
n'est que le résultat de sa nature. Je vais essayer d'en
démêler le fond sans oublier que notre Michel de
Montaigne a écrit : « L'homme n'est, en tout et par
tout, que rapiècements et bigarrures. »

Clemenceau s'est persuadé que le monde est conduit par les « héros » dont parle Carlyle. Il s'est
situé lui-même au premier rang de ces demi-dieux
dans un épanouissement de l'incommensurable orgueil qui le dévore. Son avènement étant com-
mandé par le Destin qui lui a insufflé du génie, tous
les procédés seront louables qui serviront à ces fins.
Pour les réaliser, pour renverser les obstacles qui se
dresseront devant lui, Clemenceau tournoiera au
milieu des hommes et des idées, happant dans un
vol d'épervier, de droite et de gauche, ceux-ci ou
celles-là dont il pensera qu'il peut se servir contre
ses adversaires, rejetant après l'attaque ce qui lui
paraîtra encombrant, retenant ce qu'il pensera pouvoir utiliser encore, tout prêt d'ailleurs à changer
demain, toujours disposé à tournoyer, à s'abattre
ici ou là, à ramasser dans tous les coins du champ
de bataille les hommes et les choses, quitte à jeter
celles-ci à la voirie, quitte à briser les êtres avec
cette férocité que symbolise le surnom dont il se
réjouit. Un grand journaliste du passé, écrivant sur
Clemenceau à l'aurore de sa carrière, a dit qu'une
de ses caractéristiques c'était « le vague de ses propres idées »; l'épervier en était à ses premiers vols.
Si J.-J. Weiss avait vécu, s'il avait pu suivre les
cercles successifs de l'oiseau de proie, il aurait
aperçu que « le vague dans les idées » qu'il notait
exactement se mariait à une tactique, que la vora-
cité du pouvoir expliquait l'imprécision et l'instabi-
lité du personnage; il l'aurait vu effeuillant sur la
route du temps toutes les réformes politiques, telles

que la revision de la Constitution, qu'il avait agitées
mais qu'il n'avait en réalité soutenues que contre
les détenteurs du pouvoir; il aurait compris que
Clemenceau n'avait de théories que contre quelqu'un; il aurait contasté que ce ne fut qu'après de
multiples et diverses batailles que l'homme politique
essaya de se faire un manteau à la Richelieu avec les
oripeaux rapiécés de l'éternel opposant. Clemenceau
se borna d'ailleurs à coudre l'une à l'autre deux
pièces de dimension et de qualité inégales : en politique intérieure, il retint la séparation des Eglises
et de l'Etat; en politique extérieure, l'alliance anglaise. Totalement étranger aux questions économiques et financières qu'il se glorifie presque
d'ignorer et que, dès lors, sa superbe tient pour
négligeables, il s'agrippa à l'anticléricalisme qui lui
donnait le contact avec la démocratie. Trop supérieur
cependant pour se satisfaire d'un programme étroit,
il prétendit enfermer toute une doctrine dans la séparation des Eglises et de l'Etat dont il imaginait,
sincèrement je crois, — combien de fois ne me
l'a-t-il pas dit à moi-même? — que la seule mise en
œuvre serait le point de départ d'une série de
réformes, déterminerait une transformation dans la
mentalité française. Incroyable puérilité!

En politique extérieure, Clemenceau se souda à
l'Angleterre. Tout récemment, le 6 février 1920, une
feuille anglaise d'Alexandrie, *The Egyptian Gazette*,
saluant le voyage de l'ancien chef de gouvernement
en Egypte, écrivait : « Ennemi de l'Allemagne, il
« n'a jamais envisagé contre les desseins agressifs
« de la Germanie d'autres secours possibles que
« celui de l'Angleterre : c'est pour ce motif qu'il
« s'est toujours résolument opposé de la part de la
« France à n'importe quelle politique d'expansion
« coloniale capable de gêner la domination de l'An-
« gleterre sur les mers. » Certains se demanderont

si la vérité n'est pas autre, si Clemenceau n'a pas
été anti-colonial parce que Gambetta et Ferry étaient
méditerranéens, si ses idées ne lui ont pas été im-
posées par sa perpétuelle tactique d'hostilité aveugle.
Question secondaire! Le fait qui importe, c'est que,
le jour où il prit position dans l'affaire d'Egypte,
Clemenceau, sans le vouloir peut-être, s'engagea à
fond et qu'il fut depuis lors acquis, non pas seulement à l'alliance anglaise — il eût vu juste, — mais,
consciemment ou inconsciemment, à la subordination
de la France à l'Angleterre. Le 18 juillet 1882, Gambetta, soutenant le ministère Freycinet qui préconisait une intervention armée de la France aux côtés
de l'Angleterre sur les bords du Canal de Suez, disait,
en un grand discours où il accordait les crédits de-
mandés afin que « la Méditerranée restât le théâtre
« de l'action française » : « Je suis un ami sincère
« des Anglais, mais non pas jusqu'à leur sacrifier les
« intérêts français...; ce que je redoute le plus, c'est
« que vous ne livriez à l'Angleterre, et pour toujours,
« des territoires, des fleuves et des passages où votre
« droit de vivre et de trafiquer est égal au sien. »
Toute la politique française en ces phrases! Clemenceau la combattait, triomphait de Gambetta,
faisait le jeu de l'Angleterre impérialiste qui souhai-
tait en secret l'échec de l'expédition en commun officiellement proposée. Il était dès lors emprisonné
dans un système de politique extérieure auquel il se
cramponnera dans l'avenir moitié par passion —
j'écarte les raisons qu'a pu lui fournir Cornélius
Herz —, moitié par irréflexion. Car cet esprit vigoureux, cette haute intelligence, cette volonté ne
sont pas seulement entachés d'un orgueil démesuré.
Le surhomme est affligé d'une autre tare : une légèreté prodigieuse, presque inconcevable.
Gambetta, qui le jugeait sans indulgence, l'a sommairement qualifié d'étourneau malfaisant. Il n'a

lui aussi exprimé de la sorte qu'un des aspects de l'homme qu'il a, dit-on, situé plus largement en une lettre où il prédit que l'herbe ne poussera plus sur la terre où Clemenceau aura passé. C'est la vraie formule, la formule définitive. Elle résumera la vie de M. Clemenceau qui s'est d'abord développée dans une période de construction durant laquelle il a nui autant qu'il l'a pu à la grande œuvre d'édification d'une France au delà des mers que poursuivaient obstinément les bons ouvriers de la Troisième République, sans que, fort heureusement, il lui ait été possible de paralyser l'expansion de la patrie. La fin de son existence s'est épanouie dans une phase où il s'est trouvé à l'aise, dans une de ces phases de destruction qui sévissent parfois sur le monde, dont le devoir des hommes d'Etat est d'essayer de prévenir l'éclosion, dont ils doivent à tout le moins s'appliquer à limiter les ravages. M. Clemenceau les a étendus et multipliés. Après avoir essayé de démolir par une critique impitoyable tous les gouvernements de la guerre, il est parvenu à se hisser à leur place en se juchant sur un tas de boue. Répandre à pleines mains le soupçon, crier à la trahison dans un pays où l'on est toujours porté à expliquer les fautes commises par des crimes de bassesse, s'allier aux royalistes pour mener à bonne fin cette noble entreprise, telle fut la première partie de son œuvre. Lorsque l'Allemagne, vaincue sur les bords de la Marne et à Verdun bien avant l'arrivée du surhomme au pouvoir, eut plié les genoux sous l'effort de nos alliés d'Amérique et de nos soldats, Clemenceau paracheva sa tâche en bâtissant des traités qui consacrent l'omnipotence anglo-saxonne tout en renfermant, suivant une expression qui ne m'appartient pas, le minimum de paix dans le maximum d'anarchie. Ainsi aura-t-il couronné sa carrière en désagrégeant le moral du pays, en laissant préparer le lit de la royauté, en s'efforçant de faire de la France une vassale de l'Angleterre, isolée au milieu d'une Europe balkanisée.

Il inaugura cette entreprise de longue haleine en même temps qu'il poursuivait ses travaux coutumiers, en renversant le gouvernement que je présidais en janvier 1912. Les gens de l'*Action Française* ont souvent remarqué, non sans raison, que de cette époque datait une nouvelle orientation gouvernementale, que le ministère Caillaux avait clos la grande période républicaine, qui partait de 1899. Les nationalistes, pour lesquels, de leur propre aveu, M. Clemenceau avait ainsi travaillé, crurent qu'ils avaient partie gagnée, qu'ils allaient toucher les enjeux, que, tout au moins, ils pourraient, appuyés par les grandes forces d'affaires qui les soutenaient, donner libre cours à leurs desseins. La joie que leur causa ce succès inattendu fut si grande, leur satisfaction si complète que, imaginant qu'ils avaient le champ libre, ils négligèrent de poursuivre la violente campagne de presse dirigée contre moi tandis que j'étais au pouvoir. Ce n'est que lorsqu'ils aperçurent que je gardais une place prépondérante à la Chambre des députés, que j'entendais soutenir et faire triompher ma politique de modération à l'extérieur, de réformes à l'intérieur, ce n'est que lorsque, devenu le chef du parti radical en octobre 1913, je renversai au mois de décembre de la même année le ministère Barthou qui exprimait la politique opposée à la mienne, que les chauvins déçus, les conservateurs apeurés recommencèrent avec une furie exceptionnelle la lutte contre moi. Un homme, un journal prirent la tête du mouvement.

J'aurais souhaité que certains noms ne vinssent pas sous ma plume et je me serais abstenu d'en prononcer si l'on ne s'efforçait de perpétuer des légendes auxquelles j'ai le droit et le devoir de mettre un terme. J'ai le droit et le devoir de rechercher les dessous de l'extraordinaire campagne qui fut dirigée contre moi. Je le ferai avec toute la mesure possible. Je ne rappellerai pas certain enrichissement scandaleux que ne suffit pas à expliquer la munificence d'un parvenu — il est dans la vie des journalistes d'affaires des mystères que mieux vaut renoncer à éclaircir; — je me bornerai à noter quatre faits certains et à poser une question.

Il ne peut être discuté que la révolution de palais qui survint, il y aura bientôt vingt ans, rue Drouot, et qui eut pour résultat de transformer la direction du journal fut réalisée grâce au concours de la Dresdner Bank représentée par un M. Bayer. Un jugement l'a constaté et, si les termes n'en paraissent pas assez précis, les assertions pourraient en être fortifiées par des témoignages que je sais. Sans élever le ton, on peut affirmer que c'est l'or allemand qui a véhiculé un nouveau personnage dans le cabinet directorial du *Figaro*.

Le contact a dû persister entre le journal et la finance germanique puisque, en septembre 1911, au milieu des négociations d'Agadir, un éditorial suggère l'admission des valeurs allemandes à la cote de la Bourse de Paris. Initiative timidement formulée qui soulève un unanime concert de protestations! Le gouvernement que je préside s'empresse de déclarer qu'un tel accommodement ne saurait être envisagé. L'affaire est manquée. Désormais on procédera plus discrètement.

Quelques semaines plus tard une puissance, dont on peut bien dire qu'en 1911 son gouvernement n'avait pas précisément lié partie avec la France, est en désaccord avec le gouvernement de la République. Elle cherche des concours dans la presse française; elle en trouve, en les payant, hélas! Des télégrammes déchiffrés au ministère de l'Intérieur apprennent au président du Conseil les singulières tractations. Il lit notamment ceci :

Paris, le 1ᵉʳ novembre 1911 (19 h. 30).

Je viens d'avoir une longue et très intéressante conversation avec le directeur du Figaro, qui m'a dit qu'il était non seulement impressionné mais convaincu de mes raisonnements et de nos droits, y compris la conversation de Larache et El Ksar, et m'a offert de diriger son journal... (1) dans ce sens, malgré la pression ministérielle qui s'exerce en sens contraire.

Des dépêches ultérieures montrent les correspondants du journal entreprenant l'œuvre qu'ils ont reçu mission d'accomplir et que je ne m'abaisserai pas à qualifier.

En 1913, la direction du *Figaro*, sinon le journal lui-même, accepte une subvention du germanophile comte Tisza, le premier ministre de Hongrie, pour soutenir la politique triplicienne contre celle du parti hongrois de l'indépendance qui cherche à dégager son pays de l'emprise allemande. C'est Lipscher, dont nous aurons à parler longuement, qui sert d'intermédiaire entre le journal et le gouvernement de Budapest. Il fut prouvé, au cours d'une interpellation à la Chambre des députés de Hongrie, que les articles publiés par le *Figaro* sur la situation politique du pays et qui louaient hautement l'œuvre du comte Tisza, avaient été fabriqués par le chef du bureau de la presse à Budapest. L'un au moins de ces articles porte la signature de Lipscher.

A ces faits on pourrait sans doute ajouter. Certaines dépêches qui figurent dans les livres blancs

____

(1) Les points qui suivent le mot « journal » se réfèrent à des chiffres que le cryptographe n'a pu exactement traduire.

anglais seraient, m'a-t-on dit, particulièrement troublantes. L'ambassadeur d'Angleterre à Berlin aurait télégraphié en 1912, en 1913, en février 1914, pour informer qu'il s'était constitué une vaste association pangermaniste, abondamment pourvue de fonds par les Krupp et consorts, aux fins de subventionner des journaux étrangers. Il aurait tenu son gouvernement au courant des résultats obtenus par ce groupement dont il aurait affirmé en dernier lieu qu'il avait mis la main sur une agence télégraphique et sur un grand journal français. Or, en novembre et décembre 1913, des correspondances tendancieuses étaient envoyées de Berlin à la feuille qui est en cause et paraissaient dans ses colonnes. Mais quelque singulière que soit cette coïncidence, quoi qu'on m'ait dit à cet égard, je n'en veux rien retenir; je ne m'attache qu'aux faits qui sont indiscutables.

J'en viens maintenant à la question que je pose. Comment, pour quels motifs, les dirigeants d'un journal, qui avaient lieu d'appréhender tant de divulgations, eurent-ils l'audace d'entamer et de conduire la campagne, sans précédent dans nos mœurs politiques, sévèrement qualifiée par nombre de mes adversaires et qui aboutit à la honteuse publication de lettres intimes ? Comment celui qu'on avait surnommé l' « entrepreneur des ménagements » et qui avait de bonnes raisons pour ménager tout le monde rompit-il tout à coup avec ses habituels errements? On ne peut se l'expliquer, si l'on n'admet pas qu'il fut non seulement soutenu, mais énergiquement poussé, probablement contraint.

Par qui ? par des rivaux politiques ? par d'anciens ministres résignés à supporter de nouveau le fardeau écrasant du pouvoir ? On l'a dit. Je ne puis le croire. Que la campagne du *Figaro* ait été vue avec bienveillance par certains hommes politiques que les événemens affligeaient, je n'en doute pas. Que quelques-uns d'entre eux aient distribué des paroles d'encouragement, je n'hésite pas à le penser. Que le journal ait été documenté par l'un ou par l'autre, je l'admets encore. Mais, quitte à me voir taxé de naïveté, j'écarte l'hypothèse d'une contrainte morale exercée sur le directeur du *Figaro* par des hommes politiques. Ils ne disposaient pas d'ailleurs des arguments qui peuvent convaincre un journaliste d'affaires, de ces arguments dont usaient l'ambassadeur d'une puissance étrangère en 1911, le comte Tisza en 1913.

Le chef de l'Etat a-t-il été l'inspirateur de la campagne, comme on me l'a affirmé en me donnant des précisions ? M. Poincaré, déposant sous la foi du serment, l'a formellement nié et je ne puis dès lors faire état de ce qu'on m'avait répété avec insistance sur des visites clandestines à l'Elysée. Mais j'ai le droit de retenir un fait. Un journaliste de grande valeur et de parfaite honorabilité, qui n'était pas de mes amis politiques du premier degré, mais avec lequel j'étais lié personnellement sans qu'on le sût, m'a dit et répété que, se rendant fréquemment faubourg Saint-Honoré pendant que durait la campagne de presse, il entendait le Président de la République s'élever vivement contre la politique de son ministre des Finances et que, un ou deux jours plus tard, il retrouvait dans les articles du *Figaro* les expressions mêmes dont s'était servi le chef de l'Etat au cours de ces conversations. Cette révélation n'implique certes pas qu'il y ait eu contact direct entre M. Poincaré et le journal. On s'explique fort bien les choses en pensant que M. X. n'était pas la seule personne à laquelle M. Poincaré réservât ses confidences (1), que d'autres recueil-

(1) Les propos du président de la République sur son mi-

laient les formules du chef de l'Etat et que certains les rapportaient probablement au directeur du *Figaro*. Ils avaient peut-être mandat à cet effet. On en déduisait sans nul doute rue Drouot que la campagne agréait à l'Elysée. On y puisait un encouragement précieux pour une si noble tâche qu'on pensait poursuivre sous les auspices du président de la République ; mais ce n'est pas là qu'on trouvait l'appui énergique, la contrainte dont la seule existence peut expliquer l'initiative qui fut prise.

Une seule explication vaut. *Tenu* par la Dresdner Bank, *tenu* en 1911 par une puissance qui était entrée, momentanément tout au moins, dans l'orbite de la politique d'outre-Rhin, *tenu* par le comte Tisza, *à la merci d'une révélation*, le directeur du *Figaro* dut être « invité » à une campagne dont il n'est pas malaisé d'apercevoir le but véritable. J'avais prévenu la guerre mondiale en 1911. Si je restais au pouvoir, surtout si j'en prenais la direction, comme cela était probable, après les élections de mai 1914, je pourrais répéter ma politique, résoudre les difficultés internationales qui se présenteraient, composer, transiger, gagner du temps et les partis de guerre ne savaient que trop bien que le temps travaillait contre eux. Les pangermanistes, frustrés du grand espoir qu'ils avaient nourri en 1911, enragés d'avoir perdu « la belle occasion »,

nistre des Finances parvenaient aux oreilles des ministres des puissances étrangères accrédités à Paris. Le baron Guillaume, ministre de Belgique, écrivait le 10 mars 1914, à son gouvernement : « L'obligation où M. Poincaré s'est « trouvé... de confier le pouvoir à M. Caillaux tout en l'at- « tribuant nominalement à M. Doumergue, l'a profondément « indisposé. *La personnalité du ministre des Finances, dont* « *il connaît les qualités mais aussi toutes les faiblesses, lui* « *est profondément antipathique. Il y a vu un échec pour la* « *politique militaire et nationaliste qu'il poursuit depuis le* « *jour déjà où il avait été placé à la tête du gouvernement* « *comme président du Conseil... »*

entendaient que cela ne recommençât pas. Il leur fallait aller vite et, par suite, renverser les obstacles qui risquaient de prévenir l'embrasement attendu avec impatience. Ces desseins réfléchis se mariaient avec les désirs de conflit caressés, amoureusement et légèrement tout à la fois, par nos réacteurs frémissant devant les réformes financières et sociales, convaincus qu' « une bonne petite guerre », selon l'expression dont ils usaient, délivrerait des projets subversifs des radicaux et des socialistes, rétablirait un régime où, quelle qu'en fût l'étiquette, l'ordre serait fait du silence imposé aux uns et de l'égoïsme protégé des autres. Combien de demi-aveux de cet état d'esprit dans des discours, dans des articles, dans des livres, prononcés ou écrits par les chefs du parti dont nous rencontrerons les noms ! Parlant avec la rudesse d'un soldat qui sait mal farder la vérité, le général Rebillot a livré toute la pensée de ses amis dans la *Libre Parole* du 13 décembre 1914 : « *La guerre seule pouvait nous* « *sauver. Mais le pacifisme quand même l'aurait* « *conjurée.* C'est alors que la Providence s'est manifestée en imposant à l'empereur Guillaume de nous la faire. » Sans doute la Providence s'est-elle également manifestée en confiant à un directeur de journal le soin de sceller l'accord tacite des vouloirs agressifs des Von Jagow et des Tisza et des vœux que formaient les contre-révolutionnaires pour le salut de la France.

On sait la campagne de presse qui fut menée. On sait quelle en fut l'issue tragique.

Réacteurs de tout ordre croient avoir triomphé. Je suis traîné sur la claie d'une commission d'enquête tandis que se prépare un redoutable procès en cour d'assises. La voie paraît libre. On imagine dans le camp nationaliste que les élections vont achever de purifier le ciel. Mais voici que s'effondrent

tous ces calculs. Les élections donnent une majorité écrasante aux partis de gauche : radicaux à la
tête desquels je me trouve, socialistes que dirige
Jaurès. Je suis moi-même réélu à une imposante
majorité. Et chacun d'apercevoir que la volonté
du pays conduit vers un ministère Caillaux-Jaurès,
ou tout au moins vers un gouvernement placé sous
l'égide de ces deux hommes. Il apparaît en même
temps que le procès dirigé contre une femme qui
tout simplement a défendu son honneur et celui
des siens aboutira à l'acquittement qui est advenu.

L'entreprise a donc échoué. Celui que l'on a
voulu jeter bas est toujours debout et l'on soup-
çonne, non sans quelque raison peut-être, qu'il
s'est mis d'accord avec le grand tribun socialiste,
avec celui que, depuis des années, une presse n'a
cessé de charger d'opprobres, avec celui qu'elle a
encore plus outragé que Caillaux tout en le poursuivant avec moins d'acharnement parce qu'il paraissait plus éloigné du gouvernement.

Dès lors la rage des gens d'extrême-droite et des
belliqueux ne connaît plus de frein. Elle se développe d'autant plus que les rétrogrades aperçoivent
à l'horizon des possibilités de conflit... Leur fureur
s'acharne contre les deux hommes politiques, contre
leurs partis, contre les masses ouvrières et paysannes
qui les ont investis. Un bénédictin, d'une importance
et d'une qualité singulières, l'âme de la contre-révolution monarchique et cléricale, prononce un
grand discours le 1er juillet 1914 à la séance de clô-
ture du cours d'*Action Française*. Après avoir déclaré que « la France est née en monarchie, qu'elle
« n'est pas libre de se donner un autre gouverne-
« ment, que l'Etat doit protéger l'Eglise, que s'il
« venait à manquer à cette partie de sa mission, les
« citoyens catholiques devraient y suppléer par les
« moyens légitimes dont ils disposent, que la légi-

« timité, en pareil cas, *s'accommode fréquemment*
« *de la violence, qu'il peut même arriver qu'elle*
« *l'exige... que l'Eglise a le droit d'employer la*
« *force... »*, *il conclut* : « La bataille est un fac-
« teur de l'ordre. Quand nous voulons glorifier
« Dieu, nous l'appelons le Dieu des batailles... Voilà
« pourquoi *Dieu a rendu la bataille et la guerre*
« *inévitables et voilà pourquoi le peuple qui ne sait*
« *pas les apprécier est voué à la disparition.* » Dom
Besse jette ainsi l'anathème sur la France pacifique,
cependant que ses acolytes s'efforcent, comme aux
temps de la Ligue, de dresser une minorité de
grandes villes contre le pays, cependant que les
libellés, les articles calomnieux, les appels à la violence contre les hommes de gauche pleuvent, rem-
plaçant les prêches des curés et des moines qui,
en 1588 et 1589, préconisaient l'assassinat au profit des princes lorrains, de ces Lorrains dont, un
siècle plus tard, parlant avec le recul de l'histoire,
Saint-Simon observera combien leur ambition fut
pernicieuse pour la France. Au prédicateur Lin-
cestre, enflammant la populace par ses sermons,
faisant piquer durant la messe les images de cire
d'Henri de Valois et d'Henri de Navarre, a succédé
Charles Maurras qui, le 18 juillet 1914, en son article de l'*Action Française*, traite Jean Jaurès de
misérable, d'ennemi public, d'infâme, de traître,
qui ose écrire : « Chacun le sait, M. Jaurès c'est
l'Allemagne », qui termine par cette déclaration
qui ressemble étrangement à un appel : « *On sait*
que notre politique n'est pas de mots. Au réalisme
des idées correspond le sérieux des actes. »

Treize jours après, le chef du parti socialiste est
mortellement frappé. Il l'avait prévu et prédit un
an auparavant. Le 24 juillet 1913, il s'écriait à la
tribune de la Chambre : « Maintenant dans vos
« journaux, dans vos articles, chez ceux qui vous

« soutiennent, il y a contre nous, vous m'entendez,
« un perpétuel appel à l'assassinat. Il y a les calom-
« nies les plus meurtrières, les plus imbéciles. Voilà
« où vous en êtes ! Après des colonnes de calom-
« nies, vos journaux ajoutent en parlant de moi, de
« nous, de nos amis : à cette exécution s'ajoutera
« au jour de la mobilisation une exécution plus
« complète. » L'exécution eut lieu. Elle fut réalisée par Villain dont je gage que, s'il avait été
l'objet d'immédiates représailles, ceux qui l'avaient
inspiré auraient répété en sa faveur dans quelque
coin obscur, dans quelque chapelle de la rue Monsieur que les initiés connaissent bien, le geste de la
mère du duc de Mayenne et de madame de Mont-
pensier montant à l'autel des Cordeliers et, les
cierges allumés, devant les fidèles à genoux, célé-
brant Jacques Clément. Les oraisons eussent cependant
dant été moins ferventes, puisque Villain n'avait
accompli que la moitié de sa tâche. Vainement il
m'avait cherché pendant deux journées entières,
d'après ce que m'a dit, en 1916, M. Viviani, ministre de la Justice. Le coup double n'ayant pas
réussi, les ligueurs se résoudront à attendre. Jaurès disparu, on aura plus tard Caillaux par des procédés semblables ou, si l'on ne réussit pas, par un
forfait de justice.

CHAPITRE II

LA GUERRE
LES MOUVEMENTS D'OPINION EN 1917
CLEMENCEAU OU CAILLAUX
" L'ACTION FRANÇAISE "

Dans les tempêtes qui secouent l'humanité, les foules, semblables aux vastes troupeaux des damnés qui passent dans la *Divine Comédie*, marchent et meurent emportées par la toute puissance des grands mots évocateurs des grandes idées. Des millions d'hommes se sont rués contre l'Infidèle, contre l'Hérétique, au nom du Christ, au nom de l'Evangile de douceur et de charité qui fut prêché sur la montagne. Aujourd'hui la grande image de la Patrie flotte devant les multitudes qui se heurtent. L'idée nationale submerge les vieilles religions qui se fragmentent. De chaque côté de la frontière on utilise, pour opposer les peuples les uns aux autres, les croyances qui, jadis, les réunissaient et qui disparaissent maintenant ensevelies dans les plis des drapeaux. Le patriotisme compose une foi nouvelle. Elle serait d'une admirable grandeur si elle exprimait simplement la volonté des hommes de disposer d'eux-mêmes, de maintenir intacts les patrimoines de lumières, de traditions, de culture dans le but de les faire concourir également à la richesse

morale de l'humanité, si elle se mariait au grand
idéal d'une fédération des patries. Mais, de même
que l'Inquisition prétendit trouver des parchemins
dans les Ecritures qui enregistraient les plus grandes
paroles qui eussent retenti sur la terre, de même les
fanatiques cherchent à s'emparer du patriotisme, à
le détacher de l'idéal humanitaire dont la Révolution française l'a empreint, à le baigner dans un flot
de passion tyrannique. Ils dénoncent les formules
de détente, les solutions de souplesse, essentielles
cependant à la vie des peuples comme à la vie des
individus. Ils veulent créer une religion nouvelle,
une religion d'Etat plus aveugle et plus intolérante
que les autres. Et, marchent à côté des illuminés
convaincus, se dissimulant dans leur ombre, les
habiles et les cupides. Ceux-ci servent tout simplement, derrière le rideau du patriotisme, l'idole
qu'un grand poète indien appelle « le Dieu mons-
trueux du gain ». Ceux-là essaient d'accaparer au
profit de leurs ambitions l'idée sacrée et, suivant
l'éternelle méthode, ils se livrent à la surenchère,
ils soufflent sur les exagérations, ils prétendent
élever autour du grand sentiment les murs de la
vanité et de la haine, ils imaginent des rites, ils
fabriquent des dogmes dans les barrières desquels
ils parqueront les grands troupeaux dociles et peu-
reux. Fanatiques, voraces, ambitieux, habiles s'en-
tendront pour désigner aux fureurs des foules em-
brigadées les hommes qui se refuseront à polluer
la grande idée de patrie, qui soutiendront obstinément que la vraie formule du patriotisme c'est de
chercher à concilier toutes les nations dans la liberté et dans la justice, c'est de s'efforcer de les
rapprocher et de les réunir pour le progrès général
de l'humanité, c'est, lorsque surviennent les ef-
froyables conflits de peuple à peuple, d'essayer de
réduire la haine, d'en proscrire le culte, d'éviter

l'irréparable, de limiter le désastre. Ils poursui-
vront avec plus de frénésie encore les hommes qui,
attachés à cette grande doctrine, y ajouteront le
sens des réalités, qui ne voudront pas laisser emporter le navire qui figure leur pays par un vent
de passion, qui, au plus fort de la tempête, seront
attentifs à tous les écueils de quelque côté qu'ils
se trouvent, les hommes qui prêcheront la mesure,
la prudence.

Contre ceux-là on s'acharnera au vingtième siècle
comme au seizième les gens de la Ligue s'achar-
naient contre ceux qu'ils appelaient dédaigneuse-
ment « les politiques » et qui exprimaient le bon
sens, le calme, la conciliation, qui avaient le sentiment profond des intérêts du pays. On voudra
avoir raison des hommes qui les continuent. On
l'a tenté en 1913-1914. On n'y est pas complètement parvenu. L'opération sera reprise. L'exécution
en sera simplement ajournée dans la difficulté où
l'on se trouvera de la réaliser immédiatement.

L'embarras est, en ce qui me concerne, d'autant
plus grand que je m'écarte moi-même de la politique aussitôt que, l'Union Sacrée proclamée, l'esprit subtil des légistes imagine que les volontés de
la nation, si clairement affirmées quelques mois
plus tôt, peuvent être revisées, corrigées, lorsque,
hors de toute crise parlementaire, en l'absence des
Chambres congédiées par un acte d'une légalité
douteuse, est formé le 27 août 1914 un gouvernement nouveau à l'ombre du pouvoir personnel. Et,
quand, pour soutenir cette politique, je vois organiser à l'aide d'une presse inspirée ou censurée,
contre mes amis et moi, plus particulièrement contre
moi, ce que je devais appeler plus tard la dictature
de la calomnie, j'accepte de tout subir en silence.
Exclu seul ou presque seul par mes adversaires de
l'Union Sacrée, abreuvé d'outrages, qui seront gros

de conséquences dommageables pour moi, dès le début de la guerre alors que je suis aux armées ou en mission, je me borne à répondre en mars 1915 par une lettre publique à mes électeurs, avec toute la mesure possible, aux attaques folles dont je suis l'objet.

On entend m'éloigner du gouvernement. Soit ! Je ne pense qu'à servir, à servir en silence, à venir en aide par mes votes qui ne leur ont jamais fait défaut à ceux qui se sont installés au pouvoir, à servir de telle façon que, dans la pénombre où on veut me reléguer, je ne puisse être un obstacle au développement d'une politique de guerre qui m'inspire sans doute de graves appréhensions, mais dont j'espère que les faiblesses seront emportées, balayées par le grand vent du large qui souffle sur la terre de France. Je m'efface à tel point que je ne conseille aucun ministre, que je me garde même de donner mon avis sur les grandes opérations financières, sur les problèmes de fiscalité qui se posent, bien que je trouve misérables les solutions qui leur sont apportées.

Je ne puis cependant m'abstenir de penser. Je ne puis pas ne pas constater que les gouvernements qui se succèdent, malgré le patriotisme ardent, la volonté de bien des hommes qui les composent, ne parviennent pas à organiser la guerre, qu'ils ne savent pas davantage préparer la paix.

Pour organiser la guerre, ils se sont rués, au lendemain de l'ouverture des hostilités, vers la formule de l'Union Sacrée qui répondait sans doute à une idée élevée, mais qui exprimait en même temps, j'allais dire surtout, un désir de solutions faciles, un besoin de quiétude et de somnolence. Formule qui pouvait valoir pour une guerre courte, mais qui, le conflit se prolongeant, devenait fort dangereuse, car elle avait pour résultat de détacher le

gouvernement des partis, c'est-à-dire de la nation,
de supprimer la majorité qui soutient, l'opposition
qui combat, d'annuler en fait le Parlement et par
suite de faire disparaître tout contrôle, de placer
enfin le pouvoir sous la domination des seules forces
toujours vivantes, toujours en éveil : les forces d'argent, les forces d'affaires et de presse. Ainsi s'est
instaurée une sorte de monarchie de la guerre, monarchie de débilité, hors d'état d'imprimer des di-
rectives vigoureuses, n'y pensant pas d'ailleurs, ne
songeant qu'à éluder les responsabilités, abandonnant la plus grande part de ses attributions à un
Grand Quartier Général qui constitue une sous-mo-
narchie, qui s'évertue à une besogne administrative pour laquelle il n'est pas fait et néglige sa
tâche essentielle. Grand Quartier Général comme
gouvernement décident le moins possible, ne
tranchent jamais, recherchent les compromis aussi
bien pour les hommes que pour les choses, pour le
choix des chefs comme pour la direction générale
des opérations militaires, si bien qu'ils n'aboutissent qu'à des solutions incertaines, traînantes
et contradictoires. Les années passent cependant, les
hommes tombent par centaines de mille dans les
tranchées, le pays s'épuise, les dépenses s'accumu-
lent, la dette devient accablante.

Pense-t-on du moins à préparer la paix ?

A-t-on d'abord réfléchi aux conséquences de la
guerre ? A-t-on observé, comme je l'ai fait à bien
des reprises — ce fut une de mes préoccupations
dominantes dans les choses de l'Etat —, le problème de la natalité française ? A-t-on remarqué que
notre pays, admirable par son climat, par sa fécon-
dité, par son sous-sol qu'on croyait pauvre et dont
on s'est aperçu qu'il est un des plus riches du
monde, admirable aussi par son intellectualité, par
les qualités de sa race, se trouve cependant affaibli

dans la grande lutte économique et morale entre nations qui se poursuit depuis des siècles et qui se déroulera indéfiniment quelles que soient les formes que revête le monde, aussi bien au sein des Etats-Unis d'Europe que dans l'orbite d'une ligne des nations, parce que sa population s'est à peine accrue depuis cinquante ans, qu'elle est stationnaire aujourd'hui, qu'elle sera demain en voie de décroissance ? A-t-on vu par ailleurs que, du fait de sa situation géographique qui la place au confluent des races du centre et de l'ouest de l'Europe, la France est appelée à supporter le plus lourd poids de la guerre ? A-t-on aperçu combien pèseraient sur son avenir les immenses pertes d'hommes jeunes qu'elle est en train de subir ? Et, si l'on discerne tout cela, comment n'avise-t-on pas ? Comment n'a-t-on pas avisé ?

Du jour où la France a remporté la magnifique victoire de la Marne, du jour où elle l'a complétée en infligeant à l'ennemi, avec le concours de ses alliés d'Angleterre, une nouvelle défaite sur l'Yser, elle a gagné la partie. Son intérêt bien entendu — « l'égoïsme sacré » — commandait de profiter de l'heure, de rechercher, en plein accord avec nos alliés s'entend, la paix glorieuse que nous pouvions obtenir. La France était intacte ou peu s'en faut, les sacrifices pécuniaires insignifiants, les pertes en hommes, douloureuses sans nul doute, étaient minimes. La paix qui serait intervenue en 1915 n'eût certes pas été la paix d'écrasement des empires centraux qui a pris place en 1918, mais, si l'on fait le bilan de l'hypothèse et de la réalité, si l'on étudie les choses en excluant la passion, avec le souci des intérêts de notre pays, force est de constater que la paix après la Marne et l'Yser eût conféré l'hégémonie, l'hégémonie morale s'entend, à la seule nation qui fût victorieuse alors, à la

France. En a-t-il été de même en 1918 ? Il me suffit de poser la question... Je poursuis. En 1915, de
par le prestige qu'elle avait acquis, la France fût
devenue l'arbitre des destinées de l'Europe. Et alors
il fût arrivé de deux choses l'une : ou bien nous
aurions pu aboutir à une organisation internationale, imposer le désarmement, réaliser en un mot
la démocratie en Europe, — ou bien des résistances
au grand mouvement humain auraient encore surgi
en Allemagne et en Autriche et les deux groupes de
nations seraient restés face à face. Mais à la France
victorieuse revenait la direction de l'Entente qu'elle
consolidait et fortifiait. L'impuissance du militarisme prussien déjà avouée par l'échec de la guerre
s'avérait. Par la force même des choses, en vertu
de la loi qui veut que s'effondrent les institutions
qui ne remplissent plus leur objet, il croulait entraînant avec lui la féodalité de l'Europe centrale
dont il constitue l'armature. Le grand flot démocratique le submergeait comme la vague emporte les
pauvres petites digues de sable que les enfants
élèvent au bord de la mer. Dans l'une et dans l'autre
hypothèse, la France eût été, de par ses victoires,
de par son attitude, de par sa modération, la
tutrice des démocraties européennes qui seraient
nées, qui se seraient organisées sous son égide
moral.

Rêve, dira-t-on ! Oui, j'entends ! D'autres, ennemis et amis, aspiraient à l'hégémonie et n'auraient
pas consenti une paix qui nous en eût dotés. Les
hommes qui gouvernaient ont-ils du moins entrevu
l'intérêt de la France, de la France de la Révolution, de la vraie France, de la grande France, non
de la France étriquée d'un nationalisme inepte ?
J'en doute à voir les directions qu'ils laissèrent
prendre à leur opinion publique, mais je passe puisque l'on me dirait qu'il ne peut s'agir que d'un

rêve, d'un rêve que Richelieu eût réalisé, car il eût su parler à ses ennemis et à ses alliés.

Dès lors, on était engagé dans une guerre de longue durée aux épisodes multiples et déconcertants. Un an après la Marne et l'Yser, au commencement de 1916, l'Allemagne avec toutes ses forces se ruait sur Verdun. Une fois de plus la France allait sauver la civilisation en Occident. Seule elle tenait tête à l'agresseur; en novembre 1916, elle avait définitivement triomphé, elle remportait ce que je considère comme la plus grande victoire de la guerre. Mais, pendant ce temps, notre principale alliée, celle dont les esprits à courte vue vantaient les forces prodigieuses et l'inépuisable réservoir d'hommes, ne rencontrait que la mauvaise fortune, tandis que la Serbie et la Roumanie disparaissaient sous le flot de l'invasion allemande. Sans être périlleuse, sans qu'il y eût lieu de craindre une défaite que, pour ma part, je n'ai jamais appréhendée depuis la victoire de la Marne, la situation devenait préoccupante.

Deux grands faits survenaient en 1917 qui modifiaient complètement l'aspect des choses : la révolution éclatait en Russie, les Etats-Unis entraient en guerre à nos côtés. L'heure n'était-elle pas venue de se pencher sur le problème de la paix ? Sans doute la carte de la guerre était moins favorable à l'Entente en 1917 qu'en 1915. Mais le compte des Impériaux, malgré les victoires en Orient qu'ils pouvaient légitimement faire figurer à leur actif, se soldait par un immense déboire. Comme toujours dans l'histoire du monde, c'était dans l'Ouest, dans les Champs catalauniques où vainquit Aetius, que devait se décider le sort de l'Europe ; c'était là que celui ou ceux qui aspiraient à charger de chaînes — pour combien de temps ? — le vieux continent devaient remporter la victoire décisive. Par deux fois, sur la Marne et à Verdun, ils avaient échoué. Leur rêve s'effondrait, tandis que, exclus des mers, privés des produits indispensables aujourd'hui du nouveau monde, les peuples de l'Europe centrale se débattaient péniblement dans une misère économique qui devait aller en s'aggravant chaque jour. Il est vrai que la France avait, de son côté, subi des pertes cruelles, que son sol était mutilé, que les corps de ses enfants jonchaient les champs de bataille ; *mais elle était victorieuse.* L'ennemi le reconnaissait, l'avouait en effectuant, au printemps de 1917, le recul qu'il a qualifié par un admirable euphémisme d'opération stratégique.

Des possibilités de paix n'apparaissaient-elles pas? Chacun ne sentait-il pas que la Russie était guettée par la décomposition et celui qui regardait au delà des temps présents ne voyait-il pas que, pour l'avenir du monde, de l'Europe, de la France qui a besoin d'un contrepoids à l'est de l'Allemagne il fallait éviter que ne se désagrégeât le grand pays qui contient les frémissements de l'Asie? Ne pouvait-on d'ailleurs profiter de la terreur que répandait en Allemagne et en Autriche le souffle de révolution qui venait de l'Est pour traiter dans des conditions qui sauvegardassent les droits des peuples, de tous les peuples, qui maintinssent une Europe préservée de l'anarchie et qui servissent pleinement les intérêts de la France ? Les circonstances ne se prêtaient-elles pas d'autant mieux à cette grande entreprise que le concours américain qui venait de nous être acquis représentait une admirable valeur en banque ? Révolution russe, entrée en ligne des Etats-Unis, victoire française à Verdun, autant d'atouts dans notre jeu dont on pouvait prévoir qu'ils permettraient à la France de réaliser en 1917 tout ce qu'elle avait virtuellement acquis après la Marne.

Et c'est là que s'opposèrent deux politiques.

Tandis que des gouvernements à pensée incertaine vivaient au jour le jour, se laissaient remorquer par les événements, uniquement préoccupés d'effectuer la besogne quotidienne en préservant le mieux possible leurs responsabilités, deux grands courants se dessinaient en France et dans le monde.

Soucieux du lendemain, songeant que les hécatombes humaines se multipliaient sans résultats et sans que la passivité des gouvernements en fût ébranlée, *appréhendant les gigantesques difficultés économiques qui ne pouvaient manquer de sévir sur l'Europe* si le conflit se prolongeait, convaincus que la grande tragédie n'aurait semé que deuils, ruines et déceptions si elle n'aboutissait pas à une profonde transformation politique et sociale, préservatrice dans la mesure du possible des guerres à venir, persuadés enfin que l'heure était venue à la fois d'organiser la paix dans le monde sans désarticuler l'Europe, ni consacrer l'*omnipotence de quelques grands Empires* et en même temps de déterminer la chute des autocraties et des oligarchies prises entre les démocraties de l'Ouest et la grande République qui surgissait en Russie, la plupart des démocrates avertis pensaient que le moment était propice pour les conversations de peuple à peuple d'où devait jaillir la paix, à la condition formelle que *les principes humains de la Révolution française qui venaient d'être répétés de l'autre côté de l'Atlantique fussent recueillis dans toute l'Europe.* Le grand mouvement qui se dessinait dans ce sens se propageait et s'étendait au sein des Parlements. Nous n'alourdirons pas notre récit en rappelant le projet de conférence socialiste de Stockholm, les discussions dans les Chambres, les ordres du jour votés entre mai et août 1917.

Mais les chauvins, les impérialistes, les réacteurs

de tout ordre s'élevaient violemment contre ces tendances. Habiles à l'exploitation de l'idée de patrie, ils protestaient avec passion contre « la paix sans victoire », comme si le débordement dans le monde des idées de la Révolution de 1789 ne scellait pas la victoire de la France sur la Marne et à Verdun. Ils s'accordaient avec les pangermanistes, qui s'élevaient avec une colère mieux justifiée contre ce qu'ils appelaient la paix « infectieuse ». Les uns et les autres appréhendaient en réalité la grande éclosion de démocratie et ils s'entendaient avec ce qu'un écrivain qualifie « l'universelle société métallurgiste », avec tous ceux que, pour élargir ce langage symbolique, l'intérêt sordide conduisait à souhaiter la prolongation des hostilités. Contre la politique de mesure qui tendait à limiter les tueries, à ménager les forces économiques, à créer et à stabiliser du même coup une Europe démocratique, tous ces hommes dressèrent une conception de patriotisme intransigeant avec pour principal objectif inavoué de prévenir la contagion révolutionnaire, d'empêcher qu'une Europe toute pénétrée par un grand flot démocratique ne sortît du conflit mondial. Politique de gribouille ! Il est beau de penser qu'ayant triomphé elle a eu pour résultat d'assurer l'avènement en Russie du plus formidable mouvement social auquel, jusqu'ici, le monde ait assisté. Il est non moins beau de penser que la frivolité d'esprit des nationalistes français les a empêchés d'apercevoir que, fatalement, ils permettaient à l'impérialisme anglais de réaliser, provisoirement tout au moins, sur les débris de l'Europe, le grand plan d'affaires vorace et immuable qu'il poursuit depuis des siècles avec une superbe ténacité. Etonnants conservateurs ! Admirables patriotes !

Derrière le rideau, sans que les peuples fussent mis complètement à même d'apercevoir dans quelles conditions se débattait leur sort, les deux formules se heurtèrent.

Bien que, depuis le mois d'août 1914, je me fusse tenu en dehors de la politique, comme je l'ai exposé, observant même vis-à-vis des gouvernements ce loyalisme chevaleresque auquel beaucoup estiment qu'on est tenu en temps de guerre, bien que je n'eusse, quoi qu'on en ait dit, inspiré aucune campagne de presse, bien que, respectueux des mouvements qui emportent les peuples, j'attendisse des événements, qui dans les grandes tourmentes sont les maîtres des hommes et des choses, les évolutions de la pensée collective, j'apparaissais, par mon passé, par ma doctrine, comme le représentant de la première politique que j'ai exposée. Je ne l'aurais cependant mise en œuvre, si j'avais été appelé au pouvoir, qu'avec les tempéraments utiles, étant notamment bien entendu que, en aucun cas, je n'aurais consenti à une paix qui n'eût pas impliqué la réintégration pure et simple de l'Alsace-Lorraine dans la famille française (1).

M. Clemenceau, attaché à l'impérialisme mondial, figurait la seconde politique que j'ai décrite.

Pendant quelques mois la balance du destin oscilla entre les deux formules. Le fléau pencha contre la politique de détente. Pourquoi ? On le comprendra si l'on a retenu les considérations écrites au début de ce chapitre et dont la philosophie s'adapte aux réalités de 1917.

Sans doute je n'ignore pas que, dans les époques de vastes troubles, le sens des grands événements échappe parfois aux contemporains. Il m'arrive de

_____

(1) J'avais formellement annoncé une fois de plus ma volonté de désannexion de l'Alsace-Lorraine dans un discours public, *qui engageait ma responsabilité*, prononcé le 22 juillet 1917 à Mamers. J'avais affirmé les mêmes intentions dans des conversations particulières (Déposition de M. Dutreil, député de la droite, devant la Haute-Cour).

remémorer une belle page de Guglielmo Ferrero où
le grand historien de la Rome antique, décrivant
les guerres intestines de l'Italie quelques siècles
avant notre ère, montre les massacres, la ruine, la
famine s'abattant d'un bout à l'autre de la pénin-
sule ; il dit le désespoir des sages, des politiques
avisés de l'époque, leurs lamentations, mais il prétend qu'il fallait que tous les peuples de l'Italie
eussent pendant des années roulé dans la même misè-
sère pour que se créât l'unité romaine génératrice
d'un grand élargissement de civilisation. Certains
seront tentés de soutenir qu'il était nécessaire, pour
que s'établit, sous une forme ou sous une autre, une
solidarité de l'Europe, que les peuples du vieux continent se déchirassent pendant des années et des années, que ce n'est qu'à la suite de crises répétées,
de guerres continuées et renouvelées que de la las-
situde et de la misère universelles sortira la grande
paix.

Le sang n'avait-il cependant pas suffisamment
coulé et la phase de destruction dans laquelle nous
étions entrés en 1914 ne pouvait-elle se clore en
1917 ? Faut-il que l'humanité s'épuise dans des
guerres indéfinies avant que les solutions de raison
qui prévaudront finalement puissent être obtenues?
Ne pouvait-on faire l'économie de la nouvelle période de trouble, de déséquilibre, de dévastation,
de massacres, qui a commencé en 1917, qui menace
de s'étendre sur le monde entier et dont nul ne
peut prédire quand elle se terminera ? En est-on réduit à admettre que la mentalité de l'homme soit
ainsi faite que même aujourd'hui rien de grand
ne puisse se fonder que dans un océan de sang ?
Si, en 1917, les peuples avaient été consultés, s'ils
avaient pu faire entendre leur voix, ils auraient infligé un démenti à cette formule de désespérance ;
ils auraient imposé l'avènement de la liberté, de la

justice, de la démocratie. Mais on se garda de le faire. Dans tous les pays, plus particulièrement en France, les chauvins, « ces meneurs funestes des multitudes », étaient parvenus à faire peser leurs directions sur les pouvoirs publics. Un instant désorientés par l'explosion de la révolution russe, ils se ressaisirent rapidement. Pour maintenir la religion d'Etat du patriotisme qu'ils avaient fabriquée, ils eurent recours au procédé habituel des contre-révolutionnaires. « Républicains, souvenez-vous, a dit quelque jour Jaurès, qu'il y a toujours eu dans notre pays deux forces indivisibles, deux mots synonymes : contre-révolution et calomnie ». En usant de la calomnie, en exploitant des scandales épars, ils parvinrent à détourner le grand courant d'idées élevées qui se répandait, ils firent aboutir le complot formé sous l'égide de l'impérialisme anglais, qui devait en être — pour un temps — le grand bénéficiaire, ils mirent sur pied la dictature Clemenceau, ils créèrent le gouvernement de la droite ; dans le silence imposé aux démocrates ils firent le lit des traités dont on a pu dire qu'ils livraient le monde à l'affairisme le plus avide et le plus borné, qu'ils installaient l'anarchie en Europe, qu'ils rendaient presqu'inévitables de nouvelles guerres et des convulsions révolutionnaires, dont on est en tous cas en droit d'affirmer que, à aucun point de vue, ils n'ont donné à la France ce qu'elle était en droit d'attendre.

La minorité audacieuse dont nous avons montré quelques-uns des agissements avait préparé les voies. Elle engagea le combat aidée de tous les réacteurs, entraînant derrière elle la foule des badauds, la foule oisive, crédule et moutonnière.

*
* *

En 1907 un journal royaliste se fonde. Il côtoie d'abord d'autres organes de même nuance ; bientôt il les absorbe ou les contrôle tous. Deux chefs : Léon Daudet, le fils du grand romancier, dont Victor Basch a écrit que, « après s'être essayé suc-« cessivement dans tous les genres, après avoir « lancé le venin dont sa poche était pleine sur les « médecins ses maîtres, sur les écrivains et les jour-« nalistes ses confrères, sur les amis de son père, « il avait pris conscience dans ces multiples ten-« tatives de sa véritable vocation, il était devenu « un bas pamphlétaire : Père Duchêne du Trône et « de l'Autel », — Charles Maurras, dont chacun s'accorde à louer la haute valeur littéraire, mais dont les uns prétendent qu' « une fatalité physio-logique le détourne de la « vie présente », que, « sourd à l'appel de la réalité, il fait le rêve insensé « de communiquer sa surdité à la France entière », qu'après avoir voulu la précipiter dans l'anarchie il entend lui faire rebrousser chemin vers la royauté, que les autres, tels M. Joseph Reinach, tiennent pour un sceptique, qui se serait fait royaliste et ca-tholique par boutade, à l'imitation de Balzac. En tous cas, M. Charles Maurras met au service de la cause qu'il soutient, pour quelques motifs que ce soit, un rare talent de polémiste, une dialectique... effrontée : il a couvert d'éloges hyperboliques la mémoire du colonel Henry : « Colonel, a-t-il écrit en septembre 1898 dans la *Gazette de France*, votre faux malheureux sera compté entre vos meilleurs faits de guerre. » Il a osé dire : « Le colonel Henry fut aussi notre éducateur. » Si l'on prenait la phrase au pied de la lettre, on devrait en déduire que c'est à l'école d'un officier convaincu de faux, coupable selon toutes probabilités de crimes plus graves, que

3

le théoricien de la monarchie s'est formé. En admettant qu'il ait été, ce jour-là, emporté par l'ardeur de la polémique, il a donné, en jetant cette incroyable formule, une occasion de mesurer un cynisme dont le moins qu'on puisse dire c'est qu'il
dépasse les limites de la vraisemblance.

Cette audace inouïe s'étale dans le journal *l'Action Française* où l'on annonce hautement l'intention de renverser la République, où l'on préconise
des méthodes nouvelles. Il ne s'agit plus d'obtenir
la majorité aux élections, on affirme la nécessité
du *coup de force*. Charles Maurras n'a-t-il pas d'ailleurs fait éditer en 1908 *Si le coup de force est possible*, et ne rencontre-t-on pas dans son ouvrage
cette phrase significative : « La cause ou le prétexte
« du détraquement peut être Sedan ou Waterloo,
« ce peut être aussi Lang-Son! » Admirable sentence
qui apparente déjà le soutien de la royauté à
M. Clemenceau, qui le qualifiera — n'est-il pas
vrai ? — pour s'élever contre ce que lui et ses amis
appelleront le « défaitisme ».

Mais, on ne se borne pas à écrire. On agit. Autour du journal se développe une véritable organisation de combat dont nous verrons s'il ne convient
pas de lui appliquer un autre nom. L'organisation
de combat dispose de plusieurs feuilles à Paris et
en province qui sont autant de rameaux de l'*Action
Française* ; elle occupe d'importantes positions stra-
tégiques, par des rédacteurs lui appartenant, en de
nombreux journaux nationalistes ; elle finira par
dominer toute la presse de droite. Elle acquerra des
périodiques dont la *Revue Universelle*. Elle aura
sa maison d'édition : la Nouvelle Librairie Nationale ; son université : l'Institut d'Action Française
où Dom Besse pérorera le 1ᵉʳ juillet 1914. Elle se
répandra dans la Ligue d'Action Française, dans
les Comités des Dames royalistes. Elle se dissimu-

lera dans de nombreux groupements dont le plus important sera la Ligue militaire qui rassemble les officiers royalistes. Et, autour de ces institutions, bourdonnent, s'agitent des bandes de jeunes hommes déterminés, les Camelots du Roi, tout prêts à l'insurrection qu'on leur recommande quotidiennement et à laquelle ils s'entraînent en des échauffourées, enclins à des exécutions qu'on n'ose pas prêcher ouvertement, mais dont on laisse entrevoir qu'elles sont inévitables. Joseph de Maistre n'a-t-il pas écrit : « Pour tuer les idées, il faut tuer les hommes » ?. et, en 1911, Dom Besse, interrogé par un journal catholique du nord de la France qui avait posé la question : « A-t-on le droit de tuer les républicains qui s'opposeraient à une restauration monarchique ? » n'a-t-il pas répondu : « Le moment « venu, tous les scrupules se lèvent d'eux-mêmes. « Le devoir apparaît urgent. Les discussions sont « pratiquement oiseuses. Je pense bien qu'au mo- « ment décisif les catholiques seront au premier « rang. *Les embarras d'une casuistique hors de* « *propos ne sont plus pour lier la volonté* » ? (Réponse en date du 7 juin 1911 reproduite dans le *Bulletin de la Semaine* du 4 octobre 1911). La volonté de Villain n'a pas été liée par les embarras d'une casuistique hors de propos.

Si, au lendemain de l'attentat, on avait eu la curiosité de rechercher les complicités morales de l'assassinat, si l'on s'était demandé ce qui se cachait derrière le journal royaliste, on eût aisément découvert ce qu'on a appris en 1917, on aurait su qu'un vaste complot était tramé, que l'*Action Française* recouvrait non seulement une organisation de combat, mais une véritable organisation de meurtres et de guerre civile. Quand, en effet, des perquisitions intervinrent dans des circonstances que nous dirons, on eut vite fait de trouver tout un ensemble de documents, de lettres, de fiches établissant de la façon la plus indiscutable qu'au moment où la guerre éclata les royalistes de l'*Action Française* avaient préparé, non pas en l'air, mais avec le soin le plus minutieux, le coup de force qui devait amener Philippe VIII sur le trône de France. Tout était réglé dans le détail : les sections d'*Action Française* devaient « boucler » ici tels hommes politiques, là tels fonctionnaires nommément désignés ; ailleurs on faisait état du concours d'officiers, de régiments ; les conditions dans lesquelles le prétendant devait franchir la frontière étaient prévues. La guerre civile était prête !

Mais au lendemain du grand drame, cette sorte de trêve de Dieu qu'on a appelée l'Union Sacrée fut décrétée : on décida que tous les Français, à quelque parti qu'ils appartinssent, s'aimeraient désormais comme des frères. Si l'on eut un instant la tentation de « boucler », pour parler le langage des Camelots du Roi, les socialistes révolutionnaires, pas une minute il ne fut question de prendre des mesures contre les révolutionnaires de droite. Politique de confiance acceptable et saine à une condition, c'est que le Gouvernement veillât, c'est qu'il fût plus particulièrement attentif aux agissements de conspirateurs dont l'attentat du 31 juillet 1914, perpétré sous leur inspiration — nous serions tentés de dire à leur instigation — dans les conditions les plus redoutables pour la défense nationale, montrait combien ils pouvaient être dangereux. Malheureusement, les gouvernements de guerre, constitués à partir du 27 août 1914 en dehors des règles parlementaires, ne représentant pas la majorité de la Chambre issue du suffrage universel, ne trouvant par suite dans les assemblées aucun point d'appui solide, conduits à ménager toutes les forces de presse, appréhendant les moindres attaques de journaux, pratiquèrent une politique de laisser-aller, de faiblesse vis-à-vis des partis de droite. Les réacteurs de l'*Action Française* en profitèrent. En se réclamant de la défense nationale, en affirmant qu'ils avaient suspendu leurs projets, en s'assurant des concours dans tous les milieux de police, ils parvinrent à endormir les gouvernements. Terrifiant les uns, se conciliant les autres, ils arrivèrent à se glisser subrepticement dans les antichambres ministérielles, à influer sur le pouvoir exécutif. Et, pendant ce temps, ils continuaient leur jeu en sous-main, plus hypocritement qu'avant la guerre, mais avec la même inlassable ténacité. Ils maintenaient, ils étendaient le réseau de leurs organisations locales dans le pays, tandis que leur journal injuriait, bavait, calomniait sous l'œil bienveillant de la censure. Phénomène presque unique dans l'histoire politique : un grand parti, ou plutôt deux grands partis conjugués, disposant d'une énorme majorité parlementaire, investis par le suffrage universel du droit et du devoir de gouverner, se seront, par veulerie, par crainte des attaques de presse, laissé dominer par une infime minorité d'adversaires politiques forts de l'unique puissance du chantage. Ceux-ci se seront naturellement attaqués aux hommes qu'ils redoutaient le plus. Successivement ils parviendront à s'en délivrer; ils feront assassiner l'un, ils feront poursuivre et arrêter d'autres et les hommes politiques ne voudront pas voir la vérité. Ils croiront se sauver en abandonnant ou en reniant quelques-uns des leurs; ils n'apercevront pas qu'en sacrifiant leurs guides ils creusent leur propre tombe.

*
* *

Dès le lendemain de la déclaration de guerre, l'*Action Française* et la presse de droite s'étaient appliquées à m'attaquer de toutes façons, en me prêtant les projets les plus extraordinaires, les actes les plus inconsidérés, pour ne pas dire les plus extravagants. On avait soutenu par exemple que, au moment de la Marne, j'avais proposé au gouvernement de la République une paix séparée avec l'Allemagne. J'aurais été d'accord avec plusieurs généraux, j'aurais eu recours à l'intermédiaire d'un ambassadeur d'une puissance étrangère. Conte à dormir debout, bien entendu, qui se répand cependant, qui constitue le premier anneau et le plus grave dans la chaîne des légendes, qui jette les bases de l'acte d'accusation que l'on dressera plus tard contre moi. Et les calomnies les plus folles se multiplient qui impliquent toutes le même leitmotiv : je suis périodiquement accusé de rechercher un rapprochement entre la France et l'Allemagne orienté contre l'Angleterre. Pas une preuve à l'appui bien entendu! pas même une présomption! Rien que des insinuations ou des racontars qui ne résistent pas aux démentis qui leur sont opposés! L'*Action Française* et ceux qui lui emboîtent le pas continuent cependant. Ils s'obstinent à me représenter comme un ennemi de la Grande-Bretagne parce que, en 1911, dans la crise d'Agadir, je n'ai pas satisfait les impatiences des jingoes anglais. Ils se gardent naturellement de dire que j'ai été un des plus actifs partisans de l'Entente cordiale à une époque où les nationalistes français abreuvaient d'outrages tout ce qui était anglais. Ils ne veulent pas voir que je suis resté fidèle à moi-même et à mes principes en conservant ma sympathie la plus admirative — j'allais dire la plus passionnée — à l'Angleterre des Fox, des Cobden, des Bright, des Gladstone, à l'Angleterre de Shakespeare, de lord Byron et de Shelley, à l'Angleterre du grand libéralisme, à l'Angleterre de l'admirable poésie, et que je suis simplement attentif — rien de plus — à l'impérialisme britannique, dont la mer, c'est-à-dire le monde, est la pensée, à un impérialisme que je redoute pour mon pays, comme je redoute tous les impérialismes, plus peut-être que les autres parce que je sais son extraordinaire ténacité, sa souveraine puissance... Je connais mon histoire...

Les calomnies qui s'entassent les unes sur les autres, les fables qui se superposent déterminent ou favorisent le guet-apens dans lequel je manque de disparaître en août 1916.

En quelques mots l'histoire de Vichy... Je m'y rends pour des soins indispensables à la santé de ma femme. Le surlendemain de notre arrivée, tandis que nous accomplissons paisiblement dans le parc de l'établissement et autour des sources la cure prescrite, une foule hurlante se précipite à nos trousses en nous invectivant, nous oblige à nous réfugier dans l'hôtel du commissaire du gouvernement, où nous subissons un siège en règle. On veut faire sauter la grille, enfoncer les volets, nous massacrer. C'est un incessant jet de pierres, tandis que retentissent les plus sauvages cris de mort. Les bandes d'assaillants sont composées de quelques militaires blessés que, depuis plusieurs jours, des dames de la Croix-Rouge fanatisent en leur affirmant que je suis l'auteur de la guerre — ô stupéfiante audace dans le mensonge! — surtout de femmes et de jeunes gens dont certains portent les significatifs insignes du Sacré-Cœur. Qui était derrière cette tentative d'assassinat? Une enquête faite par la Sûreté générale, dont quelques agents tournaient dès ce moment les yeux du côté de l'*Action Française*, conclut que ce fut une échauffourée toute spontanée. J'opposerai à ces conclusions un fragment d'article de M. Charles Maurras. On lit dans le journal royaliste, à la date du 25 août 1916 :

« Si M. Caillaux en avait été à sa première inso-

« lence, à son premier défi [c'était, paraît-il, un défi
« de ma part de venir à Vichy parce que l'éta-
« blissement thermal était exploité par une sociéte
« dont le beau-père de M. Calmette, M. Prestat,
« était président du Conseil d'administration], nous
« aurions été d'avis de- le passer sous silence. Des
« avanies antérieures n'ayant servi de rien [les-
« quelles?], il était indiqué de recourir au remède
« public. Nous l'avons administré à dose volontaire-
« ment modérée et atténuée... »

Que si l'aveu contenu dans cette dernière phrase
ne paraît pas assez clair, que si l'on accepte la version
de la spontanéité, comment échapperait-on à cette
conclusion qui s'accorde avec les développements
antérieurs, à savoir que la presse de droite avait déterminé dans certains milieux une mentalité de
meurtre analogue à celle qui arma le bras de Villain?

Le renouvellement de l'entreprise de Vichy sembla
sans doute périlleux. On résolut de recourir à d'autres moyens. Le 18 janvier 1917, M. Dimier, le bras
droit de MM. Maurras et Daudet, écrivait à une de-
moiselle Pilet résidant à Maves (Loir-et-Cher), *suspecte au point de vue national* et dont la correspondance était par suite surveillée, la lettre suivante (1) :

« Je vous confirme mon envoi d'hier. D'ici à
« quinze jours ou trois semaines, vous recevrez un
« paquet de journaux allemands (2) : la *Gazette de
« Voss* et le *Westphaelisches Volksblatt* où je vous
« prierai de rechercher : 1° les articles de Caillaux
« qui ont paru dans une revue de Buenos-Ayres et

_____

(1) La copie de la lettre en question me fut remise par
M. Malvy, ministre de l'Intérieur à l'époque, qui me définit
le caractere de la correspondance de M. Dimier.

(2) Comment, par quels intermédiaires l'*Action française*
avait-elle pu se procurer des journaux allemands dont la circulation était interdite en France ?

« qui ont été reproduits par ces journaux alle-
« mands; 2° les *articles suggérés* aux journaux alle-
« mands par ceux de Caillaux; 3° traduire les ar-
« ticles suggérés; 4° ne pas traduire les articles de
« Caillaux, les signaler sur les journaux seulement;
« 5° signaler également les articles dont vous vou-
« lez bien nous envoyer la traduction ; 6° nous
« retourner le paquet de journaux. »

Comme aucun article de moi n'avait jamais paru
dans aucune revue de Buenos-Ayres, M. Dimier et
son intéressante collaboratrice (*suspecte au point de
vue national*) en furent pour leurs frais. Cependant,
le temps avance; le courant que j'ai exposé se développe. M. Léon Daudet écrit, le 2 juin 1917, un article
intitulé « L'Heure Caillaux », suintant bien entendu
l'outrage et la calomnie, mais trahissant l'inquiétude. « Caillaux n'approche-t-il pas du pouvoir? »
tel en est le thème.

Que peut-on faire pour prévenir cet avènement?

C'est à ce moment qu'éclatent quelques scandales
qui semblent avoir été préparés et déclanchés à
point nommé et dont on se servira pour jeter le
discrédit sur les partis avancés et sur leurs chefs.
Un vulgaire aventurier, arrivé, grâce à la protection
d'un très haut magistrat, à fréquenter des hommes
politiques dont moi, parvenu même à franchir la
grille de l'Elysée dans des conditions singulières, a
escroqué l'ennemi. On fera semblant de croire que
ce criminel de droit commun tient les fils d'une
vaste conspiration contre la patrie. Dans un journal
avancé, très avancé, où l'on peut sans doute relever
certains articles douteux, mais qu'il appartenait à
la censure d'éliminer, un individu s'est introduit
apportant des fonds allemands. On imagine non
seulement que le journal et sa rédaction tout entière
sont à la solde de l'ennemi, mais que plusieurs chefs
politiques qui, tout naturellement, étaient en rela-

tions avec le directeur et les rédacteurs du journal savaient la provenance de l'argent suspect et machinaient avec l'Allemagne par l'intermédiaire du *Bonnet Rouge*. Pas une preuve à l'appui, bien entendu! Mais, qu'importe! « La preuve? Qu'on administre la preuve? » clamait quelque jour devant le tribunal révolutionnaire un vieux président à mortier. « Il ne s'agit pas de preuve, lui répondait le « citoyen président. Tu es un aristocrate. » — « Il « ne s'agit pas de preuve, s'écrient les gens de l'*Ac-* « *tion Française* en désignant les républicains qu'ils « veulent atteindre. S'ils ne sont pas des traîtres, ils « sont des défaitistes. »

Défaitistes! On a trouvé le grand mot. Mot ignoble, comme je devais le dire quelques mois plus tard à la tribune de la Chambre! Accusation monstrueuse! Je suis assuré que, si l'on excepte quelques fous, et encore en existe-t-il en dehors d'un ou deux agents provocateurs, pas un des pacifistes de gauche les plus ardents, pas un de ceux qui se sont rendus à Zimmerwald ou à Kienthal n'a désiré que la France succombât dans le grand conflit. Beaucoup d'entre eux, la plupart même si l'on veut, ont pu appréhender la défaite, aucun ne l'a souhaitée. Ceux-là mêmes qu'on pourrait supposer aveuglés par la passion de parti avaient toutes raisons de redouter un échec de nos armes qui eût entraîné l'effondrement de la République rendue responsable du désastre. Est-on certain par contre que, de l'autre côté, du côté droit, il n'y ait pas eu des hommes qui aient envisagé avec complaisance la déconfiture de la France, laquelle eût fait revenir le roi, selon la tradition, dans les fourgons de l'étranger? Combien dans mon pays, dans nos départements de l'Ouest, ne m'a-t-on pas cité de conversations, même de manifestations en ce sens! Et, quand on lit la *Gazette des Ardennes*, le journal allemand dont nous parlerons, n'y rencontre-t-on pas des lettres, des articles émanant de maires conversateurs, de membres du clergé, dont les auteurs ne dissimulent pas leur admiration pour l'Allemagne, leur mépris pour la France de la séparation des Eglises et de l'Etat? Faits isolés! oui, sans doute, mais exprimant une mentalité latente! Les dirigeants de l'*Action Française* et des journaux de droite n'ont pas encouragé ces tendance, les ont même combattues? D'accord... après la Marne, mais avant? Est-ce pur effet du hasard si, à la suite de Charleroi, courait dans tout le pays le bruit de la trahison de généraux connus pour leurs opinions avancées? Beaucoup de républicains sont convaincus qu'en véhiculant cette nouvelle stupéfiante les réacteurs eurent la pensée criminelle de préparer devant l'ennemi la chute du régime. Il est même des républicains qui ont soutenu que, la victoire de la Marne ayant fait échouer l'entreprise, l'*Action Française* et ses tenants modifièrent habilement leur tactique, que leur but principal, leur véritable pensée, en 1916 et 1917, fut de soumettre la République à l'épreuve d'une longue guerre dans laquelle ils pensaient qu'elle succomberait, quelle qu'en fût l'issue. Craintes illusoires! Soupçons injurieux! dira-t-on. Soit! (1) Ceux qui les nourrissaient étaient du moins aux antipodes de tous vœux de défaite.

N'importe! Le mot *défaitiste* est jeté dans la circulation. Il fait fortune dans le milieu d'agitateurs bruyants qui se groupent autour de l'*Action Française* et où on a vite fait d'en transformer le

(1) On ne saurait cependant oublier que le journal *La Vérité Française* appartenant à l'abbé Charles Maignen, qui fut, aux côtés de Dom Besse, une des personnalités les plus marquantes du parti royaliste et clérical, publiait en 1904 les lignes suivantes : « J'attends que la République, favorisée jusqu'ici d'une paix prolongée, ait subi l'épreuve d'une longue guerre. »

sens. On a vite fait de décréter que sera défaitiste quiconque « se penchera sur le problème de la paix », quiconque n'acceptera pas tous les dogmes et les rites de la religion d'Etat du patriotisme qu'on s'est évertué à fabriquer.

Il manque cependant une tête au néo-boulangisme qui se forme. On la trouve dans la personne de M. Clemenceau, qui donne un gage à la coalition en attaquant violemment, dans un discours au Sénat prononcé le 22 juillet 1917, le ministre de l'Intérieur, M. Malvy, auquel il reproche de « trahir les intérêts de la France », de ménager les révolutionnaires et les traîtres (1). M. Malvy répond. Mais, sous la violence de l'attaque, le gouvernement de M. Ribot a fléchi. Un mois plus tard le ministre de l'Intérieur, abandonné par son président du Conseil, est démissionnaire. Dès lors le pacte est conclu. Les gens de l'*Action Française* oublient les injures dont pendant des années ils ont accablé M. Clemenceau, les accusations invraisemblables formulées contre lui. Il devient le chef.

Pourtant la partie n'est pas complètement gagnée. Les conjurés craignent encore que le succès ne leur échappe. Peut-être n'ont-ils pas à ce moment toutes sécurités du côté de l'Elysée. Ils ont déjà pensé, ils pensent alors à reprendre leurs projets d'avant-guerre. Des régiments de cavalerie sont réunis aux environs de Paris pour prévenir des troubles. Un singulier hasard veut que ces régiments soient com-

____

(1) M. Clémenceau s'attache particulièrement à dénoncer un M. Marguliès de nationalité incertaine qu'il accuse d'intelligence avec l'ennemi. M. Marguliès est arrêté, retenu de longs mois en prison, jugé et acquitté par un Conseil de guerre! Son seul crime paraît avoir été de s'être refusé à certaines transactions avantageuses pour un Allemand connu M. Rosenberg qui avait pour avocat Me Albert Clemenceau, le frère de l'homme politique. « *De Cornélius Herz à Rosenberg...* »

mandés par des chefs que les meneurs de l'*Action
Française* considèrent comme acquis à leurs projets.
Les travaux d'approche nécessaires sont probablement faits. Ils sont en tous cas enregistrés sur des
fiches où l'on lit par exemple :

« 10ᵉ *dragons* — arrivera le 15 juillet à Paris ou
« dans les environs immédiats — Colonel bon...
« *n'arrêterait pas son régiment...* Capitaine de P.
« *tout à fait des nôtres...* Lieutenant R. *laisserait*
« *certainement faire...* Capitaine de l'H... *agirait*
« *mais avec ménagement...* Lieutenant M. *ne ferait*
« *pas d'obstruction.* » et ainsi de suite. Le 5 septembre 1917 les agents de l'*Action Française* signa-
lent en ces termes un général : « Ennemi du parle-
« mentarisme et de la maçonnerie, *marcherait à*
« *fond,* dit : « *Si on a besoin de moi pour un coup,*
« *je marcherai.* » Actuellement à pied mais qu'on
« rappellera peut-être à raison de ses talents, éner-
« gique et droit. »

Imprudence grave que la rédaction de ces papiers!
Elle faillit faire avorter l'entreprise politique. Un
des comparses, trahissant le groupement auquel il
appartenait, apportait, en effet, des révélations pré-
cises sur l'existence du complot. Le gouvernement
ordonnait des perquisitions; on découvrait un dépôt
d'armes, de peu d'importance il est vrai, mais dont
la seule existence constituait un délit en temps de
guerre; on trouvait surtout la preuve indiscutable
d'un projet de complot contre la sûreté de l'Etat
préparé avant la guerre, repris en 1917. Le crime
était patent. Mais on veillait en haut lieu. Des
magistrats dont le nom reviendra fréquemment sous
ma plume, M. Lescouvé, alors procureur de la République, M. Mornet, alors commissaire du gouvernement près le 3ᵉ Conseil de guerre, se rencon-
traient pour affirmer qu'il n'y avait ni crime ni délit

et le garde des Sceaux de l'époque entérinait les formules d'absolution de l'*Action Française* qui lui étaient proposées.

Les royalistes avaient échappé à un grave péril. Mais il pouvait renaître. Il fallait se hâter. La chute du ministère Painlevé est décidée. Elle survient. Après avoir pendant des années exhalé sa rancœur contre M. Clemenceau qui, quotidiennement, dans l'*Homme Enchaîné*, le tournait en dérision, M. Poincaré s'était depuis quelques semaines décidé à lui confier le pouvoir. Sans doute le conservatisme du président de la République s'était-il apeuré à la pensée du grand mouvement politique qui menaçait de s'emparer de l'Europe et dont il apercevait qu'il était générateur d'un démocratisme hardi tout proche du socialisme. Sans doute aussi ne discerna-t-il pas l'immense pertubation politique, économique et financière, infiniment redoutable pour la stabilité sociale, qui était à l'horizon. Sans doute encore ne vit-il pas les dangers que recélait pour la France le succès de l'impérialisme dont il était cependant évident que notre pays serait la dupe. Peut-être lui fit-on croire à une conspiration germanique d'ont des hommes politiques français, à commencer par moi, auraient tenu les fils. Quelque incroyable que cela paraisse, M. Poincaré a pu accepter cette gigantesque niaiserie qui se mariait avec ses antipathies (1) ou ses rancunes personnelles. Il est probable enfin qu'il s'effraya à la pensée que les origines immédiates et lointaines du grand conflit seraient situées en pleine lumière quand les nations, délivrées de l'oppression, orientées vers des formules de liberté et de rapprochement, chercheraient d'un commun accord tous ceux qui avaient quelque part dans le déchaînement de l'effroyable massacre.

(1) Se reporter à la dépêche du baron Guillaume, ministre de Belgique, en date du 10 mars 1914, citée plus haut.

Le président de la République prit donc la responsabilité, qui demeure à sa charge, d'appeler M. Clemenceau au pouvoir bien qu'il n'eut pas recueilli la moindre indication parlementaire dans ce sens, tout au contraire, quoi qu'il sût et de la mentalité et du passé de l'homme politique. M. Clemenceau, qui n'avait cessé de convoiter le gouvernement, avait pensé d'abord l'obtenir en combattant avec passion l'expédition de Salonique; mais il avait vainement attendu qu'un nouveau Lang-Son survînt sur les bords du Vardar; ses espérances défaitistes — le terme s'applique bien dans l'espèce — ayant été déçues, il avait, pour parvenir, pratiqué la basse démagogie de l'appel à la trahison. Cette fois il réussit, mais, de même que l'élève du sorcier qui a envoyé le balai chercher de l'eau à la rivière et qui ne sait plus le mot pour l'arrêter, il avait déchaîné un torrent d'ignominies qu'il ne pouvait endiguer. Il était d'ailleurs le prisonnier de ses troupes, le prisonnier des gens de la droite et de l'*Action Française* qui le portaient au pouvoir. Ceux-là, suivant leur dessein, demandèrent impérieusement que fût livré au Conseil de guerre, sous des prétextes quelconques, l'homme qu'ils poursuivaient depuis des années, l'homme dont la politique s'opposait à la leur, l'homme qui, dans le domaine des choses extérieures comme des choses intérieures, était leur adversaire le plus résolu.

M. Clemenceau devait être d'autant plus docile à leurs suggestions qu'il avait déjà engagé contre moi dans son journal une campagne basée sur des ragots, acceptés avec cette incroyable légèreté dont j'ai dit qu'elle était une de ses caractéristiques. A demi persuadé, désireux surtout de servir ses amitiés nouvelles, voulant en même temps donner satisfaction à l'immonde opinion que l'*Action Française* et lui avaient créée, il ne devait pas reculer devant un attentat judiciaire. Je ne me faisais pas d'illusions sur ce qui m'attendait. Des amis se souviennent que je le leur avais prédit. Mais, fort de ma conscience, ne voulant à aucun prix donner un semblant de consistance aux calomnies qui couraient, je n'envisageai pas un instant le voyage à l'étranger qui me fut aimablement suggéré. Je restai à mon banc, à la Chambre des Députés, attendant les événements en plein calme, en toute sérénité.

Ils ne tardèrent pas à se précipiter.

CHAPITRE III

Le 11 décembre 1917, comme je revenais de Mamers, où j'avais présidé une conférence patriotique, j'étais informé à mon arrivée à la gare que M. Clemenceau, profitant de mon absence qu'il connaissait, avait, le jour même, déposé une demande en autorisation de poursuites contre moi sur le bureau de la Chambre. J'avais communication une heure plus tard du document. Il consistait en une lettre du gouverneur militaire de Paris, le général Dubail, adressée au sous-secrétaire d'Etat à la Justice militaire et requérant ma comparution en justice sous le prétexte qu'il existait « des présomptions suffisamment graves d'avoir, pendant la guerre actuelle, poursuivi la destruction de nos alliances en cours d'actions militaires et ainsi secondé les progrès des armées de l'ennemi. » Toute la calomnie répandue depuis des années par l'*Action Française* était résumée en cette phrase. La lettre du gouverneur de Paris avait été rédigée par le sous-secrétaire d'Etat à la Justice militaire — celui-ci a dû l'avouer au cours d'une séance publique de la Chambre. Le

général Dubail avait été « invité » à apposer sa signature au bas du document qu'on lui avait tout
juste accordé la permission de lire, sans que l'autorisation lui fût concédée d'en délibérer avec ses
services, sans qu'il pût le faire examiner par ceux
qui cependant avaient seuls qualité pour lui proposer
d'intenter une action judiciaire. Œuvre d'un obscur
politicien désireux de servir le maître, comme d'autres jadis servirent Robespierre en faisant décréter
d'accusation ses adversaires politiques, le réquisitoire était fertile en insinuations fielleuses, mais ne
mentionnait pas — et pour cause — un seul fait.
Il arguait de prétendues conversations que j'aurais
eues à Rome au cours d'un voyage où « je n'aurais
pas craint de me livrer à une propagande criminelle sur laquelle il paraissait indispensable de faire
toute la lumière ». Cette accusation, dont les termes
mêmes montrent combien elle était incertaine, était
encadrée d'allusions aux contacts que j'avais eus
avec Bolo, avec le directeur du *Bonnet Rouge*. Les
billets parfaitement insignifiants que j'avais adressés
à l'un et à l'autre étaient complaisamment reproduits. On déclarait bien qu'il arrivait aux hommes
les plus irréprochables d'être trompés dans leurs
relations, que ces faits n'appartenaient pas au domaine pénal, mais sous ces phrases transparais-
sait le souci de créer l' « amalgame ». « La pensée
meurtrière du procès de Danton parut dans l'arran-
gement artiste et perfide qu'on vit au banc des
accusés », écrit Michelet. On jugea le grand homme
d'Etat de la Révolution pêle-mêle avec les Chabot,
les Bazire, les Fabre d'Eglantine, les Julien de Toulouse, les Delaunay d'Angers, avec des hommes ou
accusés ou convaincus de friponnerie et de vol, avec
quelques-uns des conventionnels que, dans le langage énergique de l'époque, on appelait « les pour-
ris ». Saint-Just et Fouquier-Tinville réussirent

l' « amalgame ». Ignace et ses collaborateurs s'efforçaient de le tenter. Pour corser l'entreprise, ils demandaient à la Chambre des poursuites contre un autre député, M. Loustalot, qui, accompagné d'un avocat M. Comby, s'était rendu en Suisse où il avait rencontré l'ex-khédive d'Egypte. J'avais été complètement en dehors de ce voyage. M. Loustalot l'affirmait comme moi. Aucune pièce, aucun témoin ne nous contredisait. N'importe! On juxtaposait les deux inculpations pour faire peser sur moi un nouveau soupçon, pour tenter de persuader que les prétendus agissements de M. Loustalot en Suisse étaient concertés avec moi, se reliaient à la campagne imaginaire que j'aurais poursuivie à Rome en faveur d'une paix séparée.

La Commission de onze membres qui fut nommée par la Chambre dans ses bureaux pour examiner la demande en suspension d'immunité parlementaire éprouva quelque embarras en présence du vide du réquisitoire. Elle m'entendit longuement, elle entendit également le président du Conseil. Visiblement elle hésitait et, n'eût été l'atmosphère de terreur que le gouvernement et la presse de droite faisaient peser sur le Parlement et sur l'opinion, elle eût sans doute conclu à une enquête préalable. Mais je la dégageai de ses incertitudes en demandant tout le premier à aller devant un tribunal pour faire justice des calomnies dirigées contre moi et dont je pensais qu'une instruction rapide ferait litière. La Commission conclut dans ce sens. Le rapporteur, M. Paisant, traduisit son opinion en des termes particulièrement réfléchis et mesurés :

« Le gouvernement, écrit-il, demande une enquête.
« Elle apparaît d'autant plus nécessaire qu'au cours
« de ses explications M. Caillaux a mis en cause
« l'ambassade de France à Rome. Elle apparaît

« d'autant plus indispensable que, s'il faut en croire
« l'accusation, les gouvernements alliés eux-mêmes
« se seraient émus! Dans ces conditions votre Com-
« mission ne pouvait refuser au gouvernement le
« droit de faire la lumière et, toute question de
« culpabilité réservée, elle l'a accordé. »

Le rapporteur précisait encore sa pensée en écrivant :

« Votre Commission n'a pas voulu livrer un homme
« à la vengeance. Elle a livré à l'enquête une accu-
« sation. »

Au cours de ses délibérations, la Commission avait,
d'autre part, requis et obtenu du gouvernement l'en-
gagement que, s'il ne résultait pas de l'instruction
qui devait être conduite par le rapporteur près le
3e Conseil de guerre qu'il y eût connexité entre les
griefs dont on me chargeait et les accusations de
trahison qui pesaient sur Bolo ou sur d'autres, si, en
un mot, l'affaire était purement ou principalement
politique, elle devrait être soumise à la Haute-Cour
de justice devant laquelle M. Malvy avait déjà demandé à comparaître. Violemment attaqué dans l'*Action Française* par M. Léon Daudet qui prétendait
que l'ancien ministre de l'Intérieur avait livré à
l'ennemi des plans militaires, M. Malvy avait, en
effet, demandé à la Chambre de le mettre en accusation à raison de crime commis dans l'exercice de
ses fonctions ministérielles. L'assemblée avait accédé
à son désir et il résultait des explications échangées
au cours de la délibération que, si le sycophante de
la droite ne pouvait justifier ses dires, il devrait porter la peine de ses calomnies. Pas un député n'aurait
pu admettre à ce moment ce qui est cependant
advenu : l'accusation a été reconnue tellement absurde que le ministère public n'a même pas osé la

soutenir et toutefois il ne fut pas un instant question
d'inquiéter le pamphlétaire royaliste sur la tête duquel s'étendit la main protectrice du gouvernement
de la République.

Les conclusions du rapport de la Commission me
concernant furent discutées à la Chambre le 22 décembre 1917. Quelques mots de protestation de
M. Loustalot et je suis à la tribune ! Je n'ai pas de
peine à établir l'inanité des imputations dirigées
contre moi, le ridicule des insinuations dont je suis
l'objet à raison de mes contacts avec Bolo, de mes
relations avec le *Bonnet Rouge*, la haute fantaisie du
roman échafaudé par le monde de la « Carrière » à
l'occasion de mon voyage en Italie. Comme j'entends qu'un des reproches qui sourd contre moi est
celui d'avoir rencontré divers personnages qui sont
dans la main de la justice, je demande si ces hommes
n'ont pas été dirigés vers moi. Je demande à M. Clemenceau si je suis le seul à avoir connu des aventuriers et, me tournant vers lui, j'observe que, moi
du moins, « j'ai les mains nettes ». Le *Journal Officiel* enregistre à la suite de mon discours : « Applau-
« dissements vifs et répétés sur les bancs du Parti
« socialiste et à gauche. L'orateur, de retour à son
« banc, reçoit les félicitations de ses amis. » Pas de
réponse du gouvernement! M. Clemenceau reste si-
lencieux sous le prétexte que, chef de la justice militaire, il ne peut me répondre. La droite et le centre,
qui n'ont pas dissimulé leur joie quand la demande
en autorisation de poursuites a été déposée, qui
soutiennent Clemenceau — « jadis la droite et le
« centre soutinrent Robespierre, écrit Michelet, ils
« lui donnèrent : Danton, Desmoulins, la vie de la
« République, les obstacles naturels de la future réac-
« tion » — s'alarment du succès de mon discours.
Il leur paraît que je suis à même de renverser dans
un court délai le gouvernement qui leur est cher.

C'est ce qui fut probablement arrivé si M. Clemenceau n'avait joué un formidable coup de partie.

Troublé en constatant que le château de cartes laborieusement édifié par son subordonné Ignace s'écroulait piteusement, le président du Conseil met en mouvement les policiers officiels et marrons dont le concours a toujours constitué son moyen de gouvernement préféré. Vainement on me suit depuis le jour où la demande en autorisation de poursuites a été déposée; vainement des limiers s'attachent à chacun de mes pas, observant les maisons où je me rends, les amis qui viennent chez moi ; vainement on perquisitionne dans mon appartement de Paris le 24 décembre 1917; vainement on procède à la même opération dans ma maison de Mamers; vainement M. Bouchardon, rapporteur près le 3ᵉ Conseil de guerre, me fait subir un premier interrogatoire — à part de bas papiers de police auxquels il n'ose s'arrêter, il n'a en main que le réquisitoire de M. Ignace, signé du général Dubail. Tout cela ne donne rien. Ne sera-t-on pas plus heureux ailleurs ? Et dans le monde entier commence une formidable sarabande de policiers. On farfouille en Suisse, en Italie, en Espagne. Un fait entre beaucoup d'autres illustre les méthodes employées. Le 3 janvier 1918, M. Marlio, sous-préfet, est à Madrid. Il se rencontre à déjeuner avec le marquis d'Aurelle de Paladines, fils du général qui, en 1870, empêcha, *dit-on*, que M. Clemenceau, qui maire de Montmartre avait laissé massacrer les généraux Lecomte et Clément Thomas, ne fût fusillé. M. d'Aurelle de Paladines, attaché à la mission militaire française en Espagne, est un agent dévoué du président du Conseil. Il invite M. Marlio à une entrevue qui a lieu le même jour à 6 heures du soir à l'hôtel Ritz. L'officier demande à son interlocuteur de lui livrer certaines lettres en sa possession qui seraient, croit-il, de nature à com-

promettre un parlementaire très en vue et qui permettraient à M. Clemenceau, lequel en a le vif désir,
de fortifier l'affaire Caillaux en faisant monter un
député connu sur la charrette qui porte l'ancien
président du Conseil. Bien que les propositions que
formule l'agent de M. Clemenceau et qu'il juge fort
alléchantes : promesse de tel poste qui conviendrait
dans l'administration, etc., n'obtiennent aucun succès, le diplomate de rencontre se déboutonne. Il
confie que le président du Conseil a entrepris trop
vite les poursuites contre M., Caillaux, qu'il n'a rien
en main, que lui, d'Aurelles de Paladine, est chargé
de trouver des preuves contre moi, que, à mon retour
d'Amérique où j'ai été en mission dans le courant
de l'hiver 1914-1915, j'ai dû m'arrêter en Espagne
et m'y livrer à des intrigues, qu'il en cherche la
preuve, mais qu'il ne la découvre pas. Je le crois
sans peine : je n'avais fait, à mon retour d'Argentine, que traverser l'Espagne en chemin de fer sans
m'arrêter en aucune ville, sans descendre du train.

Mais voici que d'Amérique parviennent au gouvernement français les reproductions de deux télégrammes envoyés par le comte de Luxburg, ministre
d'Allemagne à Buenos-Ayres, à son gouvernement
en février 1915 et relatifs à mon voyage dans l'Amérique du Sud. Voici que, dans un coffre-fort que
j'ai loué à Florence lorsque ma femme s'est rendue
en Italie, on trouve des papiers, des bijoux, des
titres.

Les télégrammes que le gouvernement des Etats-
Unis possède probablement depuis longtemps, puisqu'il y a plus de six mois qu'il a déchiffré toute la
correspondance échangée entre le comte de Luxburg
et son gouvernement par l'intermédiaire du ministre
de Suède, sont insignifiants. Le premier rapporte de
prétendues conversations, assez banales, que j'aurais eues en Argentine et que des informateurs ont

relatées au ministre d'Allemagne en les déformant, bien entendu. Je gage qu'il n'est pas un Français en mission qui n'ait été épié et auquel on n'ait dans des télégrammes attribué des attitudes ou des propos imaginaires. Au surplus, le second télégramme fait justice des interprétations tendancieuses que pourrait suggérer le premier. Le départ du navire « Araguaya » qui m'emporte en France y est annoncé; il est dit que la capture du bateau est *très désirable*. Il va de soi que, s'il y avait eu entente quelconque entre le comte de Luxburg et moi, même s'il y avait eu contact par intermédiaire, le premier souci du ministre d'Allemagne aurait été de recommander aux croiseurs qui tenaient la mer de laisser passer, toutes voiles dehors, le navire qui me ramenait en Europe. M. de Luxburg songeait au contraire à me faire capturer et il indiquait simplement que je devais être traité avec politesse et prévenance dans les geôles allemandes où l'on espérait m'enchaîner. Terriblement gênant ce second télégramme qui détruit ce que, en imaginant, en sollicitant les textes, on pourrait tirer du premier! Comment faire? Eh! mon Dieu, c'est bien simple : on le falsifiera. On livrera à la presse un texte altéré. Au lieu des mots : « capture très désirable », on écrira « capture indésirable » et il apparaîtra ainsi que les ennemis de la France veulent me ménager. Un faux va justifier une violence.

Dans le coffre-fort de Florence on a trouvé des papiers politiques, des lettres qui m'ont été adressées par le sieur Lipscher, dont j'ai parlé devant la Commission chargée d'examiner la demande en suspension de l'immunité parlementaire et auxquelles on peut d'autant moins s'arrêter qu'elles sont enfermées dans une chemise qui porte cette suscription, écrite de ma main : « Propositions de conversation. 1915. Mes refus », et que ces refus sont authentifiés par la présence dans le même dossier de la minute d'une lettre de moi envoyée audit Lipscher sous pli recommandé (le reçu de la poste est épinglé) et où une fin de non-recevoir absolue est opposée aux ouvertures qui m'ont été faites. Dans le même coffre-fort il y a encore une étude de moi sur les responsabilités de la guerre et un travail ou plutôt un ensemble de notes s'enchevêtrant, se contredisant, sur la réforme de la Constitution et de quelques-unes des lois de l'Etat. Travaux personnels comme tout homme politique peut en avoir, comme chacun a le droit d'en rédiger! Sans doute on cherchera à émouvoir l'opinion publique en soutenant qu'il y a dans ces papiers un embryon de complot contre la sûreté de l'Etat. On omettra soigneusement de remarquer qu'il ne s'y trouve rien qui, de très loin, puisse être comparé aux papiers séditieux découverts dans les locaux de l'*Action Française*, et qui n'ont donné lieu à aucune poursuite. Mais en admettant même que le reproche soit fondé, où y a-t-il machinations en faveur d'une paix séparée, intrigues contre la patrie? Comment peut-on frapper l'opinion publique?

M. Barrère, ambassadeur de France en Italie, en fournit les moyens. Dans deux télégrammes il affirme que, à côté des papiers politiques, on a découvert dans le coffre-fort de Florence des titres représentant au moins deux millions, des bijoux d'une valeur de cinq cent mille francs. L'élémentaire prudence commanderait une vérification approfondie. Il peut y avoir erreur, intentionnelle ou non. Le devoir du gouvernement est d'attendre, avant de livrer aucun renseignement au public, avant de procéder à une arrestation sensationnelle, que mes explications aient été reçues, qu'une vérification minutieuse et complète ait eu lieu en ma présence. Mais foin de toutes ces précautions qui sont la primordiale garantie des droits de l'homme et du citoyen.

Enfin! on triomphe. La presse en mouvement! des titres sensationnels! M. Caillaux n'a pas une fortune telle qu'il puisse posséder deux millions en titres et cinq cent mille francs en bijoux. La France, le monde entier apprendront qu'un ancien président du Conseil a enfoui des millions qui ne peuvent lui appartenir, qui, sans aucun doute, lui viennent de l'ennemi. C'est l'argent de la trahison! On tient l'homme politique!

Le 14 janvier 1918, à neuf heures du matin, comme je sors de mon cabinet de toilette, un commissaire de police et des inspecteurs de la Sûreté m'appréhendent, pénètrent dans la salle de bains sans égard pour ma femme qui se trouve dans sa baignoire et, après quelques formalités, m'entraînent à la Santé où je suis écroué deux heures plus tard. J'aurais dû bénéficier du régime des détenus politiques, puisque la Chambre n'avait accordé la suspension de l'immunité parlementaire que pour crime politique. Les termes du rapport Paisant que j'ai cité étaient formels. Mais qu'importaient les décisions de l'assemblée issue du suffrage universel à M. Clemenceau et à M. Ignace qui entendaient me faire passer en Conseil de guerre aux côtés d'un Bolo? Ils anticipèrent sur leurs désirs en me soumettant au régime réservé aux malfaiteurs de droit commun.

A mon arrivée dans la lugubre prison on me fouille à corps; non seulement on me dépouille de mon argent, de mes bijoux, de ma montre même, on m'enlève mes bretelles, mes cravates, mes ciseaux à ongles, jusqu'à mon tire-boutons! On me place dans le quartier de la haute surveillance où les guichets des cellules sont constamment ouverts, où les gardiens, dont la promenade est incessante, ont l'ordre d'observer les moindres gestes des prisonniers. Toute la nuit la lampe électrique reste allumée et ce fut une de mes plus grandes souffrances physiques que de ne pouvoir reposer dans l'obscurité. La pire des souffrances morales fut la promiscuité. Quand je sors de la cellule qui m'est affectée pour une courte promenade dans un préau sans air où je suis, bien entendu, escorté d'un gardien qui ne me quitte pas plus que mon ombre, quand je vais au parloir, toujours accompagné d'un gardien, rencontrer l'un ou l'autre de mes avocats, soit Mᵉ Demange, soit mon admirable ami Pascal Ceccaldi qui, tous les jours pendant de longs mois, m'apportera le réconfort de sa vaillance et de son ardeur confiante, je passe devant les cellules qui avoisinent la mienne et où ricanent en m'apercevant des voleurs, des assassins, tels que Guerrero qui portera quelques mois plus tard sa tête sur l'échafaud pour avoir tué une enfant de sept ans après l'avoir violée. Il est mon plus proche voisin.

Dans le même quartier, le quartier de la haute surveillance, sont également situées les cellules réservées aux condamnés à mort. A travers les judas constamment ouverts comme le mien je vois ces malheureux que le poteau de Vincennes ou la guillotine guettent, toutes les fois que je sors de mon logis. Il m'arrive de croiser quelques-uns d'entre eux quand, menottes aux mains, ils reviennent de la promenade encadrés de deux gardiens et je conserverai toujours dans la mémoire les regards — quels regards indescriptibles! — que l'un d'entre eux jetait sur les gens et sur les choses, sur un pauvre coin de ciel qu'il apercevait dans l'entrebâillement d'une fenêtre à tabatière. En face de ma cellule, il y a les cachots, ce que dans l'argot des prisons on appelle les « mitards », où l'on enferme les prisonniers coupables d'infractions aux règlements. Et, pendant des journées, pendant des nuits entières retentissent les cris des misérables souvent à demi-fous qui hurlent ou se jettent contre les murs de ces cellules matelassées. J'entends encore les plaintes déchirantes poussées par des Marocains dans leur langue aux sons rauques et les douloureux gémissements d'Annamites évoquant les traînantes mélopées orientales.

Pendant des semaines et des semaines toutes visites sont interdites. Près d'un mois et demi se passera sans que je sois autorisé à voir ma femme. Elle ne franchira les portes de la prison que le jour où j'aurai été victime d'un étrange accident. Vers la fin de février 1918, à la suite d'un repas, je suis pris d'un si violent embarras gastrique, avec de tels vomissements, qu'on se demande quelle est l'origine de ce singulier malaise auquel je ne suis nullement sujet. Appelés en hâte, les médecins affirment qu'il n'y a pas tentative d'empoisonnement et je veux le croire. Je note simplement ceci qui ne peut être contesté : le directeur de la prison ayant très sagement ordonné qu'à partir de ce jour les paniers qui contenaient mes repas apportés d'un restaurant voisin seraient cadenassés et que j'aurais seul la clé du cadenas, je n'ai plus jamais subi la moindre crise de ce genre. J'observe encore que dans les milieux nationalistes on prédisait couramment que je n'étais pas dans un état physique qui me permît de résister au régime de la prison, qu'au bout de quelques mois je ferais de la paralysie générale. Il est des malveillants qui seraient tentés de penser que quelque nouveau Villain se sera efforcé de hâter la solution entrevue avec tant de complaisance.

Les visites de ma femme me permettent enfin d'avoir des nouvelles des miens. Auparavant j'écris, mais il s'écoule cinq jours au moins avant qu'une réponse me parvienne. Les lettres que j'adresse ou que je reçois doivent, conformément aux règlements, passer sous les yeux du magistrat instructeur; il procède avec une lenteur si avisée qu'il parvient en fait à paralyser toutes communications suivies. Je

suis enfin autorisé à voir ma femme et les très rares
amis auxquels la faculté de me rendre visite est
successivement accordée; on me concède le parloir
de faveur en ne manquant pas de faire valoir l'avantage qu'on m'octroie sans indiquer qu'il est imparti
à la plupart des détenus ayant une situation sociale.
On omet d'ajouter que les gardiens qui ont la charge
d'assister à mes entretiens, *à moi*, sont tenus de
tout écouter, de tout épier, de faire un rapport cir-
constancié sur chaque conversation. La plupart de
ces gardiens sont de très braves gens qui, selon l'expression dont use l'un d'eux, « sont honteux du métier qu'on leur fait faire ». Nombre d'entre eux me
disent que le régime de soi-disant faveur n'est qu'un
piège qui m'est tendu, que l'on espère recueillir
au cours d'une conversation un mot, une réflexion,
un bout de confidence qui pourront fournir une indication aux magistrats. Les pires des malfaiteurs prévenus des crimes les plus odieux ne voient sans doute
les membres de leur famille que certains jours et
à travers une grille, mais du moins personne n'est-
il chargé d'enregistrer dans un rapport les paroles
échangées.

Et cela durera plus de neuf mois!

Cependant on est tout de suite fixé sur la valeur
des télégrammes d'Amérique. Au bout de quelques
semaines, on verra s'évanouir en fumée les millions
du coffre-fort de Florence!

« Le 15 germinal an II, Hérault de Séchelles, mis
« en accusation par la Convention sur la demande
« du Comité de Salut Public, comparut devant le
« Tribunal révolutionnaire. Il était accusé d'avoir
« livré les secrets du Comité de Salut Public aux
« puissances étrangères. *Le président donna lecture*
« *d'extraits d'une correspondance diplomatique sai-*
« *sie à bord d'un navire ennemi.* Hérault y était

« mentionné comme envoyant des renseignements
« aux étrangers. Le président ne présenta pas les
« pièces originales. Ces pièces sont aux Archives
« nationales. Le nom d'Hérault ne s'y trouve pas.
« Le président Hermann était donc un faussaire. Il
« avait sans doute dépassé ce qu'exigeait de lui Ro-
« bespierre qui lui avait communiqué les pièces. *Ces*
« *lettres n'étaient d'ailleurs que de misérables ra-*
« *contars indignes d'être pris au sérieux* et il fal-
« lait l'esprit atrabilaire de Robespierre et cette
« manie de défiance universelle qui l'obsédait pour
« trouver là matière à chercher des traîtres au sein
« du Comité de Salut Public. » (Henri Martin.)

L'histoire se répète. Les télégrammes Luxburg
comme les lettres saisies en l'an II à bord d'un navire ennemi ne contiennent que « de misérables racontars indignes d'être pris au sérieux ». Si mon
nom y est prononcé, tandis que le nom d'Hérault
ne se rencontrait pas dans la correspondance prise à
bord du navire ennemi, la phrase « capture très désirable me dégage complètement en établissant la volonté qu'ont les Allemands de se saisir de ma personne. Seulement, de même qu'on a ajouté le nom
d'Hérault de Séchelles, on a renversé l'expression
dont s'est servi le diplomate ennemi pour me faire
arrêter. Mais la supercherie ne peut tenir. Bien que,
au 3e Conseil de guerre, on s'ingénie à copier le Tribunal révolutionnaire, les choses ne vont pas aussi
simplement en 1918 qu'en l'an II. M. Ignace ne
dispose pas des mêmes facilités que le président Hermann. Force est de livrer au bout de quelques jours
à la publicité le texte véritable et dès lors toutes les
arguties ne pourront prévaloir contre les évidences
que distribuent trois simples mots.

Les millions du coffre-fort de Florence! Dès le premier jour, je proteste. J'explique, je fais expliquer

par mes avocats que ma femme, ayant manifesté
l'intention, après les incidents de Vichy qui l'avaient
justement effrayée, de passer de longs mois en Italie,
avait emporté avec elle ses bijoux et une partie seulement de notre fortune pour que, au cas où des événements militaires ou politiques me mettraient dans
la difficulté de lui faire tenir des fonds, elle pût s'en
procurer en touchant des coupons. J'indique le mon
tant approximatif en capital de ces titres, qui ne représentent qu'une partie de notre fortune, 400 à
500 mille francs tout au plus. J'indique encore que
les bijoux sont tous des bijoux de famille venant de
succession et dont la valeur totale est le dixième à
peu près de celle qu'on leur attribue.

Concert de dénégations dans toute la presse gouvernementale! Allons donc! A qui fera-t-on croire
ces sornettes? L'ambassadeur de France en Italie a
télégraphié qu'il y avait deux millions en titres et
cinq cent mille francs en bijoux dans le coffre-fort
de Florence. Les millions y sont bien de même que
les colliers de perles ou de diamants offerts sans
doute par l'empereur d'Allemagne. Et une inquiétude me prend. N'aurait-on pas placé, à côté des
titres m'appartenant, des paquets de valeurs dans
mon coffre-fort qui, *malgré mes protestations, a été
ouvert en dehors de ma présence, en dehors de la
présence d'une personne qui me représentât?* On
m'a affirmé depuis que telles avaient été, en effet,
les intentions de l'un tout au moins des magistrats italiens, M. de Robertis (1), qui, depuis,
a été appelé à répondre devant la justice de
son pays du fait, qu'il a dû avouer, de sous-
traction de dossiers judiciaires. Ainsi seulement on
peut s'expliquer la monumentale... erreur. Mais la

(1) M. de Robertis a été fait chevalier de la Légion d'Honneur en 1918.

dictature militaire qui sévissait à l'époque, en Italie comme en France, ne fut cependant pas assez puissante pour permettre à M. de Robertis et à ses acolytes de perquisitionner dans un coffre-fort, que j'avais loué, en dehors de la présence... gênante... des directeurs de la banque. Il fallut faire un procès-verbal de récolement des titres. La partie était perdue si tant est qu'elle ait été jouée, ce que je ne saurais certifier. On dut apporter à Paris le contenu réel du coffre-fort et commettre un expert à la vérification des valeurs. Alors tout s'effondre. L'expert Doyen est obligé de constater à la suite d'une minutieuse étude la complète exactitude de mes dires. Une heureuse fortune veut que tous les titres déposés dans le coffre-fort de Florence soient relatés numéro par numéro, dans des actes authentiques, contrat de mariage, déclaration de succession, *antérieurs à la guerre* et qu'ainsi la légitimité de leur propriété ne puisse m'être contestée. Leur valeur totale est exactement celle que j'ai indiquée de mémoire. De son côté, un expert commis à expertiser les bijoux confirme de tous points mes allégations.

Seulement... des semaines se sont écoulées. L'abominable légende des millions enfouis dans le coffre-fort de Florence a été créée. M. Clemenceau et ses séides l'ont répandue dans le monde entier. Elle chemine malgré les démentis. A la fin de 1919 elle trouve encore place dans de grands journaux américains. Sans doute n'est-elle pas morte à l'heure actuelle bien que, au grand jour de l'audience de la Haute-Cour, les magistrats chargés de requérir contre moi aient dû s'incliner devant ma scrupuleuse probité. Qu'importe d'avoir jeté dans le public la plus odieuse des calomnies? Elle seule pouvait justifier une incarcération ardemment désirée. On l'a réalisée. La liberté, l'honneur d'un homme, la santé morale d'un pays, sa figure dans le monde ternie

par l'argent de la trahison qu'on dit collé aux doigts
d'un de ses anciens chefs de gouvernement, tout
cela ne compte pas pour les « patriotes » qui, directement ou indirectement, président aux destinées
du pays.

*
* *

Ce n'est que quelque temps après que le contenu
du coffre-fort de Florence eut été déballé que les
interrogatoires commencèrent, conduits par M. Bouchardon, magistrat mobilisé (1), alors capitaine rapporteur près le 3ᵉ conseil de guerre.

Une petite salle dans un coin du Palais de Justice!
Le capitaine Bouchardon se promène de long en
large, sanglé dans un uniforme dont la propreté
n'est pas la caractéristique dominante. Maupassant,
dans un conte, écrit d'un curé de village : « Il était
vif, de corpulence moyenne, jamais rasé, rarement
lavé. » Ce portrait de prêtre normand me revient à
l'esprit toutes les fois que je songe, ce qui m'arrive
parfois, à M. Bouchardon. — J'entre, escorté de deux
inspecteurs de la Sûreté qui m'ont cueilli à la Santé
et qui m'y ramèneront sans me quitter d'une semelle.
Une brève inclinaison de tête de part et d'autre et
le magistrat questionne.

La monstrueuse procédure devant les conseils de
guerre permet au rapporteur d'interroger en dehors
de la présence de l'avocat et sans soumettre à l'inculpé les pièces du dossier. M. Bouchardon use largement des « facilités » que la loi lui donne. Ainsi,
dans une des affaires auxquelles il essaiera de se raccrocher, il me laisse ignorer des pièces qui me dé-
gagent complètement, qui font justice des vagues

(1) M. Bouchardon, juge au Tribunal de la Seine, a été
nommé conseiller à la Cour d'Appel et fait officier de la Légion d'Honneur en 1918.

insinuations qui pourraient être dirigées contre moi. Un hasard seul m'apprend leur existence. On cesse de m'interroger sur ce sujet quand on ne peut plus me dissimuler ces documents dont, avec une procédure simplement humaine, j'aurais eu connaissance dès le premier jour.

Quoi qu'il en soit, le capitaine Bouchardon interroge; il pose, sur un point, une question longuement méditée, presque toujours écrite à l'avance; il la pose en tapotant les vitres; il écoute la réponse en se rongeant les ongles; s'il est déçu par la riposte, il pivote brusquement sur ses talons, passe à un autre sujet pour dérouter le patient, et toujours il se promène de long en large, et toujours il tapote les vitres, et toujours il se ronge les ongles. Il questionne habilement, insidieusement, il s'empare du moindre mot pour faire rebondir l'interrogatoire, pour essayer de démonter l'inculpé. Ceccaldi dit de lui qu'il a « le sadisme de l'instruction »; il sait en tout cas remarquablement son métier et il apporte dans l'exercice de sa fonction une passion singulière, la passion du chasseur ou du braconnier. Une ardeur visible l'anime contre moi. Je lui ai dit quelque jour qu'il devait être un lecteur assidu de l'*Action Française*. Il l'a formellement nié et par conséquent, je dois le croire, mais il est à coup sûr un nationaliste ardent. Il en a tout le vocabulaire. Des mots qui ne recouvrent que de pauvres idées ont meublé son cerveau dont il suffit de voir la forme extérieure pour discerner qu'on le remplit aisément. Il est imbibé jusqu'aux moelles de la religion d'Etat dont j'ai dit comment des fanatiques et des habiles l'avaient construite. Elle lui suffit. Il se croit un grand patriote parce qu'il voudrait que tous les Français, à commencer par les hommes d'Etat, dont il n'aperçoit pas qu'ils ont des responsabilités particulières, acceptassent sans le discuter l'étroit credo dont il se gar-

garise. Il croirait surtout servir son pays en faisant
brûler tous ceux qui pensent autrement, tous ceux
qui estiment que le formulaire auquel il a souscrit
contredit la grande idée qu'ils se font, eux, de la
France, de la France de Rabelais, de Voltaire, de la
Révolution, de celle que Gambetta a appelée la nour-
rice des idées générales du monde. Combien de fois,
en l'entendant me questionner, en le voyant chercher
le petit bout de fait qui lui permettrait de satisfaire
sa passion de moderne inquisiteur, m'est-il arrivé
de penser au bûcher de Jean Huss ! Combien de fois
n'ai-je pas murmuré le « Sancta simplicitas » que
prononça le grand hérésiarque en voyant la vieille
femme jeter, en se signant, un fagot dans le brasier.

Mais nous vivons en un temps où, malgré tout,
il y a une loi, où il subsiste des règles juridiques
qu'il est dangereux de méconnaître, les retours du
destin étant prompts. Et puis on reste un honnête
homme, un parfait honnête homme, et je suis persuadé qu'on garde, quoi qu'il m'ait été dit à ce
sujet, une haute conscience de magistrat. On fera
tout ce qu'on pourra pour prendre en défaut l'homme
politique dont on hait d'autant plus les idées qu'on
ne les comprend pas; on ne voudra pas jouer les
Hermann ou les Fouquier-Tinville. Il n'est que juste
de reconnaître qu'on y a beaucoup de mérite, car
je suis assuré de ne pas me tromper en disant qu'on
est poussé par un autre personnage, dont chacun
proclame au Palais que les scrupules ne l'étouffent
pas, par M. Mornet, commissaire du gouvernement
près le 3ᵉ conseil de guerre.

M. Mornet, qui fut socialiste avant la guerre, qui
fit ouvertement profession de foi de pacifisme et
d'antimilitarisme violent, a sauté à pieds joints dans
le camp opposé et il brûle de l'ardeur du néophyte.
Appelé à requérir, sous l'égide de M. Ignace, dans
ce qu'on nomme les grands procès, il s'est construit

un système qui rappelle à s'y méprendre la thèse
que M. Léon Daudet soutient tous les jours dans
l'*Action Française*. « Il n'y a qu'une affaire de trahison », proclame-t-il. Il veut à toutes forces qu'un
grand complot contre la France ait été ourdi, que
les Bolo, les Duval, les Lenoir, ne soient que des
comparses, les agents d'un haut personnage que pendant quelques mois on a appelé le grand X et auquel
on donne maintenant son véritable nom. Zola, dans
la Bête Humaine, a campé un juge d'instruction qui
bâtit tout un scénario de drame pour expliquer et
relier entre elles des affaires de droit commun dont
il est saisi, et qui, quand les faits lui infligent un
démenti, trouve toujours le moyen de si subtilement
raisonner qu'il parvient à maintenir son hypothèse.
Le commissaire du gouvernement près le 3e conseil
de guerre, qui n'est alors que substitut du procureur
général (1), s'attache, lui aussi, à faire rentrer à
coups de poing toutes les affaires de trahison dans
la grande affaire Caillaux. Quelle gloire pour lui
s'il réussit « l'amalgame », comme le réussirent
jadis contre Danton Fouquier-Tinville et Saint-Just!
Quel procès colossal en perspective! Quel réquisitoire
admirable il entrevoit en même temps qu'il aperçoit
toute la qualité du service qu'il aura été assez heureux pour rendre!

Au surplus, il faut convenir qu'il y a beaucoup de
logique dans cette construction artificielle de l'esprit. Si M. Caillaux a eu des intelligences avec l'ennemi, s'il a été, pour appeler les choses par leur
nom, un agent de l'Allemagne, il est hors de doute
qu'il a dirigé toutes les entreprises contre la France.
S'il est au contraire démontré que l'homme politique
a ignoré les tractations d'un Bolo qui était cependant arrivé à se glisser parmi ses relations, s'il est

_____

(1) M. Mornet a été nommé avocat général et fait chevalier
de la Légion d'Honneur en 1918.

établi qu'il n'a rien su des opérations criminelles d'un Lenoir ou d'un Duval qui l'a frôlé, comment croire à sa culpabilité ? Comment admettre qu'un homme d'Etat de son importance passé au service d'une puissance étrangère n'ait pas contrôlé de point en point le jeu de cette puissance?

M. Mornet et M. Bouchardon aperçoivent si bien la rigueur de ce dilemme que tout l'effort de l'instruction sera de forger les anneaux de la chaîne qui doit souder les affaires de trahison entre elles. Sans doute on battra les buissons, sans doute on parlera à M. Caillaux de l'Argentine, de l'Italie, de Lipscher, des documents du coffre-fort de Florence, mais ce sont là hors-d'œuvre qui peuvent tout au plus aboutir à de vagues accusations politiques, à un médiocre procès en Haute-Cour. Ce n'est pas ce qu'on veut. Ce qu'on veut, c'est le conseil de guerre, c'est la promenade matinale à Vincennes, à laquelle jusqu'au bout M. Mornet a espéré présider, — il l'a dit —; ce qu'on veut, c'est consolider, c'est assurer pour longtemps la dictature de M. Clemenceau et des gens de l'*Action Française*. On y parviendra si les coalisés, gouvernants, journalistes de droite, magistrats, peuvent se targuer d'un immense service rendu au pays, s'il est prouvé que les uns et les autres, en s'appuyant, en se soutenant, ont découvert et déjoué la plus monstrueuse entreprise de trahison, une entreprise d'autant plus grave qu'elle aurait été machinée par un homme d'Etat qui fut à la tête d'un grand parti. Du même coup ce parti sera atteint, la République sera touchée ! Que de victoires à l'horizon !

CHAPITRE IV

Bolo! Un piètre aventurier, qui n'était pas digne de dénouer les cordons des souliers d'un Cornélius Herz.

Celui-ci n'est pas seulement parvenu à recevoir à déjeuner ou à dîner des hommes politiques, il a travaillé avec l'un d'eux auquel, s'il faut en croire ce qu'il a dit lui-même à Henri Rochefort, il aurait versé quatre millions pour son journal *la Justice* (*Intransigeant* du 6 mars 1906). « A plusieurs re- « prises, écrit Rochefort dans le même article, Cor- « nélius Herz m'a répété que Clemenceau lui appar- « tenait et qu'il disposait de lui comme de sa chose.» Beaucoup de jactance, selon toutes probabilités, dans ces propos sommaires! Cependant, quelqu'un a poussé cet agent international dans un certain monde politique où il a eu ses grandes et petites entrées; quelqu'un a relié ce prétendu financier d'origine allemande au général Boulanger dont Cornélius Herz a favorisé l'avènement au pouvoir, si ce n'est pas lui, lui seul, qui l'a déterminé comme je crois le savoir ; quelqu'un a fait attribuer à ce personnage, dont les ressources provenaient sans doute de la bienveillance d'une puissance étrangère, la dignité de grand-officier de la Légion d'honneur. Des. crises ministérielles accumulées, les hommes d'Etat de la République jetés à la voirie, le général Boulanger au pouvoir où il fera courir à la France le plus grave péril! Voilà quelques-uns des résultats obtenus par Cornélius Herz.

Bolo fut tout simplement un ruffian avide de jouir, et qui n'employa sa réelle puissance de séduction qu'à escroquer. Il avait, lui aussi, un répondant, de moindre stature que le grand personnage politique dont se parait Cornélius Herz mais qui, du moins, offrait de complètes garanties de respectabilité. Une liaison étroite s'était établie entre Bolo et M. Monier, successivement procureur de la République, président du tribunal de la Seine, premier président de la Cour d'appel de Paris. Le haut magistrat avait été probablement enveloppé par le charme très prenant de l'individu; non seulement il resta sourd aux avertissements qui lui furent donnés, mais il communiqua sa surdité à tous ceux que Bolo cherchait à approcher et auxquels il donnait comme référence un des premiers magistrats de France. A tous, M. Monier servait la même formule : « Je réponds de l'honorabilité de Bolo comme de la mienne propre. » En novembre 1911, malgré les instances de M. Ajam, député de la Sarthe, je refuse de recevoir le personnage contre lequel des notes de police m'ont mis en garde. Le président du tribunal civil de la Seine appelé par moi, à la sollicitation de M. Ajam, a vite fait de dissiper mes doutes et la phrase que j'ai dite et qui fut la conclusion de notre entretien balaie mes dernières hésitations.

Je ne me soucie pourtant pas de frayer avec Bolo parce que je le crois dans de multiples affaires et que je sais les soupçons qui rôdent autour des hommes politiques. Ce n'est qu'en mai 1914 que j'accepte de déjeuner dans son appartement de la rue de Phalsbourg avec M. Louis, ambassadeur de France, ancien ambassadeur à Saint-Pétersbourg qui, connaissant Bolo, lui a témoigné le désir de me rencontrer. J'avais la plus haute estime pour l'éminent diplomate, pour l'excellent serviteur de la France que fut M. Louis. Sa présence à une table assurait que je pouvais m'y asseoir; elle fortifiait encore l'aval du président Monier. M. Louis indiquait d'ailleurs qu'il désirait m'entretenir d'un sujet grave. De fait, l'ambassadeur me parle tout de suite des dangers de guerre qui menaçaient l'Europe, il me dit tous les périls de la politique que M. Poincaré poursuit en Russie avec le concours de M. Paléologue et de M. Iswolski, il m'affirme que le voyage que projette le Président de la République à Saint-Pétersbourg pour le mois de juillet prochain peut, doit être gros de conséquences et il me demande de m'y opposer. Je lui réponds que je n'en vois pas la possibilité, que la situation dans laquelle je me trouve à l'époque m'exclut, momentanément tout au moins, de la politique active, que je n'aperçois pas d'ailleurs comment, à moins d'être chef du gouvernement, et encore! je pourrais prévenir une visite du président de la République à l'empereur de Russie. J'avoue d'ailleurs que, quelle que soit ma confiance en M. Louis, je crois que l'ambassadeur exagère, qu'il est trop pessimiste. Les événements m'ont appris que j'avais tort. Mais je n'aborderai pas en ce livre la question des responsabilités de la guerre. Je passe...

Quelques semaines plus tard, Bolo me prie à déjeuner avec le khédive d'Egypte qui se trouve à Paris. Je connais Abbas-Hilmi; nos relations n'ont pas toujours été bonnes; j'ai toutes raisons de chercher à détendre. Un déjeuner mondain m'en fournira l'occasion. J'accepte.

Moins d'un mois après, la guerre survient et je reste près d'une année sans avoir aucun rapport, ni direct, ni indirect, avec Bolo. Ce n'est qu'en mai 1915 que je le revois et que je me trouve chez lui avec un de mes collègues de la Chambre, ce n'est qu'en octobre 1915 que Mme Caillaux rencontre par hasard, à Ouchy où des obligations de famille l'ont appelée, M. et Mme Bolo qu'elle ne connaissait pas, si bien que les relations de mon ménage avec le ménage de la rue de Phalsbourg n'ont pas duré deux années. Relations purement mondaines! Relations de vie parisienne ! Relations limitées au cigare et au petit verre! Bolo chez lequel j'ai rencontré des députés, des fonctionnaires, des diplomates, des officiers dont la liste, si j'avais le goût de l'établir, remplirait une page, m'apparaît comme un hôte aimable, ayant une table et une cave excellentes, menant au surplus un train de vie raisonnable qui semble tout à fait en rapport avec la fortune que sa femme lui a apportée et qui fut considérable. Il m'annonce vaguement en 1916 qu'il a placé des capitaux dans le *Journal* sans m'en indiquer le montant et, comme je lui objecte que le placement est médiocre, il me répond qu'il se rattrapera par des affaires à côté ; il me laisse entendre que c'est le moyen pour lui d'obtenir les facilités qui adviennent couramment aux commanditaires des grandes feuilles d'information. Conception, hélas ! très normale !

Je tombe donc des nues quand j'apprends, en février 1917, que Bolo est l'objet d'un ordre d'informer. Des ministres auxquels j'en parle me rassurent : « Cela ne leur paraît pas bien sérieux; on veut atteindre Charles Humbert, peut-être vous ». Je cesse cependant de voir l'individu qui est surveillé au Grand Hôtel. Mais, quand on lui rend une complète liberté, quand M. Bouchardon, chargé de l'instruction, l'autorise à se rendre à Biarritz, à quelques pas de la frontière espagnole, quand j'apprends que reviennent chez lui les membres du Parlement, les fonctionnaires, les diplomates que j'y ai déjà vus, quand je sais que le premier président Monier continue à se porter garant de son honorabilité, je juge qu'il y aurait quelque lâcheté de ma part à ne plus connaître un homme sur lequel pèsent des soupçons qui, d'après tout ce qu'on me dit, d'après tout ce que je vois, semblent immérités. Je ne cesse tous rapports avec lui que quand, au mois d'août, il est pour la seconde fois invité à revenir au Grand Hôtel sous surveillance. Relations bien banales et de peu de durée, comme on le voit!

Néanmoins l'instruction s'acharne à chercher des preuves de ma complicité avec Bolo. Elle ne découvre rien, pour de bonnes raisons. L'aventurier a cependant gardé toutes les lettres qui lui ont été écrites par moi ou par d'autres, jusqu'aux billets les plus insignifiants, jusqu'aux moindres bouts de papiers. Il va de soi que, s'il y avait eu une liaison d'intérêts quelconque entre lui et moi, si même j'avais commis la moindre imprudence, on en trouverait la trace dans une correspondance, dans un agenda; l'individu aurait soigneusement pris note des conversations que nous aurions pu avoir, des instructions que je lui aurais données, des paroles mêmes qui m'auraient échappé.

Mais il n'était — je ne saurais trop le répéter — qu'un chevalier d'industrie. Ruiné au moment où éclata la guerre, comme cela fut établi par une expertise, il a trouvé très ingénieux de se refaire en subtilisant des millions à l'Allemagne. Il les avait sans doute reçus aux fins d'organiser une propagande germanophile; il avait probablement fait des promesses, mais il s'était bien gardé de les tenir. Je suis convaincu qu'il n'y avait pas un instant songé. Très loin de ma pensée de le défendre!

Je considère comme abominable le fait d'escroquer
de l'argent aux ennemis de la patrie et de leur dis-
tribuer en même temps des illusions, qui peuvent
les encourager, sur l'état moral de son pays. Mais
de trahison organisée, de complot politique, de
vaste intrigue internationale, pas l'ombre ! L'individu n'était pas de taille, il ne s'en souciait pas
d'ailleurs. S'il avait cherché à approcher des hommes
publics c'était non pour les servir, mais pour s'en
servir, pour, selon les termes du code pénal, se targuer d'un crédit imaginaire. Encore l'esprit de justice m'oblige-t-il à reconnaître qu'il ne paraît guère
avoir joué de mon nom. Quand, en 1914-1915, il se
concerte avec le khédive, par l'intermédiaire duquel
il décroche un million, sinon deux, à l'Allemagne,
il parle de M. Clemenceau dont — détail curieux —
il propose d'acheter le journal, vaguement de M.
Barthou auquel il est parvenu à se faire accidentellement présenter, à peine de moi qui suis d'ailleurs
au loin. Quand il va en Amérique et qu'il obtient du
comte Bernstorff les millions qu'il emploiera pour
partie à l'acquisition du *Journal*, il met en avant son
contrat avec M. Charles Humbert. L'allemand Pavenstedt, qui fut son intermédiaire, relate dans une
déposition, empreinte d'un accent de vérité frappant, toutes les tractations qui eurent lieu. Mon nom
n'y est pas mêlé. Bolo s'est peut-être vanté aux uns
et aux autres de ses bonnes relations avec moi, et
c'est tout. Il parla bien à un témoin de New-York
de « ses amis Briand et Poincaré » !

Pour ne pas apercevoir la véritable physionomie
du personnage dont il éclatera aux yeux de tous ceux
qui me liront, que je trace exactement le dessin, il
faut vraiment être obnubilé par la passion. Elle apparaît si forte qu'on en arrive à se demander si certains n'éprouvent pas la déception que subissent
tous les hommes quand ils pressentent la faillite

d'une entreprise longuement méditée. Paroles graves, je le sais, mais comment s'expliquer que Bolo ait eu toutes facilités pour circuler en Suisse, en Amérique, alors que l'attention des pouvoirs publics avait été appelée sur ses agissements? En juillet 1915, le président de la République est saisi par un député d'une dénonciation émanant d'un intermédiaire qui, assez en l'air il est vrai, relate les pourparlers de Bolo avec le khédive en prétendant qu'il est mon agent. Si l'on ne songeait pas à tendre un piège, il était élémentaire de refuser *dès ce moment* tous passeports pour l'étranger à un individu au moins suspect. On lui en accorde un mois plus tard pour la Suisse, six mois plus tard pour l'Amérique. En septembre 1916, le ministre des Affaires étrangères transmet au ministre de l'Intérieur une note qu'il vient de recevoir d'un de nos consuls en Suisse et dont le rapport de l'ambassadeur de France à Berne envoyé en janvier 1917 qui servira de base aux poursuites ne sera que la reproduction (1). *Le gouvernement est donc fixé dès septembre* 1916. Il en a

(1) Deux pièces pour justifier mes allégations :

La première est une lettre écrite par le président du Conseil, ministre des Affaires étrangères (Direction des affaires politiques et commerciales), timbrée sous le numéro 905, datée du 27 septembre 1916, au ministre de l'Intérieur (Sûreté générale). Elle est ainsi libellée :

« Pour faire suite à ma dépêche du 29 mai et en me réfé-
« rant à votre communication du 24 juin dernier, jai l'hon-
« neur de vous adresser sous ce pli la copie d'une note de
« M. Grant Duff, ministre d'Angleterre à Berne, concernant
« la participation du nommé Bolo à un projet d'achat de
« journaux par l'Allemagne. »

Ainsi on correspond depuis plusieurs mois entre les deux Ministères au sujet de Bolo. Qu'est maintenant la note de M. Grant Duff? La seconde pièce que nous donnons va nous fixer. C'est un extrait du rapport de M. Mornet sur l'affaire Bolo adressé, le 3 septembre 1917, au gouverneur militaire de Paris :

«... *La pièce fondamentale* du dossier de l'affaire Bolo,
« écrit le commissaire du gouvernement près le 3ᵉ Conseil
« de guerre, consiste dans un rapport non signé transmis au
« ministre des Affaires étrangères le 25 janvier 1917 par

mains tous les éléments de l'action judiciaire. S'il juge à propos de procéder à un complément de recherches avant de saisir les tribunaux militaires, du moins a-t-il les plus fortes raisons de tenir en étroite méfiance l'individu qui lui est dénoncé de façon tout à fait précise cette fois. Cependant, en octobre 1916, Bolo est reçu à l'Elysée; *il y est amené par un ami personnel du président de la République;* il expose au chef de l'Etat le projet qu'il a formé de se rendre auprès du roi d'Espagne en compagnie de Charles Humbert. On ne prévient personne, pas même Alphonse XIII, on laisse faire, on regarde, on attend, on espère sans doute.

Mais, au fur et à mesure que l'instruction se déroule, ces espérances s'effondrent. Rien! « Bolo parlera devant le Conseil de guerre », crie-t-on dans les milieux nationalistes. Le 3° Conseil de guerre condamne à mort en février 1918 l'aventurier sans que, au cours des débats, le moindre incident ait surgi. « Il n'a pas osé parler, reprend le chœur des sycophantes, parce qu'il espère que Caillaux, par ses relations, par son influence, par la puissance qu'il exerce du fond de sa prison, le sauvera. Il dira tout quand il se rendra compte qu'il n'est pas d'autre moyen pour lui d'échapper au châtiment suprême »; et, derrière les murs de la Santé, se déroule un drame atroce et mystérieux. Des voix sortent de l'ombre : « Parlez, parlez, dit-on au malheureux. Livrez-nous l'homme que nous voulons. Votre vie est à ce prix. » En vain! Cependant tous les moyens de recours contre un arrêt de conseil de guerre que fournit la procédure sont épuisés. Il ne reste plus que la demande en grâce. Un entrefilet pa-

« M. Beau, ambassadeur à Berne... Une note confidentielle « non signée, datée du 21 août 1916, adressée à Grant Duff, « ministre d'Angleterre, et jointe au dossier *n'est que la* « *reproduction à quelques détails près du rapport mentionné* « *plus haut.* »

raît dans les grands journaux indiquant que, si le président de la République se montre inexorable, Bolo ne pourra prolonger sa vie qu'au cas où son témoignage paraîtrait essentiel pour les grands procès en cours. L'invite est placée sous les yeux du condamné à mort qui, *contrairement aux règlements en suite d'ordres supérieurs,* est autorisé à lire les journaux dans sa cellule. Presqu'en même temps, la décision du président de la République intervient. Alors que les traditions, qui s'accordent avec l'humanité, veulent que les rejets de grâces ne soient notifiés aux condamnés et connus de leurs avocats que quelques heures avant l'exécution, les journaux annoncent que la visite de Mᵉ Albert Salles à l'Elysée a eu lieu et que le chef de l'Etat a informé le défenseur de Bolo que la justice suivrait son cours. Le malheureux lit cette information dans les feuilles qu'on lui apporte; son avocat la commente. Va-t-il parler? Oui! Oui! « *Une affaire énorme. — Bolo fait des révélations.* » Ces nouveaux titres sensationnels remplissent les manchettes de la presse. Mais, il faut vite déchanter. L'aventurier n'éjacule que de haineuses stupidités dont pas une ne résiste à la contradiction, qui sont toutes démenties par les témoins qu'il invoque. Pas un instant d'ailleurs il ne prétend qu'il a été auprès de l'Allemagne l'agent d'une personnalité quelconque. Et le tout s'achève en un balbutiement d'inepties si basses que les magistrats se verront contraints de jeter des cendres sur ce tas d'ordures. Et cependant, contre tout espoir on veut encore espérer. On reste tout près du malheureux, l'oreille ouverte pour recueillir un mot, la main sur le téléphone pour envoyer l'ordre de surseoir encore une fois à l'exécution. Rien! Le chantage à la mort n'a pas réussi!

Sera-t-on plus heureux dans l'affaire du chèque Duval complaisamment appelée l'affaire du *Bonnet Rouge* ?

*
* *

Le Bonnet Rouge! Duval! L'habileté des réacteurs
s'est évertuée à envelopper du même discrédit, à englober dans la même entreprise de trahison un
journal, presque un parti politique, et un homme.
Quelques mots pour rappeler les faits. Duval, administrateur du *Bonnet Rouge* où il a été introduit par
un de ses amis, M. Marion, revient de Suisse en
mai 1917. Fouillé à la frontière, il est trouvé porteur d'un chèque sur Paris qui est d'abord retenu
puis restitué après divers incidents. Informé, le gouvernement ordonne une enquête. Ses premiers résultats conduisent à penser que l'argent est d'origine
illicite. Duval est arrêté, inculpé de commerce, puis
d'intelligence avec l'ennemi. Quelques semaines plus
tard Almereyda, directeur du *Bonnet Rouge*, est arrêté à son tour parce que — simple prétexte —, au
cours d'une perquisition dans ses bureaux, on a découvert des documents relatifs à la situation militaire d'une de nos armées, tels qu'il en traînait à
l'époque dans toutes les salles de rédaction. Très
malade, Almereyda meurt à l'infirmerie de Fresnes
quelques jours après son incarcération sans qu'il ait
été mis à même de s'expliquer dans des débats contradictoires sur les conditions dans lesquelles Duval
lui a apporté son concours. En septembre et en octobre 1917 on appréhende successivement M. Marion, l'ami de Duval, MM. Landau et Goldsky, publicistes, anciens rédacteurs au *Bonnet Rouge*, *qui*
avaient fondé un journal, la *Tranchée Républicaine*,
auquel Duval aurait fourni, au dire de l'accusation
la somme modique de dix mille francs. Presqu'en
même temps on inculpe M. Leymarie, ancien directeur de la Sûreté générale, ami personnel de M.
Malvy, de complicité de commerce avec l'ennemi,
parce qu'il aurait facilité à Duval l'obtention d'un

passeport pour la Suisse, surtout parce qu'il aurait *conseillé* au colonel Goubet, chef du 2e bureau de restituer le chèque saisi à Bellegarde. Incident singulier en fait, puisqu'on se garde de demander des comptes au colonel Goubet qui a rendu le chèque et qui porte la responsabilité de l'acte. Incident encore plus singulier en droit. Que M. Leymarie ait commis des fautes d'imprudence dans l'exercice de ses fonctions, cela est fort possible, sinon certain. Comme il l'a fait justement observer dans sa défense, un directeur de ministère, accablé de travail, est sujet à des erreurs de cet ordre. Que ces fautes puissent comporter des sanctions administratives, cela va de soi. Que les tribunaux aient qualité pour s'en saisir, voilà ce que n'admettront aucun de ceux qui savent leur droit administratif et leur droit public, aucun de ceux qui connaissent l'article 75 de la Constitution de l'an VIII, les lois de la Révolution toujours en vigueur, lesquelles font défense formelle aux magistrats de « connaître, *sous peine de forfaiture*, des actes de l'administration ». Si la thèse que, pour la première fois, on a réussi à faire prévaloir était acceptée, il n'y aurait plus de gouvernement dans ce pays, puisque les tribunaux pourraient s'arroger le droit d'appeler à leur barre et de condamner les fonctionnaires qu'ils jugeraient coupables *d'imprudences* dans l'exercice de leur mandat et qu'ils parviendraient ainsi, comme les Parlements d'ancien régime, à contrôler l'administration et le gouvernement du pays. Parenthèse sans doute, mais parenthèse indispensable pour montrer dans quelle atmosphère de passion s'engagea et se déroula l'affaire du chèque!

Affaire plus complexe que l'affaire Bolo, assez semblable cependant! Aucune comparaison à établir entre le bas aventurier dont j'ai esquissé le portrait et l'homme de haute valeur, au dire de ceux qui l'ont approché ou entendu, dont je ne suis pas, que fut Duval. Tous deux cependant ont apporté de l'argent allemand à des journaux français. J'entends bien que Duval a protesté jusqu'au bout de son innocence en des phrases émouvantes, j'entends qu'il est mort superbement et je sais des hommes de haute conscience qui ne croient pas à sa culpabilité. J'entends encore que l'erreur judiciaire est aisée et qu'il n'y a pas eu contre Duval les preuves péremptoires que les télégrammes d'Amérique, surtout les rapports d'expertise et les mouvements de fonds dans des banques ont distribuées contre Bolo. Mais, quelque souci que j'aie de ne pas écrire, en ce livre où je m'élève contre l'iniquité, une ligne, un mot qui soient injustes pour qui que ce soit, je ne puis, je l'avoue, admettre la véracité des explications de Duval quand il prétend justifier soit par d'invraisemblables bénéfices recueillis, dans une affaire à la fois baroque et mort-née; l'affaire de la San-Stephano, soit par des opérations financières qui heurtent le bon sens, le million qui lui passa par les mains, qu'il tenait du banquier Marx, de Mannheim, agent patenté de la Wilhelmstrasse, avec lequel il était en relations avant la guerre, qu'il avait continué à voir depuis l'ouverture des hostilités.

Agissements analogues à tout prendre à ceux de Bolo si le correspondant de Marx n'a pas trouvé de complicités dans la presse qu'il a subventionnée! Or, rien ne prouve qu'Almereyda ait connu l'origine des fonds qui lui furent apportés et qui ne composaient qu'une minime partie des sommes qu'il recueillit. Rien ne prouve que Landau et Goldsky, qui furent durement condamnés, mais qui sont des victimes, aient effectivement touché de l'argent de Duval pour leur journal *la Tranchée Républicaine*. Il n'est surtout pas établi qu'ils aient eu la moindre connaissance des conditions dans lesquelles leur prétendu commanditaire s'approvisionnait d'argent. Et cela seul importe.

Seulement l'intérêt des nationalistes, qui visaient bien plus haut que Landau, que Goldsky, qu'Almereyda même, était de faire croire que le *Bonnet Rouge* était devenu une officine de trahison. Ils s'y appliquèrent en tirant parti du passé d'Almereyda, du désordre de sa vie privée. Passé défendable à la rigueur, puisqu'une condamnation de droit commun étant mise à part — et quelle condamnation! une condamnation pour avoir, à l'âge de quinze ans, accepté, aux fins de payer son logement, une somme de 20 francs soustraite par le fils de son patron à ses parents! — ce passé était tout simplement celui d'un disciple d'Hervé. Embrigadé par le propagandiste de l'antimilitarisme, Almereyda avait subi les mêmes condamnations politiques que son chef. Désordre de vie privée indéniable en revanche, mais je me suis laissé dire qu'il y avait un certain nombre de personnes dans Paris, voire même quelques directeurs de journaux conservateurs, qui, à ce point de vue, n'avaient rien à envier à Almereyda. Facile de frapper l'opinion, de l'impressionner défavorablement en faisant grand état de ces faits, en montrant la paille dans l'œil du voisin! Ce n'est pas la question. Quels arguments pour justifier les dires des nationalistes? Qu'était le *Bonnet Rouge?*

Feuille de gauche avancée, avant la guerre elle préconise le rapprochement franco-allemand comme beaucoup d'autres, le journal de Gustave Hervé en tête; la guerre déclarée, le *Bonnet Rouge* se montre ardemment patriote, même militariste, jusqu'en mars 1916. A partir de ce moment, la ligne du journal s'infléchit, il faut le reconnaître. Mais les articles pacifistes qu'il publie accidentellement ne sont pas plus accentués que ceux qui paraissent avant cette date et qui paraîtront jusqu'à la fin des hostilités dans bien d'autres feuilles. Sans doute Duval, qui, à l'époque, entre au journal, y publie sous le pseudonyme de « Monsieur Badin » des filets dont la censure aurait dû éliminer bon nombre, mais ces « articulets », d'une ironie à la fois mordante et voilée, trop finement écrits pour toucher le grand public, sont sans portée. Il ont passé inaperçus quand ils ont été rédigés. Ils apparaissent aujourd'hui comme des tentatives. Duval tâtait prudemment le terrain. Il préparait les voies pour le jour où il aurait réalisé ce qui était à coup sûr son dessein : s'emparer du *Bonnet Rouge*. En attendant, aucune campagne suivie dans l'ordre de la politique extérieure! Aucune campagne de désagrégation nationale! Rien de comparable à l'entreprise méthodique de dénigrement des hommes au pouvoir que poursuit l'*Homme Enchaîné*, à la grande joie de la *Gazette des Ardennes*, comme nous le verrons! Rien de comparable aux diatribes de M. Clemenceau contre l'expédition de Salonique qui furent si redoutables! Le journal est un pot-pourri qui fourmille d'articles contradictoires. On sent qu'il n'est pas dirigé et que, suivant l'expression dont se sont servi plusieurs témoins à la barre, il est devenu une pétaudière où, en l'absence d'Almereyda malade depuis 1916, chacun tire à hue et à dia!

Le *Bonnet Rouge* n'a de ligne que dans le domaine de la politique intérieure. Il combat avec passion l'*Action Française*. Almereyda, au dire d'un témoin qui l'a beaucoup fréquenté, après avoir sacrifié à l'Union Sacrée, s'est très vite révolté contre ce qu'il appelait une duperie puisque, disait-il, les républicains en avaient été exclus dès le premier jour. Il est un de ceux qui pensent que l'*Action Française* poursuit ses desseins contre le régime sous le masque d'un patriotisme exalté, que ses tenants ont songé à renverser la République au lendemain de

Charleroi en affolant le pays par la fausse nouvelle de la trahison de généraux notoirement républicains. qu'en 1916 ils cherchent, non le succès de nos armes, mais l'épuisement national d'où ils pensent que surgira la royauté réparatrice. Exagérations probables — je l'ai déjà dit — mais peu importe! Le *Bonnet Rouge* mène furieusement campagne contre les royalistes. Certains qui ont fréquenté Almereyda affirment même que, par un retour de sa mentalité anarchiste, il projetait un coup contre l'*Action Française*. Il aurait dit à quelqu'un qui m'en a récemment écrit :

« Aussitôt après la guerre l'*Action Française* dis-
« paraîtra dans un acte de la justice sommaire des
« faubourgs. Elle paiera d'un coup l'assassinat de
« Jaurès, tout le passé et tout le présent. »

La même personne ajoute :

« Pour moi qui ai suivi avec attention le duel
« inexorable engagé entre l'*Action Française* et le
« *Bonnet Rouge*, il est évident que les royalistes
« jouaient contre Almereyda une partie décisive
« et qu'à tout prix il leur fallait la gagner avant la fin
« de la guerre. Par l'affaire Duval éclatant oppor-
« tunément, par l'intervention de M. Clemenceau
« qui, préparant sa prise du pouvoir, prit à son
« compte tout le système d'accusation de M. Daudet,
« l'*Action Française* a pu gagner cette partie. »

Quoi qu'on pense de ces allégations, de quelque façon qu'on juge les démêlés du *Bonnet Rouge* et de l'*Action Française*, auxquels pour ma part je voyais de graves inconvénients, à telles enseignes que j'ai répété maintes fois dans les couloirs de la Chambre que, si j'étais au gouvernement, je supprimerais sur le champ l'un et l'autre des deux journaux jusqu'à la fin de la guerre, d'où pouvait-on déduire

que le *Bonnet Rouge* fut une officine de trahison?
Sur quels faits pouvait-on s'appuyer pour conclure
que l'entreprise était placée sous l'égide de l'homme
politique que l'on voulait atteindre?

Pas une preuve à l'appui, bien entendu. L'homme
politique a cependant correspondu avec Almereyda.
Rien que des billets insignifiants! Les rédacteurs
de la feuille auraient reçu ses instructions, en auraient eu vent tout au moins? Aucun d'entre eux n'en
est informé. Le secrétaire de la rédaction affirme
même que l'influence de M. Caillaux ne s'est jamais
fait sentir au *Bonnet Rouge*, qu'elle ne pesait pas sur
Almereyda.

A-t-il du moins, cet homme politique insaisissable,
connu Duval?

Par bonheur pour lui il a été en méfiance contre
le personnage dès qu'il a appris son existence en
août 1916, non pas qu'il soupçonnât rien de ses
menées en Suisse, mais parce qu'il flairait une affaire
malpropre dans la San-Stephano où il avait su,
comme tout le monde, que Duval était mêlé, parce
que, aussi, il le suspectait politiquement n'ignorant
pas qu'il avait longtemps appartenu aux milieux
nationalistes.

En avril 1917, on l'a introduit par surprise dans
son logis de Mamers et il a témoigné son mécontentement en affectant de ne pas même adresser la
parole à l'administrateur du *Bonnet Rouge* qui en
a exprimé son dépit devant témoins (1) dans une
forme particulièrement vive.

Voyons! Voyons cependant! c'est désespérant!
Landau et Goldsky ont dû être les intermédiaires
entre M. Caillaux et Duval. On cherche. Rien. On
découvre simplement que, informé à la fin d'août 1916
des bruits fâcheux qui commençaient à courir sur le

____

(1) Dépositions de MM. Robert Dell et de Rorthays.

Bonnet Rouge, l'homme politique a très naturellement demandé des renseignements à Landau et à Almereyda et qu'il a conseillé au directeur du journal d'aller s'expliquer avec le ministre de l'Intérieur et le président du Conseil pour dissiper tout malentendu.

« Le *Bonnet Rouge* était donc votre journal? » lui dit-on.

Et lui de répondre : « Nullement, mais il me « défendait quand j'étais attaqué par la presse de « droite, d'abord par reconnaissance (avant la « guerre je l'avais soutenu pécuniairement dans la « plénitude de mon droit), surtout parce que je « suis un homme de gauche et que, aussi bien par « conviction que par tactique, toutes les fois qu'une « personnalité républicaine fut mise en cause par la « presse réactionnaire, Almereyda s'est porté à son « secours. J'entends ajoute-t-il, que l'on prétend « m'éclabousser de ma prétendue solidarité avec le « *Bonnet Rouge*, mais *cette solidarité a été fabriquée* « *pour l'opinion publique par l'affirmation quoti-* « *diennement répétée dans certains journaux de son* « *existence*. La vérité, c'est que la feuille en question « prenait souvent ma défense contre l'*Action Fran-* « *çaise* et la presse de droite, que j'étais par suite « attentif à ce qui la concernait. C'est pour cela que « je recherchai, en août 1916, s'il n'y avait pas « quelque chose à reprendre dans la gestion du jour- « nal. C'est encore pour cela que, le fléchissement « dans la rédaction de la feuille, surtout les contra- « dictions et les hésitations qui y apparaissaient, ne « m'ayant pas échappé, je m'en écartai peu à peu « et qu'Almereyda pouvait dire, en avril ou mai 1917, « à M. Romani, sous-préfet, qui en a déposé, que « Malvy et moi nous l'abandonnions, que « nous pre- « nions le large ». Ai-je écrit d'ailleurs comme beau- « coup de parlementaires dans le *Bonnet Rouge*? Mon

« nom figure-t-il dans la liste des collaborateurs du
« journal? Vous me reprochez ou on me reproche
« des relations avec Almereyda. Mais comment pou-
« vais-je ignorer le directeur d'un journal de gauche
« où mes sympathies voisinaient avec celles d'un
« grand parti? Comment la porte de mon cabinet
« de travail lui aurait-elle été fermée alors qu'elle
« était ouverte aux directeurs ou aux rédacteurs
« des journaux de toutes nuances? Jamais au surplus
« il ne s'est assis à ma table. Jamais je n'ai eu avec
« lui d'autres rapports que ceux que la vie politique
« rend inévitables et qui se situent dans les couloirs
« des assemblées ou dans les cabinets de travail des
« hommes publics. Et puis enfin, pour raisonner
« plus largement, quand même j'aurais inspiré
« certains articles — lesquels? je vous défie de les
« indiquer —, quand même j'aurais donné la note
« du journal — laquelle? comment? dans quelles
« conditions? vous serez dans l'impossibilité de le
« dire — je n'aurais fait qu'user de mon droit
« d'homme politique. Ai-je su le rôle de Duval?
« Ai-je connu la provenance de son argent? Vous ne
« pouvez pas, vous n'osez pas le prétendre. Et c'est
« toute la question. »

Aucune réponse naturellement. Il faut cependant
en finir. On ne peut faire indéfiniment traîner l'instruction.

Le jour de l'audience arrive. M. Caillaux est cité
comme témoin par la défense. On essaie de chipoter
sur quelques misères. « Vous avez donné 600 francs
à la *Tranchée Républicaine* », lui dit-on. — « Par-
« faitement. J'ai versé une obole à un journal de
« gauche qui se fondait comme il m'est souvent
« arrivé de donner quelques centaines de francs à
« des feuilles qui naissaient. *M. Parson, représen-*
« *tant M. Loucheur, a donné à la* Tranchée 6.000 *fr.*»
Pas de réplique. « Quand, en août 1916, vous avez

« fait venir Landau, vous lui avez demandé :
« Qu'est-ce que ce Duval qui connaît Marx de Man-
« nheim? » — « Jamais je n'ai parlé à M. Landau
« ni à tout autre de Marx de Mannheim dont je ne
« savais pas l'existence ». — « Jamais, reprend Lan-
« dau, M. Caillaux ne m'a parlé de Marx de Man-
« nheim. »

Tirons le rideau! Le second acte de la tragédie
est joué. Encore une fois on n'est pas parvenu à
réaliser « l'amalgame ». On n'ose pas tenter le chantage à la mort dont on pressent l'inutilité. A quoi
donc va-t-on se raccrocher? N'est-il pas moyen d'établir une liaison entre l'homme politique qu'on pourchasse et des traîtres? Ah! L'affaire d'Italie! Cavallini...

*
* *

Quelque jour de novembre 1916, un de mes
collègues, M. Loustalot, député des Landes, me happant au passage dans la salle des Pas-Perdus, me
demande de déjeuner avec un Italien, dignitaire important de la maçonnerie, député pendant plusieurs
législatures, hautement recommandé, notamment
par M. Martini, ancien ministre. On aurait besoin
de mes conseils pour une banque franco-italienne
que l'on songe à fonder, qui serait d'intérêt général
pour les deux pays. Le 13 novembre je déjeune au
restaurant Larue avec MM. Cavallini et Loustalot.
Deux autres personnages que j'ignore, dont je n'ai
jamais revu l'un, M. Arturo Levi, dont je n'ai revu
l'autre qu'à la Santé, M. Paul Comby, s'asseoient à
à la même table. Conversation banale, conversation
de déjeuner parisien. Deux mots de M. Cavallini sur
un projet de journal bilingue : Paris-Rome. On me
demande mon avis. Je hausse les épaules. A la fin
du repas on parle « banque ». Je crois apercevoir
que mon interlocuteur est très insuffisamment in-

formé sur le sujet. Rien d'étudié, rien de sérieux. Je... m'évade.

Deux jours plus tard j'aperçois M. Cavallini à la Chambre dans la salle des Quatre-Colonnes, où les profanes ne pénètrent que rarement, s'entretenant avec des députés. Il retourne à Rome où se trouve Mme Caillaux isolée, souffrante; il le sait; il me fait demander par M. Loustalot un mot d'introduction auprès d'elle. Je refuse tout d'abord, puis, réfléchissant que M. Cavallini, qui m'a paru un très médiocre financier, mais un homme du monde fort aimable, a été cautionné auprès de moi par un de mes collègues de la Chambre, que je le vois s'entretenir avec d'autres de mes collègues, je me ravise à demi : « J'écrirai à ma femme. Elle le recevra si elle veut. Elle ne le recevra pas si elle ne veut pas. » Les lettres qui me parviennent de Rome m'apprennent que Mme Caillaux a eu la visite du commandeur Cavallini qui lui a présenté diverses personnes : la marchesa Ricci, la marchesa di Castel Delfino, le prince Sciarra Colonna, le commandeur Villa (un très haut fonctionnaire), le commandeur Re Ricardi que j'ai rencontré jadis au cabinet de M. Clemenceau.

Quand le 11 décembre, je viens rejoindre ma femme en Italie, je ne suis pas surpris d'être salué à la gare de Turin par M. Re Riccardi de passage dans la capitale du Piémont, pas davantage de voir M. Cavallini m'attendre à la gare de Rome comme cela est d'usage en Italie. Je ne compte cependant pas m'attarder à Rome. Dans notre correspondance intime nous avons débattu, ma femme et moi, la question de savoir si je ne me rendrais pas directement à Naples dont le climat doit être favorable à sa santé. Je me suis décidé à m'arrêter à Rome pour éviter la fatigue d'un trop long voyage. Je voudrais bien repartir le lendemain ou le surlendemain. On me représente que les convenances mondaines m'interdisent de refuser un dîner que M. Cavallini veut m'offrir, un déjeuner auquel M. Re Riccardi me convie. Je me rends à ce raisonnement très simple et très juste. Un dîner, un ou deux déjeuners au cours desquels on échange les propos que tout le monde tenait à l'époque, où je m'applique à dire et à répéter, ce qui est mon sentiment, qu'une union étroite entre la France et l'Italie est indispensable, et à broder sur ce thème, une conversation que j'accepte avec M. Martini, sur la suggestion d'un certain M. Brunicardi, ancien député, qui m'est présenté par Cavallini et qui m'affirme que l'ancien ministre des Colonies dans le cabinet Salandra a le plus vif désir de me connaître, voilà le bilan de mon passage à Rome.

A Naples où je suis huit jours plus tard je ne songe qu'à mettre à profit mes courtes vacances parlementaires pour excursionner. Je suis bien conduit à recevoir une visite de M. Scarfoglio, le directeur du journal napolitain *Il Mattino*, qui fut accidentellement présenté à ma femme à Rome, et à déjeuner une fois chez lui. Sans doute M. Scarfoglio fut neutraliste, mais il est aussi un rare écrivain et le plus grand journaliste de l'Italie contemporaine. Je n'ai nulle raison de lui faire une grossièreté en refusant de le voir et de m'asseoir quelques instants à sa table, ce qui n'engage à rien. Politesse sans lendemain! A Naples viennent également me voir M. Cavallini et la marquise Ricci, M. Brunicardi. Assiduités qui me paraissent un peu excessives, mais les uns et les autres donnent des prétextes plausibles à leurs visites.

Je tombe donc des nues quand j'apprends qu'une féroce campagne de presse est engagée contre moi, qu'on me reproche je ne sais quelles menées absurdes en faveur d'une paix séparée dont Dieu sait si j'ai jamais parlé. J'aperçois où est le foyer de l'intrigue.

Pour la contrecarrer je repars en toute hâte après avoir démenti par télégrammes et par lettres.

A mon passage à Rome, à mon retour en France, on me met en garde contre M. Cavallini et ses amis. On me le représente comme un neutraliste, surtout comme un homme taré. J'objecte ses relations en France, j'objecte que, dès mon arrivée en Italie, il m'a, de concert avec M. Re Ricardi, amené le préfet de police, directeur de la sûreté publique. Je n'imagine pas que ce haut fonctionnaire, le commandeur Vigliani, avaliserait des gens indésirables. Au surplus je demande des preuves. On ne m'en donne pas. On m'indique bien encore que M. Cavallini est en relations avec l'ex-khédive d'Egypte, mais il m'est revenu — et on ne le conteste pas — qu'il a des relations de vieille date avec la famille khédiviale et que, s'il a rencontré Abbas-Hilmi pendant son séjour en Suisse, c'est en plein accord avec le gouvernement italien qui l'avait chargé de missions auprès du souverain détrôné. Forcé m'est cependant de reconnaître que la réputation de M. Cavallini dans divers cercles politiques ou d'affaires est médiocre et il me paraît qu'il ne convient pas que je reste en relations amicales avec lui. Comme cependant il n'a eu vis-à-vis de moi et surtout des miens que les procédés les plus aimables, comme je n'ai jamais surpris dans ses entretiens une seule parole équivoque, un seul propos suspect, tout au contraire, comme je n'ai en somme rien à lui reprocher sinon une faute de correction mondaine sur laquelle je n'insisterai pas, je juge qu'il serait indigne de moi de rompre brutalement. Une occasion se présente de « semer » des relations que je tiens pour des relations accidentelles de chemins de fer ou de villes d'eaux. Je m'empresse de la saisir. Mme Caillaux doit, au mois de mai 1917, prendre les eaux de Montecatini auprès de Florence. J'écris à M. Cavallini une lettre pour le prier de n'avoir nuls rapports avec ma femme pendant son séjour en Italie. Il me répond assez fraîchement et toute correspondance tombe.

Voilà, sommairement résumé, ce célèbre voyage en Italie, suites comprises, autour duquel on a mené tant de bruit. Dans un autre chapitre, quand j'exposerai le procès politique dont il faudra finalement que l'accusation se contente, je montrerai la formidable bouffonnerie du roman à la Pulcinello édifié contre moi sur de vagues racontars par des diplomates désireux de venger « la carrière » dont j'ai, paraît-il, méconnu la grandeur en 1911 lors d'Agadir, désireux surtout de satisfaire des passions de parti.

Mais il ne s'agit pas de procès politique pour le moment. Ce qu'on cherche, ce qu'on veut trouver, c'est l'entreprise de trahison. Or voici qu'on découvre que Cavallini fut lié avec Bolo et qu'il lui apporta, le 1er avril 1915, les millions du khédive d'Egypte. « Simple restitution d'une somme prêtée par moi à Abbas-Hilmi à la veille de la guerre », affirme Bolo qui soutient n'avoir reçu qu'un million. Explication puérile, d'autant plus ridicule que Bolo, avant que le hasard d'un témoignage n'en fît découvrir l'existence, n'a jamais parlé de ce prétendu prêt, qu'il eût été bien embarrassé de consentir. Explication d'autant moins admissible que l'aventurier, qui garde tous les écrits, ne peut pas produire la moindre lettre justifiant sa prétendue créance sur le khédive. Cavallini, quand il sera interrogé devant le tribunal militaire de Rome, déclarera qu'il a remis à Bolo l'intégralité de la somme qui lui fut confiée par le khédive et dont il ignorait tout à la fois l'origine et la destination. Ce ne sera que quelques semaines plus tard, dira-t-il, qu'il apercevra le rôle de Bolo et il affirmera qu'il a dénoncé les agissements de l'aventurier dès ce moment aussi bien à la France et à l'Angleterre qu'à l'Italie. Pas de confrontation entre Cavallini et Bolo; pas de discussion contradictoire devant un tribunal! Cavallini est inculpé en France alors qu'il a été emprisonné en Italie, il est condamné par contumace à la peine de mort, en même temps que Bolo, par le 3e conseil de guerre.

Entre temps des poursuites sont engagées, non seulement contre Cavallini, mais contre la marchesa Ricci, contre Brunicardi, contre Re Riccardi, etc., par la justice militaire italienne sur l'initiative du gouvernement français, comme l'atteste une lettre lue par Me de Moro-Giafferi au cours de sa plaidoirie devant la Haute-Cour de Justice et dont je reproduis les termes.

MINISTÈRE DES
AFFAIRES ÉTRANGÈRES   *Paris, le 22 novembre 1917.*

DIRECTION DES
AFFAIRES ADMINISTRATIVES
ET TECHNIQUES

CONTENTIEUX ADMINISTRATIF

(3e Bureau)   *Le Ministre des Affaires Etrangères à M. le Sous-Secrétaire*
d'Etat de la Justice militaire.
(Cabinet du S. S. d'Etat, no 2115. Cabinet).

« En réponse à votre lettre du 20 novembre cou-
« rant, dont l'objet avait été aussitôt porté à la
« connaissance du gouvernement italien, j'ai l'hon-
« neur de vous faire savoir, d'après une communi-
« cation de notre ambassadeur à Rome, que le mi-
« nistre royal des Affaires étrangères ne voit pas
« d'obstacle à l'ouverture en France de poursuites
« contre Cavallini pour intelligence avec l'ennemi.
« En outre, l'initiative de poursuites à *entamer*
« *sur la base d'une documentation formée par la*
« *justice française* paraît au baron Sonnino pouvoir

« être prise avec avantage en Italie. Mais il se ré-
« serve de consulter le Président du Conseil avant
« de répondre officiellement à M. Barrère.

« J'aurai soin, dès que j'en aurai été avisé, de
« vous faire part de l'opinion du gouvernement
« royal.

> *« Pour le ministre et par autorisation :*
> *« Le ministre plénipotentiaire, directeur,*
> « MAURICE HERBETTE. »

L'opération destinée à m'atteindre, à atteindre
aussi d'autres hommes politiques, est amorcée. En
accusant de trahison toutes ou presque toutes les
personnes avec lesquelles je me suis accidentellement rencontré, on veut établir au regard de l'opinion publique que je n'ai fréquenté que des traîtres
lors de mon passage en Italie. Du même coup, on
supprime des témoignages qui auraient été gênants
pour l'accusation.

Tel est le début ! Voici la suite qu'on espère :

On compte que, de même que Cavallini a été inculpé en France, et condamné par contumace, je
serai, moi aussi, traduit devant le tribunal militaire de Rome, jugé par défaut et il suffira alors de
demander à un conseil de guerre siégeant à Paris
d'entériner la condamnation à mort prononcée en
Italie, sans que, incarcéré en France, j'aie pu me
défendre. Le plan est indiqué, presque avoué par
M. de Robertis, le magistrat italien mobilisé qui
fait office de juge d'instruction à Rome et dont nous
avons déjà fait entrevoir les méthodes. Appelé à
déposer devant le capitaine Bouchardon au sujet
des conditions dans lesquelles a été ouvert mon coffre-fort de Florence, il indique que je serai sans
doute appelé à rendre des comptes à la justice italienne, comme Cavallini à la justice française.

Mais encore une fois tout s'écroule.

Quelque « animés » que puissent être les magistrats italiens, leur conscience leur interdit de suivre les suggestions qui pointent dans la déposition de M. de Robertis. La section d'accusation devant le tribunal militaire de Rome conclut en mai 1918 à la mise en jugement de Cavallini, Brunicardi, Re Riccardi, etc..., inculpés de haute trahison. Non seulement je suis laissé de côté, mais dans l'acte d'accusation il est expressément spécifié que rien n'a été relevé contre moi, que, dans le cours de mon voyage en Italie, je parais avoir été le jouet d'une bande qui « avait intérêt à me présenter comme une recrue qu'elle aurait faite pour le compte de l'Allemagne et à me promener de ville en ville comme le plus beau trophée de sa propagande et de son activité vendue aux puissances centrales ». De ces appréciations dirigées non contre moi qu'on représente comme une dupe, ce qui est évidemment fâcheux mais n'entache nullement l'honorabilité, mais contre les inculpés, que sera-t-il retenu ? Le procès Cavallini commence en décembre 1918 devant le tribunal militaire, il se poursuit pendant sept ou huit mois et, au fur et à mesure des interrogatoires, des dépositions, tandis que surgissent presque quotidiennement des incidents dont certains d'une singulière gravité, l'édifice échafaudé par l'accusation se lézarde. Bientôt il menace ruine. On avise. Le tribunal militaire est dessaisi par une loi. Les prévenus sont renvoyés devant la cour d'assises. Une nouvelle instruction est ouverte. Elle aboutit au non-lieu pour tous les inculpés, dont la plupart ont été depuis de longs mois mis en liberté provisoire. On s'arrange, il est vrai, pour que ce non-lieu n'intervienne qu'après que la Haute Cour de justice a statué. Mais ceci sera matière à développements dans un autre chapitre. Ce qu'il me suffit de constater pour le moment, c'est que les traîtres avec lesquels on a tout d'abord voulu me confondre, les misérables composant la bande dont j'aurais été le jouet sont déclarés innocents par la justice de leur pays.

La nouvelle entreprise esquissée par l'accusation, une des plus dangereuses, puisqu'elle ne tendait à rien moins qu'à m'enlever les moyens de me défendre, avorte piteusement. L' « amalgame » ne réussit pas plus en Italie qu'en France.

Un dernier effort cependant !

* *
*

M. Loustalot, député, s'est rendu en Suisse en janvier 1917, accompagné de M. Paul Comby faisant auprès de lui office de secrétaire, pour rechercher s'il ne serait pas possible d'aboutir à une paix séparée avec la Turquie, de la détacher des Empires centraux par l'intermédiaire du khédive. M. Cavallini, qui attend le député des Landes à Lausanne, l'a mis en rapport avec Abbas-Hilmi. Après un court entretien, MM. Loustalot et Comby constatent que leur entreprise est chimérique. Ils reviennent à Paris. M. Loustalot déclare qu'il a informé à l'avance le président du Conseil, alors M. Briand, de son projet de voyage et du but qu'il recherchait. Il reconnaît que le chef du gouvernement l'a dissuadé sans le lui interdire de rencontrer l'ex-khédive, mais il soutient qu'il a prévenu M. Tissier. directeur du cabinet de la présidence du Conseil, qui conteste, il est vrai, le fait, de son intention de passer outre aux avertissements reçus et qu'il l'a avisé de la date de son départ pour la Suisse en indiquant que, si le gouvernement voyait de graves inconvénients, à cette tentative, il suffirait de lui refuser les passeports qu'il sollicitait. Le député des Landes ajoute qu'à son retour il a rendu compte verbalement de son voyage au gouvernement (1).

« Explications incomplètes, inadmissibles, déclare l'accusation aux prévenus. Vous êtes allé en Suisse pour le compte de M. Caillaux. — M. Caillaux, dit M. Loustalot, n'a été ni de près ni de loin mêlé à cette affaire, qu'il a ignorée. — Je n'ai vu M. Caillaux qu'une fois dans ma vie, dit M. Comby, lors du déjeuner au restaurant Larue. Il ne m'a pas adressé la parole. — Mais, riposte l'accusation, il est impossible qu'au cours de ce déjeuner il n'ait pas été question du khédive et du voyage déjà projeté en Suisse. — Interrogez tous les convives », répond-on. Et tous les convives de confirmer les allégations de M. Loustalot et de M. Comby, qui concordent entièrement avec les miennes. Cavallini précise au surplus que jamais il ne m'a parlé de sa rencontre projetée à Lausanne avec M. Loustalot.

« Voyons ! voyons ! ce n'est pas sérieux », dit à M. Loustalot le lieutenant Jousselin chargé de l'instruction. Et le député des Landes exposera plus tard, en ma présence, à M. Pérès, sénateur, président de la Commission d'instruction de la Cour de Justice, que, pendant de longs mois, le magistrat chargé de l'instruction devant le 3e conseil de guerre multiplia les promesses, lui garantissant un non-lieu immédiat et un non-lieu rédigé en termes obligeants s'il voulait bien... avouer qu'il

(1) Ce voyage se reliait également au projet de banque franco-italienne dont on m'avait entretenu et dont je m'étais écarté. M. Loustalot saisissait l'occasion de la visite au khédive pour en conférer avec M. Cavallini. Une correspondance s'engagea sur ce sujet entre le député des Landes et l'ancien député italien. Bien entendu, il n'y est pas question de moi. Il n'aurait pu en être parlé que si l'on avait joué de mon nom, ce que je ne puis croire. M. Loustalot a, en effet, reconnu que je n'avais rien su de tous ces pourparlers. Une seule fois, en avril 1917, il me fit allusion, dans les couloirs de la Chambre, à une lettre qu'il venait de recevoir d'Italie sur cette affaire de banque et, de son propre aveu, je me récusai en des termes particulièrement vifs.

avait été mon émissaire en Suisse. Comme il...
n'avoue pas, on le maintient en prison.

On se tourne vers M. Comby qui, égaré par de
faux renseignements, craignant au surplus d'être
compromis dans une aventure où il n'a joué que
le rôle d'un auditeur muet, a fourni, longtemps
avant d'être inculpé, des indications, assez vagues
d'ailleurs, sur les prétendus rapports entre M. Loustalot et moi. M. Comby, qui reconnaîtra qu'il a été
induit en erreur, ne peut naturellement donner aucune précision sur de vulgaires ragots qu'il s'est
borné à répéter. M. Jousselin insiste cependant. J'ex-
trais de l'interrogatoire récapitulatif de M. Comby,
en date du 9 octobre 1918, les passages suivants :

« *Demande*. — Au cours de la conversation (avec
« le khédive), Abbas-Hilmi n'a-t-il pas demandé
« si Loustalot connaissait bien Caillaux, et Caval-
« lini n'a-t-il pas répondu : « Mais, Excellence,
« Loustalot c'est comme Caillaux lui-même? » Lous-
« talot nie que ces propos aient été échangés en
« sa présence.

« *Réponse*. — Le khédive a parlé des hommes
« politiques français. Il a dit que Painlevé allait
« être ministre, ce qui m'a beaucoup frappé. Puis,
« à un moment, il a dit en effet à Loustalot :
« « Est-ce que vous connaissez Caillaux? » Caval-
« lini a brusquement interrompu et a dit : « Oh !
« Oui. Il le connaît bien. » Il m'avait semblé que
« Cavallini avait intérêt à redonner un plastron à
« Loustalot qui venait de subir l'échec, car le khé-
« dive venait d'apprendre qu'il n'était pas l'envoyé
« de Briand. Le khédive ajouta : « Votre Caillaux
« est très impopulaire. »

« *Demande*. — Nous vous rappelons les termes
« de votre déclaration du 6 février dernier qui

« est différente de celle que vous nous faites au-
« jourd'hui. D'après ce que vous me disiez alors
« c'est à Cavallini que le khédive aurait posé cette
« question : « Est-ce que M. Caillaux connaît bien
« Loustalot ? »

« *Réponse. — C'est pour vous faire plaisir*
« *je vous ai dit cela, parce que vous m'avez de-*
« *mandé à plusieurs reprises de vous dire ce que*
« *je savais contre Caillaux que je ne connais pas.*

« *Demande.* — Je vous ai demandé, à tous les
« points de vue et *notamment à l'égard de M. Cail-*
« *laux*, de me dire toute la vérité... »

Qu'importe que ce soit à Loustalot ou à Cavallini
que le khédive ait demandé si le député des Landes
me connaissait ? Curiosité fort naturelle au moment
où on parle des hommes politiques français, de
M. Briand, de M. Painlevé. La réflexion que
M. Comby prête à Abbas-Hilmi au sujet de mon im-
popularité prouve, d'ailleurs, à quel point je suis
étranger à toute cette histoire. Mais là n'est pas la
question ! Ce qui est invraisemblable, c'est qu'un
interrogatoire puisse relater la réponse d'un prévenu à un juge que j'ai soulignée : « C'est pour vous
faire plaisir que je vous ai dit cela, affirme
M. Comby, parce que vous m'avez demandé à plusieurs reprises de vous dire ce que je savais contre
M. Caillaux que je ne connais pas. » Ce qui est encore plus invraisemblable c'est que le magistrat proteste à peine, que sa réponse renferme un demi-
aveu : « Je vous ai demandé, à tous les points de
vue et *notamment à l'égard* de M. Caillaux, de
me dire la vérité... »

M. Comby reste quatorze mois en prison. M. Loustalot y est enfermé dix-sept mois. On les met en liberté provisoire, on les fait ensuite bénéficier d'un

non-lieu quand on est forcé de constater qu'on ne peut rien obtenir d'eux contre moi.

*
* *

Impossible donc de m'accoler à Bolo, à Duval ou à Cavallini et consorts, à aucun des traîtres réels ou prétendus. Impossible de réaliser « l'amalgame ». Impossible de prétendre que j'ai envoyé des émissaires auprès du khédive.

Et je reprends le dilemme.

Ou je suis entré en contact avec les Allemands, j'ai été leur homme — je rougis d'écrire ces lignes — et alors je suis nécessairement au courant de toutes les entreprises destinées à préparer l'opinion à une paix germanique; alors je fais manœuvrer Bolo, je prends pied dans le *Journal* par son intermédiaire ; alors j'agis sur le *Bonnet Rouge* par Duval, j'oriente Cavallini. Mais en vain épuise-t-on toutes les formes de la question ordinaire et extraordinaire, en vain a-t-on recours aux pressions de toute sorte, au chantage à la mort. Rien ! rien ! rien !

Le second terme du dilemme s'impose à l'esprit : du moment où je n'ai rien su des agissements criminels d'un Bolo ou d'un Duval, du moment où je n'ai été au courant d'aucune des allées et venues, suspectes ou innocentes, peu importe, des uns ou des autres, auprès du khédive, c'est que je suis en dehors de la partie que mène l'Allemagne. Que l'on ait joué de moi, que des aventuriers aient abusé de mon nom, cela est possible, bien que cela même ne soit pas établi. Que des pièges m'aient été tendus, cela est certain. Mais, ce qui est hors de doute, c'est que dans aucun de ces traquenards je ne suis tombé, puisqu'on en découvrirait la trace dans les grands procès engagés et qu'on n'en trouve pas l'ombre.

Comment soutenir dès lors que je suis « le lieu géométrique de la trahison »? Et, du moment où je ne suis pas cela que reste-t-il ?

Il reste, dit l'accusation, que l'Allemagne aurait compté sur M. Caillaux pour réaliser une paix qui lui fût favorable. Il reste qu'elle se serait livrée à des travaux d'approche auprès de lui. Il reste que cette confiance aurait été déterminée par « ses attitudes ».

C'est le procès politique à l'horizon, le procès d'opinion, le procès de tendances.

Après les exécutions de Bolo et de Duval, après que le tribunal militaire de Rome m'a écarté de l'affaire Cavallini, après que MM. Loustalot et Comby ont été en vain tournés et retournés sur le gril, les magistrats du 3ᵉ conseil de guerre aperçoivent qu'il leur faudra se contenter de ce maigre résultat. Sans doute ne se résignera-t-on pas complètement. Sans doute le désir passionné de découvrir la grande trahison suscitera-t-il encore des mouvements spasmodiques dont les derniers auront lieu lors du procès et de l'exécution de Lenoir. Mais ce seront sursauts d'agonie. La grande affaire est morte. On s'achemine par étapes successives vers le procès de la pensée humaine.

CHAPITRE V

L'INSTRUCTION ÉVOLUE

L'OPINION ALLEMANDE

MES PRÉTENDUES CONVERSATIONS POLITIQUES :

HISTOIRE D'ARGENTINE

AFFAIRE LIPSCHER ET SES SUITES

NON-LIEU OU HAUTE-COUR

« L'Allemagne a compté sur M. Caillaux pour réaliser une paix qui lui fût favorable », dit l'accusation. La formule n'est pas exacte. Il faut la remettre au point. Que les socialistes, les libéraux, même certains conservateurs modérés d'Outre-Rhin, même une partie des grands fonctionnaires civils du Reich, en dehors bien entendu des pangermanistes, aient espéré que mon retour au pouvoir permettrait d'aboutir à une paix de conciliation dont ils se rendaient compte qu'elle impliquerait des concessions de la part de l'Allemagne, mais dont ils se flattaient qu'elle n'impliquerait que des sacrifices limités, cela est la vérité. Ce qui est non moins vrai, c'est que les uns et les autres se sont mépris sur ma mentalité.

Au cas où le courant d'opinion qui se dessina en 1917 et qui faillit l'emporter eût imposé mon avènement au pouvoir, que je ne souhaitais pas, que je n'ai jamais recherché, je n'aurais consenti à envisager qu'une paix qui eût été fondée sur le triple principe : pas d'annexions, — pas d'indemnité pénale, — droit pour les peuples de disposer d'eux-mêmes. Afin de couper court à toute équivoque, j'avais au surplus pris soin de spécifier publiquement à diverses reprises, comme je l'ai déjà dit, qu'aucune discussion ne pouvait être admise sur l'Alsace-Lorraine qui devait purement et simplement être réincorporée à la France. J'avais également laissé entendre, dans des discours prononcés en 1916 et 1917, que la condition d'une paix durable, c'était la démocratisation de l'Europe sous l'égide morale de la France. Paix de raison, paix de mesure qui devait aboutir au maintien d'une Europe organisée, qui exclurait les impérialismes géants au plus grand bénéfice de mon pays, paix de conciliation si l'on veut, — toutes les paix qui n'impliquent pas un effort de transaction de part et d'autre ne sont en réalité que des trêves, n'aboutissent qu'à une suspension temporaire des hostilités, — paix française en tout cas, puisqu'elle eût correspondu aux grands intérêts permanents de mon pays, paix qui n'était pas celle que le grand public allemand, même éloigné des pangermanistes, espérait !

Comment pouvait-on me prêter des desseins quelque peu différents ? L'explication est simple : la presse nationaliste m'avait fait un personnage qui n'était pas le mien; dans un intérêt de parti, elle avait, à grand renfort de calomnies, créé une légende dont elle m'avait enveloppé. L'éclosion en avait commencé en 1911 à la suite de la crise d'Agadir. Certes, les événements n'avaient pas, à l'époque, tourné à l'avantage des Allemands ! J'ai montré dans le livre que j'ai écrit sur Agadir la désillusion que leur avait causé l'accord du 4 novembre. J'ai dit la démission retentissante du sous-secrétaire d'Etat aux Colonies, les attaques passionnées contre le chancelier au Reichstag, la colère des pangermanistes. Mais, quand on aperçut de l'autre côté du Rhin qu'en France le parti nationaliste se déchaînait contre l'auteur du traité, il advint, très naturellement, que les Allemands revisèrent leur jugement, non sur l'acte en lui-même, mais sur celui qui l'avait préparé. Le même fait se fût produit chez nous à l'égard du prince de Bülow par exemple, si, à la suite de l'acte d'Algésiras, il avait été obligé de démissionner et sévèrement taxé, bien qu'ayant joué durement la partie contre nous, de complaisance à notre égard. Les commentaires dont mon attitude entre 1911 et 1914 fut l'objet de la part de la presse de droite raffermirent l'opinion allemande dans la conviction que je poursuivais une politique d'union entre les deux pays, alors que — je ne me lasserai pas de le répéter — je m'appliquais simplement à faire prévaloir la politique de conciliation européenne que mes grands prédécesseurs au gouvernement avaient pratiquée et qui me paraissait seule de nature à prévenir le conflit que je voyais à l'horizon. L'impression qu'on avait de ma mentalité d'avant-guerre fut fortifiée en 1914 et en 1915 par la publication de ce qu'on a appelé les « Documents belges », d'une part et, d'autre part, de la dernière conversation de Jaurès avec Conrad Haussmann, membre du Reichstag et chef de parti.

On sait que, lors de l'occupation de Bruxelles, les Allemands mirent la main sur les rapports confidentiels adressés au département belge des Affaires étrangères par les ministres de Belgique à Paris, Londres et Berlin, de 1904 à 1914. Ils les publièrent immédiatement, trop heureux de constater et de faire savoir que les envoyés de la Belgique avaient tous signalé à leur gouvernement les périls que, suivant eux, la politique de M. Poincaré, de M. Delcassé, etc., en France, de M. Iswolski en Russie, faisait courir à la paix du monde. Parmi ces documents, dont je n'apprécierai pas le contenu, il est des rapports du baron Guillaume, ministre de Belgique à Paris, où ma politique est opposée à celle qu'on attribue au président de la République et à ses amis. Voici un extrait du plus important d'entre eux :

« Paris, le 16 janvier 19*4.

« *Le baron Guillaume, ministre de Belgique à Paris,*
« *à M. Davignon, ministre des Affaires étrangères.*

. . . .

« ... Il me semble certain que nous aurions plus
« d'intérêt à voir le succès de la politique de
« M. Caillaux (1), des radicaux et radicaux-socia-
« listes. J'ai déjà eu l'honneur de vous dire que ce
« sont MM. Poincaré, Delcassé, Millerand et leurs
« amis qui ont inventé et poursuivi la politique na-
« tionaliste, cocardière et chauvine dont nous avons
« constaté la renaissance. C'est un danger pour
« l'Europe et pour la Belgique. J'y vois le plus
« grand péril qui menace aujourd'hui la paix de
« l'Europe, non pas que j'aie le droit de supposer
« le gouvernement de la République disposé à la
« troubler de propos délibéré, — je crois plutôt
« le contraire, — mais parce que l'attitude qu'a
« prise le cabinet Barthou est, selon moi, la cause
« déterminante d'un surcroît de tendances milita-
« ristes en Allemagne.

(1) Le ministre de Belgique oppose ma politique à celle de M. Briand et de ses amis.

« Les folies belliqueuses de la Turquie et la
« loi de trois ans me paraissent constituer les seuls
« dangers à redouter pour la paix en Europe...

. . . .

« ... M. Caillaux a voté contre la loi de trois
« ans; nombreux sont les hommes politiques qui
« le soutiennent et partagent son avis à cet égard.
« Le président du Conseil, poussé par les hauts per-
« sonnages de la République, a promis le respect
« loyal de la loi de trois ans; mais il n'est pas
« exagéré de supposer que, dans sa pensée et dans
« celle de ses amis, on conserve le dessein d'adou-
« cir considérablement les rigueurs du régime ac-
« tuel.

« *M. Caillaux, qui est le véritable président du*
« *Conseil, est connu pour ses sentiments en fa-*
« *veur d'un rapprochement avec l'Allemagne;* il
« connaît admirablement son pays et sait qu'en
« dehors des états-majors politiques, de poignées
« de chauvins et de gens qui n'osent point avouer
« leurs idées et leurs préférences, le plus grand
« nombre des Français, des paysans, des commer-
« çants et des industriels, subissent avec impa-
« tience le surcroît de dépenses et de charges per-
« sonnelles qui leur est imposé.

« La véritable campagne électorale va commen-
« cer; je ne doute pas que le résultat de ces dispo-
« sitions ne vienne contrebalancer les effets du
« groupement inauguré par M. Briand. *On cherche*
« *par tous les moyens à user la politique de M. Cail-*
« *laux;* on veut empêcher qu'il fasse les prochaines
« élections; personne, en ce moment, ne pourrait
« escompter des résultats de cette lutte; mais je
« tenais à vous faire remarquer que nous n'avons
« certes pas à désirer, comme Belges, la chute de
« M. Caillaux. Cet homme d'Etat peut être dange-
« reux pour les finances du pays, il peut amener

« des divisions malsaines et regrettables pour la
« politique intérieure de la France, mais *j'estime*
« *que sa présence au pouvoir diminuera l'acuité*
« *des rivalités internationales et constituera une*
« *meilleure base pour les relations entre la France*
« *et l'Allemagne.*

   « Je suis, etc... »

Voilà maintenant partie du récit paru dans la
revue allemande *Mârz*, reproduit par tous les grands
journaux germaniques, d'une conversation que,
deux mois avant la guerre, M. Conrad Haussmann
aurait eue avec Jaurès à Bâle à la suite de la Conférence interparlementaire où tous deux s'étaient
rendus :

   « Jaurès était la conscience de la France. C'était
« le grand ennemi de la guerre de revanche, qui
« ne pouvait réussir et ne menait à rien. Homme
« d'Etat patriote et perspicace, *il mettait ses es-*
« *poirs d'avenir dans l'idée que la France se dé-*
« *barrasserait de l'étreinte de la Russie... Je le*
« *tiens de lui-même...*
   « C'était exactement deux mois avant l'assassinat
« de Jaurès, deux jours avant l'ouverture de la
« session de la Chambre des députés nouvellement
« élue. Nous étions venus tous deux à Bâle...
   « Je m'informai des personnalités dirigeantes
« propres à être mises à la tête du gouvernement.
« Jaurès me définit la personnalité des différents
« présidents du Conseil des dernières années et me
« dit en propres termes : « L'homme le plus ca-
« pable que nous ayons en France, c'est Caillaux. »
« Caillaux, d'après Jaurès, n'avait pas seulement
« des capacités, il avait du coup d'œil, de la vo-
« lonté et du caractère. *C'est bien pour cela qu'il*
« *était si violemment combattu.* Si sa femme était
« condamnée dans le procès dont les débats étaient

« imminents, cela ferait obstacle à son retour aux
« affaires.

« Je répondis qu'étant donnés les faits de la
« cause, une femme serait acquittée, même par
« des jurés allemands, à plus forte raison par des
« jurés français. » « Les jurés parisiens sont sou-
« vent nationalistes, me dit Jaurès, et vous ne vous
« imaginez pas combien nos nationalistes sont pas-
« sionnés. Mais je voudrais que vous eussiez rai-
« son. *C'est Caillaux, c'est justement Caillaux qui
« pourrait faire une politique ferme et nette.* »
« Je dis que le regretté M. de Kiderlen-Waechter
« m'avait parlé avec considération de l'énergie et
« de la loyauté de M. Caillaux, l'ancien président
« du Conseil... »

Comment les Allemands voyant dans un rapport
confidentiel du ministre de Belgique en France
à son gouvernement que j'étais « connu pour mes
sentiments en faveur d'un rapprochement avec
l'Allemagne », n'auraient-ils pas pris ces expressions au pied de la lettre? Comment, apprenant de
la bouche d'un de leurs hommes politiques considérables que Jaurès était partisan d'une modification profonde dans les alliances de la France et
qu'il comptait sur moi pour « faire une politique
ferme et nette », n'auraient-ils pas conclu que,
avant la guerre, j'envisageais un groupement diffé-
rent des puissances de l'Europe?

Comment, surtout le public d'Outre-Rhin, lisant
après l'ouverture des hostilités dans ses journaux
que j'étais accusé, en France ou dans la presse
neutre inspirée, dirigée par des Français, d'avoir
recherché et suggéré au gouvernement de la République une paix de compromis à la veille ou au
lendemain de la Marne, apprenant par les mêmes
voies qu'on m'avait envoyé en mission pour mettre

un terme à mes prétendues intrigues, n'aurait-il pas ajouté foi à des informations dont il lui était difficile d'imaginer que le gouvernement français, armé de la censure, les eût laissé publier en France ou les eût laissé paraître en pays neutre sans les faire démentir par ses représentants si elles n'avaient pas répondu à la réalité. Nul, en dehors des initiés, ne pouvait deviner qu'on profitait de ce que j'étais aux armées ou au loin, de ce que j'étais dans l'impossibilité de me défendre, de ce que j'ignorais même en partie les attaques odieuses dont j'étais l'objet, pour m'accabler sous le poids des plus cruelles calomnies. Et j'ai le droit de me retourner contre mes accusateurs et de les accuser à mon tour d'un crime, non seulement contre un homme, mais contre la Patrie.

Crime contre un homme, car on le désigne à la fois à la vindicte publique et aux entreprises de l'ennemi; on suscite des pièges sous ses pas dans lesquels il trébuchera si sa prudence n'est sans cesse ' avertie. Et, s'il parvient à se garder, il lui faudra encore veiller à ses moindres paroles. Des milliers d'yeux seront braqués sur lui, des milliers d'oreilles seront à l'affût, on guettera une phrase, un mot, un geste. Qu'il laisse entrevoir des craintes patriotiques pour l'avenir de son pays, on conclura que toutes les accusations portées contre lui sont justifiées. Que l'on comprenne incomplètement ou mal telle phrase qu'il lui arrivera de prononcer à la volée dans une conversation familière, on s'empressera d'attribuer à ces propos de hasard un sens fâcheux... Qu'il se taise, il dissimule ses desseins... qu'il parle publiquement, il ne dit pas la vérité. Et ainsi se tisse un filet de calomnies de plus en plus étroit, ainsi l'homme politique est désigné pour le prochain bûcher.

Crime infiniment plus grave contre le pays ! Les

hommes sont peu de chose. Dans les tempêtes de
l'histoire, il est advenu qu'on en sacrifiât pour le
bien de la patrie ! Ce n'est pas le cas ici. Que dis-je !
C'est tout le contraire. *Pour satisfaire ses rancunes
et ses haines, le parti nationaliste sert l'Allemagne.*
En faisant croire que l'un des principaux hommes
politiques français envisage une paix séparée, une
paix d'abdication, il persuade l'opinion allemande
que la situation de la France est singulièrement difficile. Il réconforte le moral de l'ennemi, il lui dis-
tribue de précieux encouragements, il seconde ses
entreprises, il concourt au progrès de ses armes.

Me faut-il donner des précisions pour justifier
des faits qui sont de notoriété, que, à aucun moment, l'accusation n'a osé contester, qu'elle s'est
seulement appliquée à ignorer ? Quitte à charger
un livre que je voudrais alléger, je citerai quelques
articles, j'exposerai quelques incidents.

J'ai déjà indiqué que, à peine la guerre commen-
cée, je suis mis hors de l'Union Sacrée. Dès les 20
et 21 août 1914, la *Libre Parole* m'attaque à raison de ma réintégration dans le service de la tré-
sorerie aux armées. Le même journal me reproche,
le 29 août, d'avoir imposé l'exclusion de M. Barthou
du ministère qui vient de se former. Fait beaucoup
plus sérieux : le 27 août, l'*Action Française* déclare
qu'elle sait gré à M. Clemenceau de m'avoir fait
écarter du gouvernement parce que je suis suspect à raison de mes tendances et de mon passé.
Le premier jalon est posé. On va laisser la parole
à la presse allemande. Le 17 octobre 1914, la *Gazette de Francfort*, dans un article reproduit par la
Neue Freie Presse de Vienne, commence à opposer
ma prétendue sagesse, mes prétendues idées saines,
à celles des hommes au pouvoir. Ces articles sont
recueillis et commentés par l'*Action Française* du
11 novembre, par l'*Echo de Paris* du 16 no-

vembre. Toute la presse de droite emboîte le
pas. Elle laisse entendre qu'il faut chercher dans
mon état d'esprit tel qu'il a été défini par la presse
allemande inspirée par l'*Action Française* les véritables causes de mon départ pour l'Amérique. Et
ce qui s'exprime n'est rien auprès des histoires extraordinaires qui courent les milieux politiques et
certaines salles de rédaction et de là passent, encore
grossies, dans le public. Depuis le mois d'août
circulent, de bouche à bouche, des récits sur moi,
à la fois ineptes et odieux, auxquels beaucoup
ajoutent foi et que tous répètent comme ceux que l'on
répand sur les généraux Sarrail, Percin, etc. Ces
récits, colportés par des voyageurs, rapportés par
des journalistes neutres, parviennent naturellement
en Allemagne.

Un exemple entre beaucoup : le 19 novembre,
le *Hamburger Fremdenblatt* publie une information dont le lieu d'origine indique, à lui seul, la
source française :

« Genèvre, 17 novembre. — Le mystère que pa-
« raissait cacher le subit voyage du couple Caillaux
« en Amérique du Sud est dévoilé. M. Joseph Cail-
« laux, qui remplissait une mission de payeur gé-
« néral de l'armée française, reçut récemment une
« punition de prison de quatorze jours pour avoir
« quitté sans permission le champ de bataille, se
« rendant à Paris.

« *A la suite de ce fait, les journaux nationalistes*
« *de la capitale française commencèrent une vio-*
« *lente campagne contre M. Caillaux, affirmant*
« *qu'il était au service de l'Allemagne pour obtenir*
« *que la France, se séparant de ses alliés, conclût*
« *un traité de paix avec cette puissance.* M. Caillaux
« fut placé en face de cette alternative : ou rester et
« être probablement déféré à un conseil de guerre.

« ou partir pour l'Amérique du Sud sous le prétexte
« d'une mission commerciale. M. Caillaux préféra
« la dernière solution. »

Ainsi, voici nos ennemis informés du bruit répandu en France à savoir que je veux briser les
alliances de mon pays pour lui faire conclure une
paix séparée avec l'Allemagne. C'est exactement
l'accusation qui, en décembre 1917, sera portée
contre moi. *Elle est formulée avant que ne se soit
produit l'un quelconque des faits que, à un moment
quelconque de l'instruction, on prétendra relever à
ma charge.*

Le branle est donné ! Le 21 novembre 1914, sous
le titre significatif : « Déportation de M. Caillaux »,
la *Neue Freie Presse*, le plus important journal de
langue allemande de l'ancienne Autriche-Hongrie,
qui, avant la guerre, avait des collaborateurs français dont le plus assidu était M. Georges Clemenceau, publie un long article où sont enchâssés tous
les racontars qui percent dans la presse française
ou qui courent dans les salles de rédaction nationalistes. Cet article est immédiatement signalé en
France ; des journaux en donnent des extraits.
Comme la censure en interdit la reproduction inté-
grale, on l'imprime en tracts, on le répand dans
tout le pays ; mes adversaires politiques n'hésitent
pas à se servir contre moi d'un article dont leurs
propres inventions forment la trame.

La *Neue Freie Presse* continue. Au commencement de janvier 1915, elle publie un article où elle
établit une comparaison entre le comte Witte, l'ancien président du Conseil de Russie, et moi ; elle
allègue que tous deux nous voulons la paix séparée
et un rapprochement avec l'Allemagne. Le *Figaro*
du 20 janvier 1915 cite et commente l'article.

Quelques jours plus tard, exactement le 30 janvier 1915, un journal suisse, imprimé près de la frontière française, le *Démocrate* de Delémont, notoirement subventionné par le gouvernement français, *en même temps qu'il afferme sa publicité à la firme allemande Haasenstein et Vogler*, publie un long article intitulé : « Un bannissement déguisé. Les dessous du voyage de M. Caillaux. »

Les accusations y sont précisées. J'aurais avant la guerre « donné » le Congo à l'Allemagne ; j'aurais, après la Marne, « transmis » des propositions allemandes de paix séparée au prix de la cession de la Belgique à l'Allemagne et de l'abandon de nos alliés ; même, avant la victoire de la Marne, j'aurais été « disposé à céder » Briey, Nancy, Madagascar, le Maroc et à payer une indemnité pour arrêter la marche des armées allemandes.

Ce chaos d'inepties est reproduit en partie par la *République du Var* (M. Clemenceau représentait le département du Var au Sénat). Il fait ensuite le tour de la presse réactionnaire de Paris et de province. Cela ne suffit sans doute pas. L'abominable factum est dactylographié, imprimé en tracts, distribué en France, sur le front et à l'arrière, à des milliers d'exemplaires. Naturellement il est recueilli par la presse allemande. Ce sera désormais un fait acquis de l'autre côté du Rhin que j'ai préconisé une paix séparée avant et après la Marne, que j'ai songé à rompre nos alliances (1).

____

(1) Malgré mes démentis les journaux allemands rappelleront périodiquement à leurs lecteurs cette idiotie. Même des écrivains renommés pour leur connaissance des choses extérieures, tels que le signataire de la revue hebdomadaire de politique étrangère dans la *Gazette de la Croix*, rééditeront cette imbécilité. M. Otto Xoetsch écrira le 21 juillet 1915, dans sa revue hebdomadaire de politique étrangère à la *Gazette de la Croix* : « Çà et là se fait entendre dans la presse française... une voix comme celle de l'ancien ministre M. Caillaux qui voulait déjà conclure la paix au mois de septembre de l'année dernière. »

En vain je proteste dès mon retour d'Amérique en France. En vain, je fais justice de toutes ces basses calomnies dans la lettre ouverte adressée, le 15 mars 1915, à mes électeurs et dont j'ai déjà parlé. L'*Action Française* me répond, le 17 mars, en arguant contre moi des articles parus dans la *Gazette de Francfort* et dans la *Neue Freie Presse*, des articles dont ses amis et elle ont déterminé l'éclosion.

Et le même jeu continuera indéfiniment : la presse allemande s'emparera des attaques dirigées contre moi par des journaux français qui accuseront toujours et qui, pour pouvoir accuser, mentiront toujours, ressassant les mêmes inventions jusqu'à ce que leur seule répétition leur confère, aux yeux de la masse crédule et irréfléchie, une valeur probante. Les éloges que, en vertu même de ces calomnies, les journaux allemands me décerneront seront invoqués en France pour me discréditer. Ce sera un jeu de raquettes entre les deux presses, la balle bondira et rebondira par-dessus les tranchées.

Qui donc osera maintenant s'étonner des tendances que m'attribuera l'opinion allemande ? Qui donc sera surpris qu'un ordre du jour d'un commandant quelconque d'armée allemande trouvé sur des soldats tués enjoignît de ne pas compromettre par des factums élogieux jetés dans nos tranchées M. Caillaux et d'autres politiciens français « qui ne sont pas tout à fait germanophobes » ? Qui donc s'étonnera de ce que, en mai ou juin 1916, à la commission du budget du Reichstag, le chancelier de l'Empire ou le sous-secrétaire d'Etat aux Affaires étrangères aurait avancé que les événements de la guerre prendraient prochainement une tournure différente, que je reviendrais au pouvoir et que je ferais la paix ? On aurait dit en parlant de moi « Er ist unser Mann ». Quoi d'extraordinaire ! On l'avait crié de toutes parts. Encore l'incident et la formule doivent-ils être remis au point comme l'a fait justement observer M. l'abbé Delsor qui, aujourd'hui sénateur, alors député au Reichstag, avait assisté à la séance de la commission du budget (1). Qui donc, enfin, pourrait être surpris que l'Allemagne eût essayé de contrôler ma mentalité, qu'elle m'eût envoyé des émissaires ?

L'a-t-elle fait ? J'hésite à le croire, mais, si le jeune comte Minotto, en Amérique, si le Lipscher et le mystérieux inconnu qui lui succéda furent réellement des envoyés tudesques ayant mission de rechercher mes intentions, s'ils ne furent pas, comme je suis porté à l'admettre, l'un un intrigant bavard, les autres des aventuriers travaillant pour leur compte quand ils n'étaient pas dirigés par des policiers français, ces incidents, que la réserve dont je ne me suis pas départi a rendus insignifiants, n'ont eu d'autre origine que l'état d'esprit créé en Allemagne par la presse et les dirigeants du parti nationaliste. C'est à ceux-ci qu'en incombe la responsabilité, de même qu'ils ont la responsabilité

(1) M. l'abbé Delsor a précisé, avec une parfaite loyauté, comment il avait compris la phrase : « Er ist unser Mann », prononcée à la Commission du budget. « Je dois dire, a-t-il « déclaré à l'instruction, que ce propos n'a pas fait sur moi « une grande impression. A cette époque je n'y avais pas « prêté attention et, à mes yeux, cela ne prouve pas que « M. Caillaux ait fait des tractations avec les Allemands. *Ces* « *propos nous ont paru être de ces soporifiques que le gou-* « *vernement allemand administrait au Parlement pour dissi-* « *per l'inquiétude que l'Amérique lui causait.* La phrase « « Caillaux est notre homme » veut dire que M. Caillaux « est l'homme politique qui serait disposé à faire la paix, « qu'il a une mentalité, une disposition particulière qui le « poussent dans le sens de la paix et à conclure une paix dans « dans le sens qui plairait à l'Allemagne. Voilà comment je « l'ai interprétée. Elle ne voulait pas dire : « Caillaux est à « notre service. »

M. Thumann, ancien député au Reichstag, s'est exprimé dans le même sens.

de la mentalité germanique à mon endroit que leurs attitudes, non les miennes, ont fixée.

*
* *

Quelques pages sur ces histoires où l'instruction, après avoir fait buisson creux dans les affaires Bolo, Duval, Cavallïni, etc., chercha passionnément à découvrir des preuves de conversations politiques entre l'ennemi et moi ! Quelques pages seulement puisque les imputations qui furent dirigées à ce sujet s'effondrèrent, successivement, dans le néant des preuves et que la Haute-Cour ne retint à ma charge que le reproche de prétendues imprudences que chacun est, j'imagine, sujet à commettre, dont je me fais fort de démontrer, au surplus, qu'elles sont inexistantes et, qu'en fût-il autrement, elles ne pouvaient justifier une qualification pénale.

J'arrive à Rio-de-Janeiro en décembre 1914, chargé par le gouvernement français d'une double mission : je dois rechercher les moyens de développer les relations commerciales entre la France et le Brésil, je dois m'enquérir des denrées et des produits que nous pouvons avoir intérêt à acheter. Il me faut, d'autre part, étudier la question de nos câbles télégraphiques, examiner s'il ne conviendrait pas d'en étendre le réseau, déterminer comment, par quelles voies, à l'aide de quelles méthodes les dépêches allemandes parviennent en Amérique du Sud. M. Thomson, ministre du Commerce, a bien voulu me remercier par lettre à mon retour en France des services que j'avais rendus. Il en a déposé devant la cour de justice en précisant que mes rapports avaient eu un résultat particulièrement utile, puisqu'ils avaient modifié l'orientation de notre politique économique dans l'Amérique du Sud. Avant ma venue, le gouvernement français in-

clinait à réaliser des achats principalement en Argentine et à laisser quelque peu de côté le Brésil et l'Uruguay. Je fis observer qu'on commettait une erreur politique qui pouvait être grosse de conséquences, que les sympathies pour la France étaient, à l'époque, beaucoup plus ardentes au Brésil et en Uruguay qu'en Argentine et que c'était une mauvaise tactique de décourager ses amis en favorisant ceux qui se tenaient sur la réserve. J'informai encore le gouvernement des procédés, que je découvris après une enquête attentive, dont les Allemands usaient pour communiquer avec l'Amérique du Sud.

Services de quelque qualité, j'imagine ! en regard desquels il me plaît de situer les ragots contenus dans la dépêche adressée par M. de Luxburg, chargé d'affaires d'Allemagne à Buenos-Ayres, à son gouvernement. Je donne le texte du télégramme.

4 février 1915.

Caillaux a, après court séjour, quitté Buenos-Ayres. Se rend directement France manifestement à cause scandale Desclaux (1) dans lequel il voit attaque personnelle. De président et gouvernement actuel, exception Briand, il parle avec dédain. Il perce absolument politique anglaise. Fait pas entrer en ligne de compte complet accablement France. Voit dans guerre maintenant lutte pour existence Angleterre. Bien qu'il parle beaucoup d' « indiscrétions et politique grossière Wilhelmstrasse » et aussi prétendit croire à atrocités allemandes, s'est à peine modifié de façon notable dans son orienta-

(1) Je ne fus informé du scandale Desclaux que la veille de mon départ de Buenos-Ayres. Mes places étaient retenues depuis plus de huit jours sur le bateau. M. de Luxburg ou ses informateurs ont, dès cette première phrase, — j'en fournis la preuve matérielle, — donné libre cours à leur imagination.

tion politique. Caillaux a été sensible à politesses indirectes de ma part, insiste combien il doit être circonspect attendu que gouvernement français le ferait observer ici aussi. Il met en garde (1) au sujet excès éloges que lui consacre notre presse, en particulier Neue Freie Presse, souhaiterait par contre traité Méditerranée et Maroc critiqué. Nos louanges lui gâtent situation France.

Réception Caillaux ici fraîche. Son rapport Brésil rien de neuf. Il habitera en France d'abord sa circonscription électorale. Redoute Paris et sort Jaurès.

Luxburg.

Pot pourri d'informations parmi lesquelles il en est quelques-unes d'exactes, beaucoup de purement fantaisistes ! J'ai pu parler des « indiscrétions et de la politique grossière de la Wilhelmstrasse ». J'ai certainement entretenu ceux qui m'écoutaient des atrocités allemandes. Je n'ai jamais fait, en revanche, cette réflexion stupide que la guerre était une lutte pour l'existence de l'Angleterre. Pas davantage n'ai-je pu me montrer sensible à des politesses « indirectes » de M. de Luxburg, par la très bonne raison que je n'en ai jamais eu la moindre connaissance. Si j'ai certainement mis en garde mes interlocuteurs contre les éloges que me décernaient, dans les conditions que j'ai exposées, les journaux allemands, en particulier la *Neue Freie Presse* et au sujet desquels on me questionnait fréquemment, si j'ai dit que nos ennemis devraient,

---

(1) Dans le texte communiqué à la presse lors de mon arrestation on avait écrit : « Il *nous* met en garde. » Le sens de la phrase se trouvait altéré. Je paraissais avoir fait une communication au ministre de l'Allemagne, alors qu'il était clair, quand on lit le texte exact, que je mettais en garde ceux avec qui je m'entretenais contre les campagnes de presse dont j'ai parlé. L' « erreur » n'était pas — je dois le déclarer — du fait du Gouvernement français. Elle avait été obligeamment commise aux Etats-Unis.

s'ils étaient sincères, critiquer l'accord franco-allemand de 1911, si j'ai pu enfin ajouter que ces louanges gâtaient ma situation en France, jamais je n'ai demandé ou fait demander qu'il y fût mis un terme. *M. de Luxburg ne le dit pas d'ailleurs*, ce qu'il ne manquerait de faire s'il en avait été autrement. Je ne sache pas enfin que j'aie « parlé avec dédain du président et du gouvernement actuel à l'exception de M. Briand ». La chose est d'autant plus invraisemblable que M. Briand était, à l'époque, mon adversaire politique, alors que je me croyais en très bonnes relations avec M. Viviani, que j'étais en excellents termes avec MM. Malvy, Thomson, Augagneur, Sarraut, etc. « Je me serais à peine modifié de façon notable dans mon orientation politique », dit le ministre d'Allemagne. Pour qui sait comment un diplomate, désireux d'être agréable, écrit à son gouvernement, cette phrase signifie que j'ai modifié mon orientation politique sans que cependant j'aie abdiqué mes principes. La vérité est plus simple que ces formules entortillées. Avant la guerre, j'étais partisan de la conciliation européenne, — la guerre survenue, j'ai continué à penser qu'on devrait revenir quelque jour à cette grande politique ; avant la guerre j'étais en méfiance vis-à-vis de l'Allemagne, — après l'ouverture des hostilités, cette méfiance s'est considérablement accrue.

Mais qu'importent les appréciations ou les opinions de M. de Luxburg ? Qu'importent les renseignements qu'il tient de ses informateurs ? Me suis-je entendu avec lui et par son intermédiaire avec le gouvernement allemand ? Personne au monde ne peut le prétendre et cela pour deux raisons péremptoires : s'il y avait eu le moindre contact entre nous, le ministre allemand ne manquerait pas de le télégraphier. Il câble au contraire qu'il a dû se borner à ses célèbres politesses indirectes que j'ai toujours ignorées. La seconde raison, qui est plus décisive encore, que j'ai déjà mise en lumière, qui supprime toute discussion, c'est les mots « capture très désirable », dans le second télégramme dont je donnerai maintenant le texte complet :

5 février 1915.

Attaché naval à État-Major Amirauté.

La Havane télégraphie : Rio de Janeiro télégraphie vapeur « Araguaya » parti 30 janvier de Buenos-Ayres. Capitaine porte papiers importants. Capture très désirable, Caillaux à bord. En cas capture, on doit de façon non apparente traiter Caillaux avec politesse et prévenance. Pouvez-vous aviser nos croiseurs ?

Faut-il répéter que, s'il y avait eu des relations quelconques, directes ou indirectes, entre les Allemands et moi, la dépêche eût été libellée : « Bien que capitaine porte papiers importants, capture à éviter soigneusement : Caillaux à bord » ? On veut au contraire s'emparer de ma personne.

Que signifient donc ces dépêches ? tout simplement qu'on m'a fait espionner, que M. de Luxburg transmet à son gouvernement les renseignements, vrais ou faux, qu'il a recueillis sur mon compte, que le ministre d'Allemagne voudrait bien enfin couronner son œuvre par un exploit qui aurait quelque retentissement dans le monde : *capture très désirable*. Quels furent les informateurs du représentant du Reich ? Je suis assuré qu'il y en eut plusieurs. Je n'ai cependant de certitude qu'en ce qui concerne le comte Minotto qui a avoué. Je parlerai plus tard de sa déposition qui fourmille d'inexactitudes, qui est à la fois incohérente et... inoffensive ; je parlerai aussi des conditions dans lesquelles elle est intervenue. Pour le moment je me borne à dire comment je l'ai connu, ce que j'ai su, ce que j'ai vu de mes yeux, ce que, depuis des documents m'ont appris sur lui.

Certain jour, à Rio-de-Janeiro, dans un dîner qui m'est offert par M. Farquhar, un grand homme d'affaires américain, l'ambassadeur des Etats-Unis au Brésil, M. Morgan, me présente un jeune Italien avec les formules les plus élogieuses; c'est le comte Minotto, d'une vieille famille patricienne de Venise, il voyage pour une très grande banque de New-York, la Guaranty City Trust Co. L'intimité entre l'ambassadeur et ce jeune homme est telle que celui-ci habite chez le diplomate, qu'il passe tous les *week ends* dans la villa de Petropolis où flotte le drapeau étoilé. Quelques jours plus tard, comme je pars pour Sao-Paolo, je vois monter dans le train le comte Minotto. Tout simple ! M. Farquhar, qui est propriétaire des lignes de chemin de fer sur lesquelles je dois circuler, qui veut faire valoir son réseau, alors en situation délicate, auprès du représentant d'une des plus grandes institutions de crédit américaines, a adjoint Minotto aux divers personnages, ingénieurs ou autres, qui m'accompagnent. Rien de suspect dans ses allures, tout au contraire! J'ai divers compagnons de route dont l'un, M. d'Oliveira, représente le gouvernement brésilien. Au cours des conversations qui s'engagent tout naturellement, Minotto affiche les sentiments les plus francophiles. Ils me paraissent d'autant plus sincères qu'il a soin d'apprendre à Mme Caillaux, à la première occasion, qu'il est fiancé à une Française de fort bonne famille, qu'il viendra dans quelques mois à Paris pour l'épouser. Il le prouve en montrant des lettres. Je quitte mes compagnons de voyage à Santos où je m'embarque pour l'Uruguay. Durant le séjour d'une quinzaine que je fais à Montevideo, j'entrevois Minotto, de passage pour vingt-quatre heures. Quand, pour achever mon enquête sur les câbles télégraphiques, je vais passer *sept jours exactement* à Buenos-Ayres (1), j'y retrouve Minotto qui, pour me rendre quelques politesses, m'a invité à déjeuner. Je le vois un certain nombre de fois pendant ce court séjour. Sans doute, au cours d'une promenade en automobile, Minotto, me parlant du milieu diplomatique qu'il fréquente en Argentine comme au Brésil, m'insinue qu'il croit savoir que le ministre d'Allemagne, M. de Luxburg, aurait le très vif désir de causer avec moi. Mais il présente cette communication à laquelle il donne le caractère d'une information avec une habileté que je mesure aujourd'hui seulement et qui est telle que je me mets à rire plus que je ne m'emporte. Quelques jours plus tard, Minotto prononce encore devant moi le nom de Luxburg : il m'indique que le bateau sur lequel je dois m'embarquer risque d'être capturé, que, *si je le désire, il pourra s'entremettre aux fins d'obtenir de M. de Luxburg des* lettres de recommandation pour les capitaines de croiseurs allemands. Cette fois, je me fâche tout rouge. Je déclare à Minotto que, s'il me parle encore de Luxburg, je le mettrai à la porte et ne le reverrai de ma vie. Il me demande pardon, les larmes aux yeux; il s'excuse avec tant d'émotion que je pense qu'il ne s'est pas rendu compte du caractère singulier de sa suggestion. Je suis d'autant plus enclin à l'indulgence que je crois avoir aperçu quel il est. Minotto est un tout jeune Italien, très intelligent, très charmant, en même temps in-

---

(1) Je ne pouvais pas ne pas me rendre à Buenos-Ayres, qui est le nœud des câbles et des lignes aériennes dans l'Amérique du Sud. Je pris d'ailleurs la précaution de demander à l'avance à M. Thomson s'il ne voyait pas d'inconvénient à ce que j'allasse en Argentine. Je ne pris le bateau pour Buenos-Ayres que pourvu de l'assentiment du ministre.

sinuant, souple, cherchant à se faufiler partout, à rendre des services aux uns et aux autres. Il m'a fourni une documentation économique et financière qui ne manque pas d'intérêt. J'ai appris en le faisant causer quels étaient les desseins des grandes banques des Etats-Unis sur l'Amérique du Sud. J'imagine que, dans son désir de se faire valoir, dans sa passion de s'entremettre, emporté d'ailleurs par la légèreté de son âge, il a dépassé la mesure.

C'est bien là, en effet, la psychologie de Minotto, telle qu'elle apparaît dans des lettres qui furent plus tard saisies en Amérique, chez M. Hugo Schmidt, le grand homme d'affaires allemand dont il fut avant la guerre le secrétaire pendant quelques mois, — naturellement il ne s'en vanta pas. « Il possède un certain talent d'embobiner les gens », écrit Hugo Schmidt. « Dans son dernier voyage, dit-il encore, il a, suivant son habitude, cherché à se faire des relations avec tout le monde. » Et ailleurs : « Quelque parfait que soit le jeune homme, on ne peut se fier entièrement à lui, car on ne peut être sûr qu'il n'ira pas rapporter ce qu'on a pu lui dire précisément à la personne à qui on veut le cacher. » Et ainsi de suite. Minotto réussit en tout cas à merveille à se faire des relations. A Buenos-Ayres comme à Rio, il est chargé de lettres de recommandation dont plusieurs sont signées du marquis Imperiali, ambassadeur d'Italie à Londres. Quelque temps après mon départ de Buenos-Ayres, il offrira un grand dîner à M. Mac Adoo, gendre du président Wilson, avec lequel il voyagera sur un navire de guerre américain. Quand il viendra six mois plus tard à Paris, il arrivera à se faire présenter par M. Mabilleau, avec la famille duquel il est fort lié, à des financiers et à franchir le seuil du cabinet de M. Pallain, gouverneur de la Banque de France, qu'il entretiendra de grandes questions financières et auquel il adressera, quand il sera de retour aux Etats-Unis, un rapport, demandé ou non, sur les meilleures méthodes de placement des bons anglo-français à New-York et sur les maisons de banque de la place.

Minotto fut-il simplement, suivant une hypothèse que j'ai déjà formulée, un intrigant bavard? Je serais très disposé à le croire. Une seule chose me trouble, c'est certaine dépêche interceptée du ministre d'Allemagne à Rio. Le représentant germanique y signale à son gouvernement, en décembre 1914, mon arrivée et mon activité « indésirable pour les intérêts allemands ». Il demande qu'un crédit de cent mille marks lui soit ouvert pour surveiller et, au besoin, contrecarrer mes efforts. Je ne puis m'empêcher d'établir une relation de cause à effet entre cette communication et les assiduités de Minotto, bien que je n'aie — je dois le reconnaître — aucune preuve.

Mais, quelque ait été ce jeune Italien dont nous verrons dans un autre chapitre la fortune singulière qui lui est advenue, en quoi suis-je responsable de ses agissements? Quel fait pouvait me mettre en garde contre lui? Les informations qu'il m'avait données sur M. de Luxburg? J'ai représenté l'habileté avec laquelle il m'avait glissé l'une, la souplesse avec laquelle il s'était excusé de l'autre et que se figureront tous ceux qui ont connu des hommes de sa race et de sa mentalité. Les patronages dont il bénéficiait me donnaient, d'autre part, de telles garanties que je n'aurais attaché que peu d'importance à des avertissements imprécis, s'il m'en avait été apporté contre lui. Je me serais dit, je me disais qu'un ambassadeur des Etats-Unis n'aurait pas été en relations d'amitié étroite avec un personnage douteux. Je me disais encore qu'une famille française de haute honorabilité, que je connaissais personnellement, n'aurait pas songé à accueillir dans son sein un homme dont elle n'aurait pas été sûre.

Et que signifie d'ailleurs tout ceci ? qu'importe ce que fut ou ce que ne fut pas Minotto ? Impossible de soutenir que j'aie machiné par son intermédiaire ! *Capture très désirable....* — Est-il parvenu à me soutirer des renseignements précieux pour l'Allemagne ? Pour se convaincre du contraire, il suffit de lire le ramassis de calembredaines qui compose le télégramme Luxburg. J'aurais mal parlé à Minotto du président et du gouvernement de la République ? Eh ! mon dieu ! le grand crime que voilà, si tant est que je l'eusse commis ! *L'Homme Enchaîné*, qui paraissait à l'époque et que la *Gazette des Ardennes* reproduisait consciencieusement, ne déversait-il pas tous les jours une potée d'injures sur M. Poincaré et sur ses ministres ? J'aurais mis en garde contre les éloges dont m'abreuvait la presse allemande inspirée par la presse nationaliste française. Et après? Qu'y a-t-il de plus naturel, de plus logique? Le 15 mars, dans une lettre publique à mes électeurs, connue *urbi* et *orbi*, je protestais vivement contre cette abominable campagne. M. de Luxburg aurait donc appris au commencement de février ce que je déclarais à la terre entière le 16 ou 17 mars? Le bel avantage en vérité ! Et ce qu'il y a de plus piquant c'est que les Allemands s'empressèrent de... continuer : ils firent exactement le contraire de ce que je désirais, tant ils avaient le souci de me servir !

Mais je ne veux pas anticiper sur un développement qui viendra à son heure. J'en arrive aux histoires Lipscher.

**
* *

Les histoires Lipscher ! Elles peuvent se résumer en une phrase : des tentatives de « tapage » pratiquées par un chevalier d'industrie. Lipscher ne mérite pas un autre qualificatif. Lors de la campagne du *Figaro* en janvier 1914, un individu se présente à mon cabinet de ministre des Finances. Il détient, dit-il à celui de mes secrétaires qui le reçoit, la preuve de la vénalité de Calmette qui, moyennant 30.000 francs l'an, a été acheté par le comte Tisza, le premier ministre de Hongrie. Il offre des pièces justifiant ses dires. On me rend compte. Je refuse : je ne combats pas mes adversaires avec les armes dont ils n'hésiteraient pas à se servir contre moi s'ils pouvaient en avoir de cette sorte. Et puis, qu'est-ce que ce Lipscher dont on me montre la carte ?... Mais, quelques jours plus tard, la porte de mon cabinet s'ouvre, cette fois à deux battants, devant le comte Karolyi qui m'a demandé une audience. Le chef du parti de l'indépendance en Hongrie confirme les allégations de Lipscher; il me dit combien il est pénible pour lui et pour ses amis qui font effort pour dégager leur pays de la Triple-Alliance de voir un journal français, le *Figaro*, soutenir contre eux la politique germanique du comte Tisza. Il ne me dissimule pas que le *Figaro* ou plutôt son directeur a été acheté et qu'il en a la preuve par celui qui fut l'intermédiaire entre Tisza et Calmette, par Lipscher, lequel est passé depuis à la solde du parti de l'indépendance. J'écoute, je ne suis pas. Seulement, quand, quelques mois plus tard, la presse de droite s'applique, pour faire condamner ma femme, à entourer d'une auréole la mémoire du directeur du *Figaro*, j'ai le souci très légitime de remettre les choses au point. Je fais venir Lipscher qui me livre — gratuitement, je dois le dire — les deux lettres attestant la réalité de l'accord intervenu entre le premier ministre de Hongrie et M. Calmette. Je cherche en même temps à revoir le comte Karolyi qui veut bien venir me trouver à mon domicile en juin 1914. Il m'apprend qu'il compte faire interpeller Tisza sur la subvention donnée au *Figaro* et il m'offre de faire déposer devant les assises de la Seine deux ou trois députés appartenant au parti de l'indépendance qui auront dirigé l'interpellation ou qui y auront pris part. J'accepte, les députés hongrois viennent en France. Cependant, au dernier moment, la défense renonce à leur témoignage en suite de la tension de rapports existant entre la France et l'Autriche-Hongrie. Quelques jours après la conclusion du procès, la guerre éclate et je reste devoir la somme de 1.500 francs ou de 2.000 francs à Lipscher à raison des frais qu'il a exposés.

Je ne pensais pas entendre parler de longtemps du personnage contre lequel le comte Karolyi m'avait mis en garde et dont j'avais aperçu la prodigieuse faculté de bluff et de mensonge. Mais voici que, au mois de mai 1915, une lettre envoyée de Suisse me parvient. Lipscher demande à me voir. Pas un instant je n'ai l'idée de répondre. Nouvelles lettres en septembre et en octobre ! Dans un jargon presque incompréhensible, il y est question de Benoît, de Jadot, surtout d'Oscar. J'entrevois vaguement que Lipscher se prétend porteur de propositions de paix, mais, venant de cet individu, cela prête à rire. Je mets naturellement les lettres au panier; je suis seulement un peu agacé de cette correspondance, je me demande comment y mettre un terme.

Or, vers la fin d'octobre 1915, se présente à mon cabinet, sous un prétexte qui m'est complètement sorti de l'esprit, une femme que je reçois parmi le flot des quémandeurs habituels. « Vous

venez, madame, pour une recommandation ? »
c'est la formule stéréotypée qui sort de mes lèvres.
« Oh! non, monsieur, je suis la fiancée de M. Lipscher. » Je sursaute : « La fiancée de M. Lipscher!...
Alors vous allez me dire ce que signifient les lettres
qu'il m'écrit. » Et la visiteuse qui s'appelle Thérèse Duvergé, me donne la clé de la correspondance
en me révélant qu'Oscar — le nom qui revient dans
chaque lettre — désigne le baron de Lancken, ancien conseiller de l'ambassade d'Allemagne à Paris,
alors gouverneur civil de la Belgique. Thérèse Duvergé m'affirme que Lipscher a mission du baron
de Lancken de soumettre à titre officieux des propositions de paix au gouvernement français; à ces
fins elle vient me demander un sauf-conduit pour
lui. Je l'écoute. Je l'interroge. J'essaie de savoir si
Lipscher est réellement chargé par le baron de
Lancken, dont je crois avoir appris quand j'étais
au gouvernement qu'il est un agent direct presqu'un confident du kaiser, d'entamer des travaux
d'approche. La chose serait d'importance. Je suis
sceptique cependant; il me paraît extraordinaire
qu'un individu tel que celui-là soit investi d'un
aussi grand rôle. Mes doutes se muent en certitude
quand la femme Duvergé conclut les vagues renseignements qu'elle me donne en me tendant la main :
elle a grand besoin d'argent; Lipscher n'a pu lui
en donner; elle me réclame la somme que je dois
à son « fiancé ». Je suis fixé. Vulgaire entreprise de
« tapage »! Je réponds que, en ce qui concerne
la demande de sauf-conduit, je verrai ce que j'ai
à faire, que j'en parlerai sans doute au gouvernement, que j'examinerai d'autre part la suite que
je puis donner à la demande de secours. Dans la
journée même je passe au ministère de l'Intérieur.
En peu de mots je dis à M. Malvy qu'un soi-disant
journaliste austro-hongrois réclame un sauf-con-

duit pour venir apporter de prétendues propositions
de paix, mais que cela n'est nullement sérieux et
que mon avis est de refuser purement et simplement. « Cela va de soi », me répond le ministre de
l'Intérieur. « Vous en parlerez à Viviani si vous le
jugez à propos, » dis-je. Affaire réglée en deux minutes avec des haussements d'épaule de part et
d'autre.

Mais, le Lipscher, qui a été avisé par sa maîtresse de l'insuccès qu'ont rencontré ses ouvertures,
ne se tient pas pour battu. Il m'écrit, de Hollande
où il se trouve, une lettre dans laquelle il vante sa
marchandise et... demande de l'argent. Cette fois
c'en est trop. J'entends couper court. Je me décide
à écrire moi-même au gaillard pour lui intimer
l'ordre de cesser toute correspondance. Avant d'ex-
pédier la lettre sous pli recommandé, je prends une
double précaution. Je prie le chef du gouvernement,
M. Briand à l'époque, de m'accorder quelques minutes d'entretien à la Chambre. Je lui lis la lettre
que j'adresse à Lipscher pour l'éconduire. Entrevue très brève dont je conçois que le président du
Conseil, qui approuva en quelques mots le texte que
je lui soumettais, ait perdu le souvenir, mais qui
est présente à mon esprit comme si elle avait eu
lieu hier. Je reçois d'autre part Thérèse Duvergé
pour la seconde fois. Je lui dis mon mécontentement de la lettre que Lipscher m'a écrite et qui
vient d'être suivie d'une seconde lettre décachetée
par le contrôle postal. Je la prie d'inviter formellement son « fiancé » à se tenir tranquille et, pour
l'engager à remplir ponctuellement la commission,
pour me débarrasser en même temps de gens dont
j'aperçois qu'ils ne recherchent que de l'argent, je
lui remets une somme de cinq cents francs. Ouf !
c'est fini, me dis-je en la reconduisant. Pas tout à
fait.

Lipscher répond à ma lettre. Il s'incline devant ma volonté, il déclare qu'il ne m'entretiendra plus d'aucune question de paix éventuelle puisque « je lui fais opposition sur toute la ligne, » mais il quémande encore de l'argent ou, à défaut d'argent, une recommandation qui lui permette de trouver une place dans une banque en Suisse. Il m'adresse cette réponse par l'intermédiaire de sa maîtresse, afin sans doute de procurer à celle-ci une occasion nouvelle de me voir. Thérèse Duvergé se présente chez moi une fois, deux fois, sans être reçue. J'ai donné des ordres... Elle parvient cependant certain jour de décembre 1915 à se glisser dans mon salon d'attente en bousculant la femme de service qui sera vertement réprimandée de ce chef. Je la reçois quelques minutes. Elle se borne à formuler, en des termes parfaitement convenables d'ailleurs, la sollicitation pour une place en Suisse contenue dans la lettre de Lipscher. Je lui réponds évasivement. Je ne l'ai plus revue.

Epilogue : M. Malvy m'informe, quelques jours après la troisième visite de Thérèse Duvergé, qu'une femme, la maîtresse d'un Austro-Hongrois, rôde autour de mon domicile, cherchant à y pénétrer. « Son amant porte un drôle de nom, me dit-il, Li... Li... — Eh ! parbleu ! Lipscher ! l'individu dont je vous ai parlé. Je sais bien tout ce que vous me dites. J'ai donné des ordres pour que ma porte soit fermée à cette femme. Mais je vais les accentuer. » C'est ce que je fais et j'en informe deux ou trois jours plus tard le ministre de l'Intérieur auquel je conte par la même occasion que j'ai écrit à Lipscher pour le prier de me laisser tranquille et *que j'ai soumis la lettre à M. Briand.*

Voilà toute cette sombre histoire dont je m'acharnerai à répéter qu'elle n'est qu'une vulgaire entreprise de « tapage ». Le chevalier d'industrie qu'est

Lipscher a cherché à tirer bénéfice des complications de la situation internationale. Il a eu l'idée de trafiquer auprès d'hommes politiques français de prétendues propositions de paix allemandes. Les Allemands affirment — et je suis disposé à croire ce que la *Gazette de Cologne* a dit à ce sujet — qu'il s'est targué auprès d'eux d'être porteur de propositions de paix françaises. Jeu classique! pratiqué par bien d'autres. M. Malvy a écrit qu'il y avait à la Sûreté générale cinquante dossiers d'affaires analogues à l'affaire Lipscher. Il est probable cependant que nul aventurier n'a poussé aussi loin que celui-là l'audace dans l'escroquerie. N'a-t-il pas imaginé d'envoyer à Thérèse Duvergé des brouillons de lettres qu'elle doit recopier, signer et lui retourner et où sont racontées des entrevues fictives qu'elle aurait eues avec moi ? Il expose à sa maîtresse avec un admirable cynisme que ces lettres mensongères lui serviront à extorquer de l'argent aux Allemands.

Mais, comment l'accusation, qui sait ces faits, qui est en possession de la correspondance Lipscher-Duvergé, interceptée par la police, peut-elle s'attacher un instant à une aventure aussi misérable et aussi simple ? Comment surtout peut-elle avoir le moindre doute sur l'entière correction de mon attitude du moment où, dans ces mêmes lettres saisies, Lipscher exhale son mécontentement contre moi, sa fureur pour mieux dire, écrit qu' « il n'y a rien à faire avec Joseph », demande à sa maîtresse de tâcher de m'approcher pour m'arracher quelques paroles ? Non seulement il résulte de ces papiers que je n'ai engagé aucune conversation, d'aucune sorte, il en résulte encore que je n'ai même pas commis la moindre imprudence, puisque, postérieurement à la dernière visite que m'a faite Thérèse Duvergé, Lipscher écrit à sa maîtresse :

« *tâche de savoir ce qu'il pense pour la grande affaire.* » (Lettre du 19 décembre 1915.)

Mais, comme je l'ai déjà fait entrevoir, on me
dissimule ces pièces pendant des mois et des mois.
Seul un hasard — le procès Malvy — m'apprendra
leur existence. Si la commission d'instruction de
la Haute-Cour ne les avait pas évoquées pour y
chercher des griefs contre l'ancien ministre de l'Intérieur, je ne les aurais sans doute jamais connues
et on aurait commis cet acte abominable de supprimer ou tout au moins d'ignorer des documents
qui faisaient crouler jusqu'aux hypothèses que l'on
pouvait former. Ce qui est certain dans tous les
cas, c'est que, depuis le mois de janvier 1918 jusqu'à la fin de juillet, le capitaine Bouchardon m'interroge périodiquement sur l'affaire Lipscher, essaie
vainement de me mettre en contradiction avec moi-
même, alors que l'accusation ne peut pas ne pas
avoir dans un tiroir la preuve péremptoire de la
parfaite correction de mon attitude. Le jour où le
magistrat instructeur est obligé de communiquer
les lettres interceptées, il cesse de me questionner.

Coup manqué, savamment préparé cependant !
Aux côtés de Lipscher travaillait un individu dont
je ne sais pas encore à l'heure actuelle s'il est simplement un indicateur de police ou s'il n'est pas à
la fois un informateur et un associé de Lipscher,
peut-être un espion. Dès le mois d'août 1914, un
nommé Beauquier, qui avait collaboré avec Lipscher à l'affaire Calmette-Tisza, qui, de son propre
aveu, avait rédigé les lettres formant contrat entre
le président du Conseil de Hongrie et le directeur
du journal, signalait à la rédaction du *Figaro* la
présence à Bruxelles de son ami Lipscher qui s'y
était rendu lors de l'ouverture des hostilités. Beauquier prétendait que Lipscher avait traversé les
lignes françaises muni d'un sauf-conduit que je

lui aurais fait délivrer. Quelques mois plus tard le même Beauquier, qualifié dans un rapport de police par l'inspecteur Gerbe « M. Beauquier, du journal le *Figaro* », écrivait à la Sûreté générale pour dénoncer Lipscher et affirmer que celui-ci était en relations avec moi. Cette lettre était expédiée au moment même où Lipscher m'adressait sa première missive. Nouvelle dénonciation de Beauquier à la Sûreté en septembre 1915 devançant de quelques jours la seconde lettre que Lipscher m'envoie.

Mais tout cela ne rend pas, puisque je me confine dans le mutisme. Comment faire ? Les grands moyens ! Thérèse Duvergé est envoyée de La Haye à Paris. Singulier voyage, étrangement pour ne pas dire soigneusement préparé. Au moment de l'ouverture des hostilités Thérèse Duvergé est à Bruxelles, où elle habite avec son amant. Il s'agit de lui faire gagner la Hollande pour la ramener ensuite en France. Mais il faut un passeport de la Kommandantur allemande. Comment se le procurer ? Thérèse Duvergé dira elle-même qu'elle y est arrivée grâce à Mme Beauquier qui est restée à Bruxelles et qui est en excellentes relations avec les fonctionnaires tudesques. Un coin du voile se lève ! Beauquier est en France où il s'emploie à me dénoncer, Mme Beauquier est à Bruxelles et son mari correspond avec elle, « par l'intermédiaire d'un parfumeur hollandais », dira-t-il au capitaine Bouchardon. « Le nom de ce parfumeur ? » demandera le magistrat. « Je ne m'en souviens pas. », répondra Beauquier. Réponse jugée amplement satisfaisante par la justice !

Voilà donc Thérèse Duvergé à la Haye grâce à la Kommandantur allemande et à Mme Beauquier. Une première étape ! Lipscher, qui s'y est installé avec elle, va trouver le ministre de France, M. Allizé, beau-frère de M. Herbette, l'ancien chef de

cabinet de M. de Selves. Il lui demande un passeport pour venir me voir à Paris et m'apporter des
propositions de paix. Refus, très justifié! Mais,
quelques semaines plus tard, *octroi à Thérèse Duvergé, que l'on sait la maîtresse de Lipscher, de la
pièce qui permettra à celle-ci de rentrer en France!*
Thérèse Duvergé ne cache pas que le but de son
voyage est de m'aborder pour obtenir un sauf-conduit au bénéfice de Lipscher. Elle le déclare au
commissaire de police de Dieppe qui l'interroge
à son arrivée. Nul ne me prévient... Le piège est
tendu. Thérèse Duvergé est dirigée vers moi sans
qu'elle se doute, je crois, du rôle auquel on l'a destinée. Mais Beauquier, tapi dans l'ombre, attend
et guette. Il cherche à joindre l'amie de Lipscher.
Il lui écrit son désir d'avoir des nouvelles de sa
chère femme, liée à la Kommandantur, avec laquelle
il correspond par l'intermédiaire du parfumeur hollandais dont le nom lui sortira de l'esprit. Il parvient à rencontrer Thérèse Duvergé; il l'interroge;
il la tourne, il la retourne, mais naturellement il
n'en peut rien tirer. Il fournira bien, à la police
d'abord dont il est l'auxiliaire bénévole ou soudoyé,
plus tard aux magistrats, divers récits de prétendues phrases qui m'auraient été arrachées, mais
d'une part tous ces récits sont contradictoires,
d'autre part Thérèse Duvergé, qui ne cessera de
déposer correctement malgré toutes les pressions
dont elle sera l'objet, qui confirmera à peu de
chose près tous mes dires, lui inflige démenti sur
démenti. Désespérément Beauquier se raccroche à
prétendre que j'aurais exhorté Lipscher par l'intermédiaire de sa maîtresse à attendre, que j'aurais ajouté que quelque jour on pourrait peut-être
utiliser ses services. Langage que j'aurais parfaitement pu tenir, qui aurait simplement exprimé une
défaite polie. Langage qui n'est cependant pas sorti

de ma bouche comme le déclare Thérèse Duvergé au cours d'une confrontation qui a lieu le 4 février 1918 entre elle et le célèbre Beauquier.

On ne se résigne pas cependant. On ne peut se résoudre à voir crouler successivement toutes les machinations les mieux agencées. Certes on est amplement fixé sur la réalité des choses. Les lettres interceptées, l'avortement de la surveillance Beauquier crient la vérité ! Mais où est-il question de justice ou de vérité ? Ce qu'on cherche, c'est le moyen de justifier une accusation politique, puisque c'est de cela qu'il faudra se contenter. Comment faire ? Eh ! Lipscher... Lipscher n'aurait-il pas des lettres de M. Caillaux, ne pourrait-il en tous cas donner des renseignements précieux ? Et toute une nuée de policiers s'abat sur la Suisse. Lipscher est accosté de dix, de vingt côtés différents, on enregistre avec soin les allégations les plus fantaisistes d'un homme sur la moralité duquel on est cependant édifié. Mais, voici le malheur ! Force est de constater que Lipscher ne débite que des contes à dormir debout. Ah ! sans doute, il invente de délicates histoires dont la plus précieuse est celle de la prétendue conférence d'Ouchy. J'aurais été à Ouchy en compagnie de M. Paul Deschanel, de M. Léon Bourgeois, de M. Jean Dupuy, de M. d'Estournelles de Constant, conférer avec les délégués de l'Allemagne. Un procès-verbal de ces graves pourparlers aurait été dressé. Lipscher ne l'a malheureusement pas, mais le papier existe. Les entrevues ont eu lieu en tous cas dans une villa que l'aventurier décrit. Et un commissaire de police s'abaisse jusqu'à chercher pendant deux semaines entières la mystérieuse villa que naturellement il ne découvre pas. La rougeur monte au front quand on constate jusqu'où conduit la passion politique ! On éprouve les mêmes sentiments de honte quand

on lit dans une pièce officielle, signée au nom du
président du Conseil, ministre de la Guerre, que
les services des renseignements d'Annemasse ont
reçu l'ordre de cesser *toutes tractations d'argent*
avec Lipscher pour lui acheter la correspondance
de M. Caillaux. Ah ! cette correspondance, avec
quelle frénésie on la recherche. « Trois cent mille
francs pour vous si vous la remettez », dit-on au
chevalier d'industrie qui s'est vanté d'avoir de nombreuses lettres de moi. Lipscher répond naturellement en se dérobant.

Bien fini cette fois ! Fini jusqu'au moment où
M. Pérès, sénateur, président de la commission
d'instruction de la Cour de justice enverra recueillir le témoignage de ce personnage. Mais, nous n'en
sommes pas encore à ce point de notre récit. Pour
le moment c'est M. Bouchardon qui opère, et le
magistrat ne descend pas à de pareilles démarches.
Le rapporteur a sans doute aperçu dès le début
qu'un jour ou l'autre les lettres interceptées de
Lipscher à sa maîtresse, qui tuent toute accusation,
seraient connues de la défense. Il essaie donc de se
raccrocher à un incident assez étrange, très banal
au fond, qui continue l'histoire Lipscher.

Quelque jour de février ou de mars 1916, on
m'appelle au téléphone de l'hôtel Ritz. Un commerçant suisse est au bout du fil ; il demande un rendez-vous ; il est à même de me fournir des renseignements sur le mouvement des exportations entre
la France et la République helvétique. Le lendemain
à 11 heures le prétendu commerçant est chez moi.
Le temps d'échanger quelques paroles et il me
remet, enfermés dans une enveloppe blanche, deux
bouts de papier. Sur le premier je lis ces mots dac-
tylographiés : « Lipscher, comme intermédiaire, ne
paraît pas désirable. Je me mets à votre disposition
et suis autorisé à établir les rapports que vous dé-

sirez. » Sur le second, un nom, une adresse écrits à la main : « H.-A. Marx aux soins de M. le professeur Dr Herbert, Weinerstrasse, 37, Berne. » Il me suffit de lire le nom de Lipscher. Je me lève furieux. L'individu voit, comprend ; il gagne la porte avec une singulière rapidité. « Allons ! me dis-je, en rentrant dans mon cabinet de travail, encore une tentative de la bande Lipscher. Enfin, celle-là, je l'ai liquidée de suite ; je me suis débarrassé immédiatement de ce nouveau venu. » Je relis les bouts de papier sans m'attacher au nom de Marx qui ne me dit rien. Je vais les mettre au feu. Je me ravise. Après tout, on ne sait ce qui peut arriver. Je suis évidemment en butte aux agressions d'une série d'aventuriers. Il faut se garer, prendre toutes les précautions utiles. Je ramasse les papiers que j'ai déjà jetés dans ma corbeille en les froissant, je les classe, à la suite de quelques-unes des lettres que j'ai reçues de Lipscher, dans une chemise sur laquelle j'ai écrit : « Propositions de conversation — 1915 — Mes refus. » L'idée ne me vient pas de prévenir le gouvernement de ce futile incident qui n'est que la suite des histoires précédentes. Celles-ci me paraissent ne guère retenir l'attention des pouvoirs publics à telles enseignes que, longtemps après mon entretien avec M. Malvy, Thérèse Duvergé s'est encore présentée chez moi, vainement cela va de soi. On ne l'a donc nullement inquiétée ; on ne lui a même pas demandé une explication. Evidemment, en haut lieu, on tient ces agissements pour ce qu'ils sont, pour la classique entreprise d'extorsion de fonds.

M. Bouchardon n'en multiplie pas moins sur ce sujet les arguties auxquelles je réponds par une observation qui fait justice de ces misères : il dépendait de moi de faire disparaître les moindres traces de la singulière visite. Il me suffisait d'allumer ma cigarette avec les bouts de papier qui me furent remis. Loin de les brûler je les ai soigneusement conservés, étiquetés dans un dossier dont la seule suscription est décisive. Est-il preuve plus évidente de bonne foi et de rectitude ?

*
* *

Tournons la page sur toutes ces discussions byzantines et puériles, sur toutes ces histoires, à la fois grotesques et lamentables, d'aventuriers et de leurs acolytes convoyés à mon domicile par des policiers officiels ou marrons. Revenons au véritable débat. Les sentiments de l'Allemagne à mon égard, que j'ai remis au point, ont été déterminés par la presse et par les milieux nationalistes de France. Pas de discussion possible sur ce point! Si les Germains ont voulu me faire « tâter », ce qui reste très douteux, c'est en suite des opinions qu'on leur avait inculquées, des ragots qu'on leur avait soufflés de France. Ceci n'est pas davantage contestable ! Le télégramme Luxburg « capture très désirable... », les lettres interceptées Lipscher, la présence dans mon coffre-fort des morceaux de papier Marx portent témoignage de la parfaite correction de mes attitudes. Mais il est une constatation qui achève de balayer toutes ces misérables chicanes des Laubardemont d'Action Française : si, dans un but politique, soucieux de préparer les voies pour une paix que j'aurais entendu réaliser, j'avais causé avec l'Allemagne, même si je m'étais borné à donner des indications, même si j'avais prêté une oreille semi-attentive aux phrases déliées du comte Minotto ou aux louches ouvertures d'un Lipscher, la presse allemande et la presse germanophile se seraient adaptées à mes désirs. Elles auraient cherché à les devancer. Or, à maintes reprises, dans la presse, en public, j'exprime l'irritation que me causent les éloges qui me sont distribués par les journaux d'outre-Rhin. Nos ennemis vont donc arrêter cette campagne puisqu'elle me désoblige, puisqu'elle me fait tort, puisqu'ils savent, par ma lettre ouverte du 15 mars 1915, que je la tiens pour une manœuvre de mes adversaires politiques destinée à me nuire; ils vont cesser de proclamer mes qualités d'homme d'Etat; ils vont, au contraire, m'attaquer, critiquer notamment l'accord de 1911 selon le désir que me prête M. de Luxburg. Impossible de nier ces évidences!

Voyons maintenant les faits.

Pas un article dans la presse allemande sur l'affaire d'Agadir. C'est la constatation à laquelle aboutit celui qu'on charge de s'enquérir sur ce sujet et qui n'est autre que M. Haguenin, investi par le ministère des Affaires étrangères d'une haute mission à Berne pendant la guerre, pourvu aujourd'hui d'un poste considérable à Berlin.

Les journaux allemands et autrichiens parlent de moi? Oui, sans doute. Pour m'attaquer? Non pas; pour me louer, contrairement à ce que je souhaiterais. Des exemples? Le 28 mars 1915 la *Gazette de Francfort* me représente, en me couvrant de fleurs, comme l'homme en qui s'incarne la résistance du régime parlementaire contre la domination d'une oligarchie. Le 14 avril 1915, la *Gazette de la Croix* développe le même thème en un article débordant d'éloges. La *Gazette de Cologne* du 16 avril contient tout un long développement sur la politique française, assez bien fait d'ailleurs, où il est dit que le seul homme d'Etat que la France possède, « le seul dont l'écusson est relativement blanc », est M. Caillaux. Suit un long couplet sur ma prétendue animosité contre l'Angleterre, qui n'est pas précisément de nature à me servir. L'article conclut en ces termes : « Si M. Caillaux était resté au pouvoir, s'il n'y avait pas eu le geste de Mme Caillaux, le complot contre la paix européenne dans lequel les plus grands noms de la Russie, de l'Angleterre, mais aussi plus d'une obscure existence en France jouèrent un rôle, n'aurait pas atteint son but. » Même note dans la *Rheinische Westphaelische Zeitung* du 23 juillet 1915 où on lit : « La bande Raymond Poincaré-la-Conscience, Barthou et Cie tremble en secret devant la popularité de jour en jour plus éclatante de M. Caillaux, le véritable, le seul homme d'Etat de la France... » La *Neue Freie Presse*, bien que visée dans le télégramme Luxburg du 4 février 1915, parle encore de moi le 8 juin et le 21 août de la même année. Elle me présente comme le grand homme d'Etat de la France « qui se réserve pour les situations difficiles de l'avenir ». Et cela continue indéfiniment.

Aussi M. Haguenin clôt-il le 31 août 1918 l'enquête qui lui a été demandée par M. Bouchardon et qu'il a minutieusement poursuivie par ces phrases décisives : « *Il nous paraît démontré qu'après la dépêche Luxburg la presse ennemie a continué à s'exprimer sur le compte de M. Caillaux aussi librement et aussi favorablement qu'avant la dépêche. En d'autres termes, la presse ennemie ne nous paraît pas avoir tenu compte des désirs attribués à M. Caillaux dans la dépêche Luxburg.* »

Pas davantage le ton de la presse allemande ne se modifie-t-il à la suite des soi-disant travaux d'approche de Lipscher et de ses rivaux ou complices. Un témoin de l'accusation, M. Seltz, aujourd'hui député, directeur de journal en Alsace pendant la guerre, a dit à l'instruction : « On pouvait citer le nom de M. Caillaux *mais, dès qu'on semblait en parler avec défaveur*, l'article était supprimé par la censure. » Est-il rien de plus significatif? Un dernier exemple : le 29 janvier 1917, la *Rheinische Westphaelische Zeitung* écrit : « M. Caillaux est l'homme le plus haï de France parce qu'il est un adversaire des laquais à la solde de l'Angleterre, Barthou, Briand, Poincaré et consorts. La presse nationaliste vient de déchaîner contre lui une nouvelle campagne à l'occasion de son voyage en Italie. L'éminent homme d'Etat répond etc... » Et ainsi de suite (1).

Comment, en présence de tous ces faits, en face de tous ces documents, peut-on imaginer qu'il y a eu la moindre connivence, quelque lointaine qu'on la figure, entre les Allemands et moi ? Et, s'il n'y a pas eu de contact d'aucune sorte, quelle inculpation peut subsister ?

Mais, le non-lieu qui s'impose, c'est la faillite de toute une politique, c'est l'effondrement de l'*Action Française* et de la dictature Clemenceau. Le dossier à la Haute-Cour! une nouvelle instruction qui s'étendra à la période d'avant-guerre, qui remontera jusqu'en 1911, qui permettra peut-être d'établir un lien entre la politique allemande et celle de M. Caillaux! A tout le moins on gagnera du temps. Peut-être des révélations inattendues tomberont-elles du ciel. Si le miracle ne survient pas, on aura toujours la ressource de répéter un de ces vagues procès de tendances que, dans les époques troublées de notre histoire, on a intenté aux hommes d'Etat coupables de penser autrement que les maîtres de l'heure. Danton et Robespierre!

(1) Ce n'est qu'au mois d'août 1917 que la censure allemande prescrira à la presse de changer d'attitude à mon égard. Mais en quels termes le fera-t-elle? « Il est souhaitable, est-il écrit dans la consigne de presse du 1er août 1917, que, dans la presse allemande, *ni les royalistes, ni les cléricaux français, ni Caillaux et ses amis ne soient loués.* Au contraire, il est à désirer que la presse les attaque... » La cohabitation qu'on m'inflige avec les royalistes et les cléricaux français établit clairement le caractère de la consigne de presse qui a une portée générale. Le gouvernement du Reich veut ménager tous ceux qu'il pense faire de l'opposition en France. Nulle préoccupation particulière en ce qui me concerne. Je suis mis sur le même pied que M. Léon Daudet.

CHAPITRE VI

Le Procès politique

L'INSTRUCTION DEVANT LA HAUTE-COUR

L'AVANT-GUERRE

LES AFFAIRES D'ARGENTINE

LES AFFAIRES SUISSES

LE DOSSIER SECRET

Le 13 octobre 1918 intervient le décret me traduisant devant la Haute-Cour de justice pour complot contre la sûreté extérieure de l'Etat. Il y avait neuf mois exactement que j'avais été arrêté. Il y avait près de dix mois que le capitaine Bouchardon avait commencé une instruction qui n'avait pas donné lieu à moins de 52 *interrogatoires*. Depuis la fin de juillet, il est vrai, je n'avais plus été au Palais de justice. Le magistrat instructeur, après avoir assisté à la faillite de la grande conception de M. Mornet, après avoir vu échouer « l'amalgame » avec les Bolo, les Duval, etc., avait essayé de s'attacher à l'affaire Lipscher. Suprême tentative pour justifier une inculpation en conseil de guerre! Elle avorte le jour où il faut me donner communication des lettres interceptées, le jour où M. Bouchardon est obligé de convenir en propres termes que « Lipscher a vu échouer ses projets. » (Interrogatoire du 30 juillet 1918.)

Dès lors, silence! Je ne verrai plus le rapporteur près le 3ᵉ conseil de guerre.

Dix semaines s'écouleront cependant entre le 30 juillet et le 13 octobre. Sans doute furent-elles lourdes d'hésitations gouvernementales. Braverait-on les impossibilités? Irait-on jusqu'au bout dans le crime? M'enverrait-on en conseil de guerre? Ferait-on, au contraire, justice? On n'osa pas consommer un odieux forfait. On n'osa pas davantage, on ne voulut pas laisser passer la justice, la vraie. On décida le progrès politique.

Pendant que les couloirs du Palais, les cabinets ministériels étaient pleins de ces incertitudes dont, quelque jour, quand s'ouvriront certains dossiers, on saura le flux et le reflux, je souffrais cruellement dans la prison où j'étais emmuré au milieu des détenus de droit commun. La fièvre de la bataille m'avait soutenu tant que je discutais avec M. Bouchardon. Elle était tombée depuis que je n'étais plus appelé au Palais. La réaction était venue. Une sorte de prostration nerveuse m'accablait, tandis que ma santé s'altérait de jour en jour. Je dormais à peine, je m'évanouissais parfois, je sentais que ma volonté ne maîtrisait plus mon corps. A la fin du mois d'août, une consultation médicale eut lieu. Force fut de constater que ma tension artérielle était très inquiétante, qu'il me fallait de l'air, des promenades, un traitement d'électricité par les courants de haute fréquence. J'eus un instant l'espoir qu'on m'autoriserait à échapper de temps à autre à l'atmosphère étouffante de la Santé, à aller respirer un peu d'air avec deux gardiens m'encadrant, qu'on me permettrait tout au moins de recevoir au Val-de-Grâce, une fois par jour, les soins que réclamait mon état. Il ne se fût agi que d'une courte promenade, que d'un passage pendant une heure dans un établissement hospitalier. Mais, quelque brèves, quelque surveillées qu'elles auraient pu être, ces allées et venues, en me sortant de la prison nostalgique, auraient détendu mes nerfs. Refus! C'est en face de ma cellule, dans le quartier de la haute surveillance, qu'on installera les appareils électriques qui permettront de me traiter selon la méthode d'Arsonval. Pas de sortie d'aucune sorte. — J'ai les dents malades. Il n'y a pas de cabinet dentaire à la Santé. Je demande à être conduit chez le dentiste qu'on désignera. On fera garder l'appartement, la rue si l'on veut, par un régiment de policiers. Refus! — « Arrangez-vous comme vous pourrez! » Un seul adoucissement est consenti : on me permet de me promener dans ce qu'on appelle le jardin des politiques. Dans un coin de la prison, entre d'immenses murs, il est un jardin de cinq à dix mètres de large, de quarante mètres de long où grelottent quelques arbres où, entre des allées macadamisées, végètent des arbustes squelettiques. C'est dans ce court espace de terre ramassé entre des murailles, qui figure assez exactement un puits, baptisé « la fosse aux ours » par le personnel de garde, que je suis autorisé, au mois de septembre, à me traîner pendant quelques heures chaque jour. Un seul avantage : je n'ai pas de gardien à mes côtés et je puis m'affaisser sur un banc, rester de longs moments la tête dans les mains sans subir le supplice d'une surveillance penchée sur mes moindres gestes. Cependant le temps passe. Malgré la d'arsonvalisation ma tension artérielle ne diminue guère, mon état de santé s'améliore à peine.

Le décret me traduisant devant la Haute-Cour me donne le coup de fouet dont j'ai besoin. Une nouvelle bataille est à l'horizon. Je vais avoir à subir une seconde instruction. J'entends tenir tête. J'entends triompher. Ma volonté se raidit. Elle dominera mon corps. Je veux tenir. Je tiendrai.

Et puis, on ne peut plus me refuser le régime des politiques, puisque je vais être appelé à comparaître devant une juridiction politique. L'esprit de persécution dont on est animé contre moi est tel cependant qu'on refuse de m'accorder tout ce à quoi j'ai droit. Les prisonniers politiques sont autorisés, de par les règlements, à recevoir les visites des membres de leur famille dans leur cellule et celles des amis, dont ils fournissent une liste, au parloir, à de certaines heures, à l'abri de toute surveillance. Il leur est également permis de se réunir, de causer librement. Pour moi, interdiction de fréquenter les autres prisonniers politiques. Ma femme seule est autorisée à venir me voir dans ma cellule. Ce n'est que peu à peu, ce n'est qu'au compte-gouttes qu'on concédera à quelques-uns de mes amis la faculté de me rencontrer, en dehors de l'odieuse présence d'un gardien. Encore la leur retirera-t-on périodiquement, sans raison d'aucune sorte, suivant le bon plaisir. Malgré ces mesquineries, humiliantes pour ceux qui les édictent, mon transfert dans le quartier des politiques, auquel on ne peut s'opposer, me procure un soulagement. Enfin, je n'ai plus à supporter le supplice du guichet perpétuellement ouvert. Enfin, je puis dormir dans l'obscurité. Enfin, je suis éloigné des assassins, des condamnés à mort. Enfin, je n'entends plus les hurlements des malheureux enfermés dans les cachots.

Et une fièvre de travail s'empare de moi. Le réquisitoire introductif d'instance que M. le procureur général Lescouvé lit, le 27 octobre 1918 devant la Haute-Cour, montre les voies dans lesquelles la nouvelle instruction s'engage. J'aperçois que toute ma politique d'avant-guerre, toute l'affaire d'Agadir va être évoquée. Un frisson de joie! J'aurai l'occasion d'exposer l'œuvre dont j'ai la fierté. J'imagine que je parlerai à un homme politique qui m'entendra ;

j'imagine qu'il saura ce que sont les difficultés de la vie publique, qu'il comprendra quels pièges sont tendus à ceux qui y sont engagés, avec quelle perfidie on leur prête des intentions qu'ils n'ont jamais eues, comme on est habile à dénaturer leurs paroles, leurs attitudes, leurs gestes. Et me voilà rassemblant des documents, étudiant les dossiers que m'apporte mon nouvel avocat, Me Moutet, qui succède à mon très cher Pascal Ceccaldi, arraché par la grippe en quelques jours à l'affection de sa famille et de ses amis.

Des mois s'écoulent cependant sans que je puisse développer ma défense. M. Pérès qui a été nommé président de la Commission d'instruction de la Haute-Cour à la suite de la démission de M. Monis, mon collègue dans le cabinet Waldeck-Rousseau, mon président du Conseil en 1911, étudie le volumineux dossier qui lui a été transmis par M. Bouchardon, entreprend toute une enquête nouvelle. Les pièces qui me sont communiquées au fur et à mesure par mes avocats, puisque la loi de 1897 sur l'instruction contradictoire est enfin applicable, me permettent de suivre l'orientation de son travail. L'homme qui est momentanément revêtu des fonctions de juge d'instruction s'applique à démontrer que, avant la guerre, au cours des événements d'Agadir, et ensuite de ces événements, j'ai poursuivi une politique personnelle de rapprochement avec l'Allemagne. Je pressens qu'il m'accordera, par la très bonne raison qu'il ne peut faire autrement, que j'avais, en temps de paix, le droit de chercher à assurer le triomphe de telle politique que je jugeais conforme aux intérêts de mon pays. Mais, j'aperçois aussi qu'il entendra tirer argument de mes prétendus projets d'avant-guerre, qu'il soutiendra que j'ai persisté, après que le conflit eut éclaté, dans la politique qui m'est prêtée, que, pour

la mettre en œuvre, je me suis concerté avec des
agents de l'Allemagne, que j'ai recherché des concours dans certain pays allié. Et je le vois s'efforcer
de refaire l'instruction du capitaine Bouchardon; je
le vois s'escrimer non seulement sur l'affaire d'Italie,
mais sur l'affaire d'Argentine, même sur la grotesque
affaire Lipscher en employant de singulières méthodes, des méthodes que le rapporteur près le 3ᵉ conseil de guerre a dédaignées. Et les illusions dont je me
suis un instant bercé tombent. Les paroles de M. Clemenceau le 16 décembre devant la commission des
Onze chargée d'examiner la demande en mainlevée
de l'immunité parlementaire, qui me couvrait me reviennent à la mémoire. « J'avoue, a-t-il dit, que
« si j'étais dans le cas d'être inculpé, comme on me
« le faisait craindre, ce n'est pas la Haute-Cour
« que je choisirais. » Des années avant, il avait
prononcé : « En politique, il n'y a pas de justice. » Je commence à craindre qu'il n'ait raison. J'ai
hâte cependant de m'en convaincre. Mais toujours
rien. On ne m'appelle pas au Luxembourg.

Enfin, après quatre mois d'attente, le débat commence. Je me trouve en présence de M. Pérès dont
je savais qu'avocat à Toulouse, il avait passé quelques
années à la Chambre des députés sans y faire le
moindrement figure, dont je savais qu'il était parvenu au Sénat porté par la coalition de la droite et
des républicains modérés, dont je savais enfin le rôle
dans le procès Malvy. Un adversaire! Quel adversaire? Impossible pour moi de me rappeler ses traits.
Impossible, quand, au fond de ma cellule, je rassemble mes souvenirs, d'évoquer la physionomie de
l'homme que j'ai cependant frôlé dans les couloirs
du Palais Bourbon, auquel il m'a fallu sans doute
parler. Je crois ne pas le connaître. Je me trompe.
Je ne tarde pas à le constater.

Je connais, à travers l'histoire, le Laffémas qui,

chargé d'enquêter sur un jeune ministre, lui reprochait sévèrement une faiblesse de vie privée alors que, lui, se vautrait dans l'ignominie, alors que, marié, âgé de plus de soixante ans, il gîtait dans un ménage dont il hissait à des postes administratifs le mari complaisant. Je connais le président Harlay qui, pour complaire à Louis XIV, fit trancher la tête à l'un des obscurs meneurs de la Fronde de longues années après que la sédition avait disparu et bien que l'amnistie générale mit à l'abri tous ceux qui y avaient participé. Harlay put, en revanche, s'approprier la fortune, qui lui avait été confiée, d'un de ses amis resté huguenot après la révocation de l'édit de Nantes. Je connais le président de Mesmes qui, sous la Régence, viola les lois de l'Etat, trahit les devoirs de sa fonction pour servir le duc du Maine qui lui avait promis la garde du sceau de France. Je connais ceux que, sous la Convention, on appelait « les crapauds du Marais », ceux qui livrèrent à la guillotine un jour Vergniaud et les Girondins, le lendemain Danton et ses amis, ceux dont la servilité et l'envie s'accommodaient aisément de la disparition des hommes d'Etat, ceux qui ne s'émurent que lorsque, les têtes ayant été fauchées, ils craignirent que ne vînt le tour des médiocres, ceux qui, en face de cette échéance, jetèrent les cris de « hors la loi » aux hommes qu'ils acclamaient la veille, à Robespierre et à Saint-Just, grands eux aussi à leur manière et dont les « crapauds du Marais » haïssaient la stature plus encore que la doctrine. Je connais les hommes que le duc Victor de Broglie coudoyait à la Chambre des Pairs, dont il disait qu'ayant servi la Révolution, l'Empire, la monarchie légitime, ayant également frappé et mendié à toutes les portes, ils étaient « les politiciens à échine brisée ». Je connais M. Pérès.

Nous commençons par l'examen des événements

de 1911. Durant cinq longues séances qui se situent en février et mars 1919, je m'efforce de faire comprendre au président de la Commission d'instruction de la Cour de justice combien fut grosse de périls la situation de la France à l'époque, comment, investi du pouvoir à la fin de juin 1911, j'eus la charge redoutable de régler la question marocaine, de liquider un passé lourd d'erreurs, comment je parvins à prévenir une guerre qui eût été désastreuse pour la France que son alliée la Russie se déclarait hors d'état de soutenir sur les champs de bataille, comment j'arrivai à obtenir le désintéressement de l'Allemagne au Maroc, à assurer notre protectorat sur l'Empire chérifien moyennant la cession de forêts et de marais congolais que les obscures tractations de la scandaleuse affaire de la N'Goko-Sangha avaient déjà à demi engagés à nos rivaux. Grand succès diplomatique reconnu, avoué par les Allemands! Immense service rendu au pays par mon gouvernement qui, en retardant la guerre, a préservé la France! M. Pérès écoute. Il ne peut rien objecter, mais il n'entend pas, il ne veut pas entendre. Il a mission de s'accrocher à des détails.

« Au cours des négociations, vous avez usé d'in-
« formateurs officieux sans prendre l'attache de votre
« ministre des Affaires étrangères », me dit-il en
substance.

— Sans nul doute : le ministre des Affaires étran-
« gères que j'avais commis la faute de choisir sur les
« conseils de M. Clemenceau et dont je ne pouvais
« me séparer — on ne change pas d'attelage quand
« on traverse le gué — avait perdu ma confiance dès
« le lendemain du geste d'Agadir en cherchant, par
« des voies obliques, à déterminer, malgré moi,
« contre moi, l'envoi de bateaux de guerre français
« et anglais dans le sud du Maroc en face du navire

« allemand. Nous aurions donné dans le piège ger-
« manique, c'eût été la guerre à laquelle l'entourage
« de M. de Selves inclinait, comme il résulte de la
« correspondance de notre ambassadeur à Berlin,
« M. Cambon, que j'ai en ma possession, et que je
« vous montre. Vous y verrez au surplus que notre
« représentant, qui avait la charge de négocier, qui
« exprimait la politique de modération et de me-
« sure à laquelle j'étais attaché, se plaint à tout ins-
« tant que le Quai d'Orsay contrecarre ses efforts.
« (« On me tire dans le dos », écrit-il.) J'ai soutenu
« l'ambassadeur contre des coteries de mégalomanes
« vaniteux et frivoles, qui enveloppaient le ministre
« des Affaires étrangères. J'ai secondé le travail de
« M. Cambon par tels moyens que j'ai jugés appro-
« priés, en le tenant constamment au courant des
« quelques informations que je recueillais, en étant
« tout le temps en plein accord avec lui. Au surplus,
« que signifie tout ceci? Etais-je ou n'étais-je pas
« président du Conseil des ministres, ayant devant le
« Parlement et devant la nation la responsabilité de
« la politique extérieure comme de la politique
« intérieure? De quel droit, au nom de quel
« article de la Constitution prétendait-on subor-
« donner le chef du gouvernement aux bureaucrates
« de la carrière? Et, enfin, qu'importent les détails
« des négociations? Le résultat seul compte. L'accord
« du 4 novembre 1911 a été discuté et approuvé,
« ligne par ligne, mot par mot par le Conseil des
« ministres tout entier. Il a été ratifié à d'imposantes
« majorités par les Chambres. Faites-vous le procès
« d'un gouvernement et des assemblées qui l'ont
« soutenu?

— Je ne discute pas, reprend M. Pérès qui bat en
« retraite, la thèse que vous soutenez. Mais n'avez-
« vous pas, au cours des pourparlers officieux ou
« par des instructions données directement à M. Cam-

« bon cherché à modifier les directions de notre
« politique extérieure.

— Jamais une pareille pensée ne m'est venue et
« il vous faut torturer le sens d'une lettre que j'ai
« écrite à M. Cambon et qu'il n'a nullement com-
« prise comme vous voulez l'entendre, pour ha-
« sarder cette hypothèse. Interrogez au surplus l'am-
« bassadeur et M. Fondère qui joua pendant quel-
« ques jours le rôle d'informateur officieux. L'un et
« l'autre, j'en suis assuré, diront que je ne leur ai
« nullement donné les directions que vous imaginez.»

A l'instruction et à l'audience, l'ambassadeur et
l'ancien compagnon de Brazza, accidentellement
mêlé aux négociations, confirmèrent de tous points
mes allégations. M. Pérès n'en maintint pas moins
ses suppositions, mais devant la Haute-Cour, le désastre de l'accusation fut si complet que le procureur
général renonça à soutenir la thèse de ma prétendue
volonté de rapprochement franco-allemand au cours
des négociations d'Agadir.

Insuffisamment informé de la politique extérieure
dont il ne voulait voir que les petits côtés à travers
ses partis pris, M. Pérès était encore moins averti des
questions financières. Hostile, bien entendu, à l'impôt
sur le revenu, il se figurait qu'en le faisant voter par
le Sénat en ma qualité de ministre des Finances en
1913-1914, j'avais fait « de la politique à l'allemande », selon l'expression dont il usa en l'attribuant à M. Ribot. Il me fallut lui expliquer que
l'impôt sur le revenu tel que, sur mon initiative, il
a été introduit dans notre législation se rapprochait
des grands impôts anglais, income-tax et super-tax
conjugués, beaucoup plus que l'einkommensteuer
prussien. J'exposai encore que, si je ne me cachais
nullement d'avoir cherché des modèles dans les
législations étrangères, je m'étais surtout inspiré,

dans la rédaction du projet de réforme que j'avais fait aboutir, de l'évolution normale de notre fiscalité, que j'avais enfin voulu le succès de l'impôt sur le revenu, non pour les raisons de parti qu'il croyait, mais pour doter la France du régulateur indispensable de tout système de taxes solidement agencé, pour nous munir du seul mécanisme qui permit de mesurer les fortunes et, par suite, de limiter les excès de ploutocratie surgissant dans les époques troublées. Je crois que M. Pérès comprit. Il n'insista pas. Il rechercha, en revanche, avec passion la participation que j'avais pu avoir dans les distributions de fonds de publicité auxquelles donnèrent lieu les emprunts ottomans émis sur le marché de Paris, en 1913-1914. On lui avait affirmé que j'avais reçu un million ou, tout au moins, que j'avais exigé le versement d'un million dans les caisses du Parti radical. Des perquisitions furent ordonnées dans les banques; une montagne de registres, de comptes, de carnets de chèques furent saisis. Deux experts furent commis à la vérification de ces papiers. Hélas! hélas! il en fut de cette entreprise comme de toutes celles qu'avait tentées le capitaine Bouchardon dans le même ordre d'idées. Dans combien de banques n'avait-on pas fait perquisitionner pour trouver trace d'opérations illicites à mon profit? Toujours un certificat de carence! Une fois de plus les experts déclarèrent que, ni de près ni de loin, M. Caillaux n'avait été mêlé aux opérations qu'ils avaient la charge d'examiner. En revanche, ils découvrirent qu'une somme de trois millions prélevée sur les fonds d'emprunt avait été attribuée, *en sus de la publicité normale*, à M. Renier, agent de publicité, par le gouvernement ottoman, pour qu'il amenât la presse française à « concevoir une meilleure opinion de la situation économique de la Turquie. » M. Renier n'avait consenti à entreprendre cette délicate opération que sous la réserve formelle que le gouvernement n'y ferait pas d'objections. Il avait consulté M. Pichon, ministre des Affaires étrangères du cabinet Barthou, qui avait donné son plein assentiment à une si heureuse initiative. Si j'avais eu semblable attitude, que n'eût-on pas dit? M. Pérès dans son rapport, le procureur général dans son réquisitoire m'auraient montré favorisant une entreprise de corruption au bénéfice d'une puissance liée à l'Allemagne. La trahison commençant avant la guerre! J'aurais beau jeu pour retourner contre mes adversaires politiques de la veille, contre le ministère que j'ai renversé les arguments dont on n'aurait pas manqué d'user contre moi. Mais j'ai trop de bonne foi pour le faire. On se trompe en politique. M. Pichon commit une erreur en facilitant les émissions d'emprunts ottomans, mais je ne doute pas de ses intentions : il crut agir pour le mieux en essayant d'attirer la Turquie dans l'orbite de la politique française. Sans doute eût-il grandement tort de ne pas décourager M. Renier, mais, hélas! combien d'opérations analogues furent faites au profit de puissances étrangères et, ici encore, comme il me serait aisé de triompher en montrant les journaux qui m'ont le plus attaqué, les journaux ardemment nationalistes, recueillir avidement la manne du gouvernement ottoman qui, un an plus tard, était en guerre avec la France! Les experts ont fourni dans leur rapport la liste des journaux bénéficiaires, la liste des directeurs de journaux qui ont touché des chèques personnels, parmi lesquels figurent la plupart de ceux qui proclament à tout venant leur patriotisme immaculé. Ces listes ont été publiées, commentées. Je ne les reproduirai pas.

Et voilà closes les recherches sur l'avant-guerre. Echec total! En vain M. Pérès, dans le rapport qu'il soumettra à la Commission d'instruction consacrera-

t-il près de la moitié de ses développements à prétendre, en entassant hypothèse sur hypothèse, que,
entre 1911 et 1914, ma politique a été liée à celle de
l'Allemagne. Tout croule à l'audience. Rien absolument rien n'est retenu, même par le procureur général.

*
* *

Nous en venons maintenant à la période de 1914-
1918. Le président de la commission reprend l'affaire d'Argentine et l'affaire Lipscher au sujet desquelles je me suis longuement expliqué devant le
rapporteur près le 3° conseil de guerre.

En ce qui concerne mon voyage dans l'Amérique
du Sud, de nouvelles dépositions sont intervenues
qui me sont soumises : celles de Minotto, celles d'un
nommé Rosenwald. Minotto a été entendu à plusieurs reprises en Amérique. Interrogé au mois de
février 1918, à Santa-Barbara (Californie), il a déclaré dans les termes les plus formels qu' « il n'avait
jamais servi d'intermédiaire entre le comte de Luxburg et moi ». Cela suffit n'est-il pas vrai? Pas du
tout. On répond en l'internant comme suspect (il est,
paraît-il, fils d'une Allemande) au fort d'Oglerthoupe.
Il y reste de longs mois, durant lesquels une correspondance active est engagée entre un nommé Becker,
agent d'affaires, investi momentanément des fonctions d'attorney général suppléant dans l'Etat de
New-York, et M. Jusserand, ambassadeur de France.
En vain, mes conseils et moi nous demandons la
production de cette correspondance. Impossible!
répond-on, M. Becker, qui a été chargé par le gouvernement français de suivre les affaires qui l'in-
téressent, parce que, est-il dit, les règles de la procédure dans l'Etat de New-York offrent des « facilités » particulières pour l'interrogatoire des témoins,

sans doute aussi parce que la personnalité de ce magistrat improvisé présente certains avantages, parvient à recueillir au mois de septembre 1918, huit mois après que les télégrammes Luxburg ont paru, sept mois après que Minotto a été entendu pour la première fois, une nouvelle déposition du jeune Italien. Déposition remplie... d'inexactitudes, déposition dont on aperçoit aisément le caractère! Trois faits :

M. Becker commence par prier son patient de reconnaître qu'il ne lui a pas promis de le faire mettre en liberté, qu'il n'en aurait pas d'ailleurs le pouvoir, que le gouvernement des Etats-Unis seul est compétent en la matière et que — autant que, lui Becker, le sache — aucune promesse n'a été faite au comte Minotto. Le jeune homme acquiesce. Sa captivité fut cependant adoucie quelques jours plus tard. Il fut mis en pleine liberté dans le courant de 1919. Jamais il ne fut l'objet d'aucune poursuite ni en Amérique ni en France. Premier fait, assez significatif, j'imagine.

Deuxième fait : Becker pose à Minotto la question suivante : « Nous avons, n'est-il pas vrai, débattu ensemble pendant de longs jours, dans des conversations particulières, la question de savoir s'il convenait que vous fissiez des révélations complètes sur vos relations avec M. et Mme Caillaux. Eh bien, convient-il que vous fassiez des révélations complètes? » Quoi! Un juge d'instruction discute, dans des conversations particulières avec un témoin, la nature et l'étendue de sa déposition! Ou je ne sais plus ce que les mots veulent dire ou il y a collusion, préparation concertée de témoignage, entre le magistrat occasionnel et le témoin.

Troisième fait : Minotto avoue la machination, indique les motifs qui l'ont guidé en concluant ainsi sa déposition : il déclare qu'il a été très germanophile, tout en *adorant la France*, — ô admirable logique! — pendant la plus grande partie de la guerre, mais qu'il s'est marié aux Etats-Unis, qu'il a trouvé le bonheur dans ce pays, que ses sentiments sont devenus ceux d'un loyal américain et qu'il sera très heureux de le prouver « *par un service qu'il rendra à la cause des alliés* » (*sic*). Cela est écrit en toutes lettres.

Comment peut-on s'expliquer de telles choses? Ceux qui ont lu le dernier ouvrage d'Upton Sinclair, le grand écrivain américain, comprendront sans doute. Dans *The Brass Check, Une Etude du Journalisme Américain*, Upton Sinclair développe ce thème dont, bien entendu, je lui laisse la responsabilité, qu'à part d'infimes exceptions il n'y a pas de presse indépendante aux Etats-Unis (1). Il termine son livre en indiquant qu'il s'attend à être poursuivi, condamné pour diffamation, que « cela

(1) L'auteur de *The Brass Check* affirme qu'un vieux journaliste, vénéré en son temps, John Swinton, éditeur de la *New-York Tribune*, répondant, dans un banquet qui lui était offert par ses confrères, à un toast porté à la presse indépendante, aurait dit :

« Il n'y a rien en Amérique qui ressemble à une presse « indépendante excepté dans les toutes petites villes de pro-« vince. Vous le savez et je le sais. Il n'y a pas un d'entre « vous qui ose écrire honnêtement ses opinions et, si vous « le faisiez, vous savez à l'avance que vous ne seriez pas « imprimé. Je suis payé cent cinquante dollars par semaine « pour ne pas écrire honnêtement mes opinions dans le « journal auquel je suis attaché. D'autres parmi vous reçoivent « de semblables salaires pour une semblable attitude. Et « celui d'entre vous qui serait assez sot pour écrire honnê-« tement ses opinions serait dans les rues cherchant un « autre emploi. La besogne du journaliste de New-York « est de détruire la vérité, de mentir outrageusement, de se « pervertir, de s'avilir, de se prosterner aux pieds de Mam-« mon et de vendre sa race et son pays pour son pain quo-« tidien. Vous le savez et je le sais, et quelle folie n'est-ce « pas de porter un toast à la presse indépendante ! Nous « sommes les jouets et les vassaux des riches qui sont der-« rière la scène. Nous sommes des pantins ; ils tirent les « ficelles et nous dansons. Nos talents, nos possibilités et « nos vies sont tous la propriété d'autres hommes. Nous « sommes des prostitués intellectuels. » (*The Brass Check*, p. 400).

l'indiffère », mais qu'il ne veut pas être discrédité aux yeux de ceux qu'il cherche à influencer en faveur de la justice sociale. Il avertit donc ses lecteurs du « fait capital » que voici :

« Notre police, écrit-il, nos autorités chargées de
« poursuivre et d'instruire, nos mécanismes poli-
« tiques, le monde des grandes affaires sont pour
« la plupart experts dans l'art de produire en jus-
« tice tout témoignage qui leur est nécessaire pour
« triompher. *Il y a peu de compagnies et d'organisa-*
« *tions conduisant un service public qui n'emploient*
« *régulièrement des témoins parjures toutes les fois*
« *que c'est nécessaire;* et ceux qui ont abandonné
« ces procédés l'ont fait simplement parce qu'ils
« ont si complètement dans leurs mains tout l'or-
« ganisme judiciaire qu'ils se soucient peu des
« évidences qui sont produites contre eux. » (*The Brass Check*, page 428.)

Me faut-il ajouter quelque chose? Oui. Le comte Minotto, par un coup de fortune à la Balzac, a épousé, après que, en août 1915, ses fiançailles avec la jeune femme appartenant à une très honorable famille française eurent été rompues, Miss Swift, la fille d'un des plus grands « packers » de Chicago. Il est entré dans une de ces familles de magnats dont parle Upton Sinclair et au sujet de laquelle je rencontre dans son livre l'indication suivante :

« Déposant devant la commission de l'Agricul-
« ture et des Forêts du Sénat des Etats-Unis, le
« 14 janvier 1919, Franck Henry établit que, pour
« faire échouer le projet de loi sur la réglemen-
« tation de l'industrie de l'abatage des bestiaux en
« suspens devant le congrès, Swift et Co dépensè-
« rent à eux seuls un million de dollars (5 mil-

« lions de francs-or) par mois à subventionner la
« presse... Le sénateur Norris affirma qu'il avait
« fait faire un examen de la presse dans l'Etat de
« New-York et qu'il n'avait pas pu trouver un seul
« journal qui n'eût pas inséré les communiqués
« de Swift, — lesquels, ce fut spécifié, n'étaient
« destinés en aucune manière à assurer la vente des
« produits de Swift et Co, mais avaient uniquement
« pour but de faire avorter la réglementation gouver-
« nementale sur leur industrie. »

Quand on sait, d'autre part, ce qu'est M. Becker,
quand une enquête conduite par une commission du
Sénat américain a appris les procédés dont il usait
au cours de ses instructions : emploi d'anciens for-
çats pour travailler les témoins, maquillage de dépositions, etc., quand lui-même a avoué qu'il avait
préparé un film sur l'affaire Bolo, qu'il avait cherché
à le vendre à une maison de cinémas pour améliorer
ses maigres appointements, « *pour faire de l'argent* »,
selon ses propres expressions, on aperçoit qu'il a
dû avoir quelques raisons de... s'arranger avec le
gendre du milliardaire qui répandait dans la presse
cinq millions de francs-or par mois pour se débarrasser d'un projet gênant.

Et cependant cette déposition, qui a pour objet
d'abriter le mari de Miss Swift contre les responsabilités qu'il a encourues et qui sont la conséquence,
soit de son esprit d'intrigues, soit de ce qu'il fut un
agent de l'Allemagne, aboutirait simplement, si on
la prenait au pied de la lettre, à mettre à ma charge
des imprudences... et quelles imprudences vénielles!

Minotto conte d'abord que, causant certain soir
avec lui dans les environs de Sao-Paulo, je lui aurais
dit, après lui avoir quelque peu parlé de l'affaire du
Figaro, que j'avais toujours été partisan de bonnes
relations entre la France et l'Allemagne, que j'avais

fait des efforts dans ce sens quand j'étais au gouvernement, mais que la diplomatie germanique, qui était un modèle de maladresse et de traîtrise, avait paralysé mon action non sans m'occasionner de singulières difficultés. J'ai parfaitement pu tenir ce langage, de même que j'ai parfaitement pu raconter à Minotto quelques-uns des incidents qui marquèrent les négociations d'Agadir. Conversation d'autant plus simple et normale qu'elle tournait autour de ce leit-motiv : on ne peut se fier à la diplomatie du Kaiser. Minotto expose en second lieu qu'à Buenos-Ayres je lui aurais répété ce que je lui avais déjà dit auparavant, à savoir que les éloges que me distribuait la presse allemande me gênaient considérablement, qu'ils étaient sans doute suscités par mes adversaires politiques. Tout à fait exact! Il ajoute que je l'aurais prié d'aviser le ministre d'Allemagne, avec lequel j'aurais appris qu'il était en relations. Ici Minotto altère la vérité dans un but facile à comprendre : il ne veut pas avouer qu'il fut un « informateur », bénévole ou stipendié. Mais, si je lui avais dit — c'est à peu près à cela que revient cette partie de sa déposition — : « Puisque vous connaissez M. de Luxburg, indiquez-lui donc que je voudrais bien que la presse allemande me f... la paix », si j'avais énoncé ce que, un mois et demi plus tard, j'écrivis dans une lettre publique, je ne vois pas qu'elle faute j'aurais commise du moment où, ainsi que Minotto le précise dans les termes les plus formels et en développant sa pensée, je n'avais nullement l'intention de servir l'Allemagne ni de lui être utile en quoi que ce soit. Nos ennemis se sont d'ailleurs si peu trompés sur le caractère suspect des informations de Minotto que, comme le prouvent les citations que j'ai distribuées, ils ont continué à m'asperger de louanges.

Le jeune Italien prétend enfin, mettant à ma

charge la proposition singulière qu'il me fit, que je lui demandai si M. de Luxburg ne pourrait pas me procurer des sauf-conduits pour mon retour en Europe. J'aurais, ensuite, refusé ces papiers libérateurs quand il me les offrit, en remarquant que le ministre d'Allemagne devait avoir d'autres moyens de préserver mon voyage. L'invraisemblance, la puérilité de ces histoires, qui jurent avec les mots « capture très désirable » du second télégramme Luxburg, sautent aux yeux.

Et voilà tout ! La misère de ces ragots mensongers est soulignée par une question que Becker pose. « *Ainsi, dit le juge de rencontre, vous n'avez jamais relevé d'intrigue germanophile dans laquelle Caillaux eût une part, de complot dans lequel il ait joué un rôle.* » La réponse est : « *Non, Monsieur.* »

Facile de triompher de ce tissu d'incohérences ! J'y parviens si complètement que M. Pérès lui-même écrira dans l'arrêt de renvoi devant la Haute-Cour qu'il rédigera au nom de la commission d'instruction qu' « *il convient de reconnaître que les récits de Minotto ne peuvent être accueillis qu'avec circonspection.* » Un « récit » qu'un magistrat instructeur qualifie de la sorte est un « récit » qui ne compte pas, dont il ne peut être fait état devant aucune juridiction au monde. On s'est gardé d'inculper Minotto, sans doute pour l'amener à déposer. Sa déposition recueillie on se voit dans l'impossibilité de l'utiliser. On n'ose pas, on ne peut pas le citer comme témoin. Et cependant certaines de ses allégations seront retenues dans des conditions véritablement stupéfiantes quand la Cour de justice prononcera sur la question subsidiaire. Mais je ne veux pas anticiper. Je continue.

Si M. Pérès est contraint de jeter par-dessus bord la déposition Minotto, en revanche il s'attache à la déposition Rosenwald. Rosenwald est un directeur de journal, du journal *El Orden* de Tucuman, que j'ai rencontré à Buenos-Ayres, où il m'a offert à déjeuner, que j'ai revu à Paris. Il affirme qu'il m'a mis en garde contre Minotto. Dans une première déposition il indique qu'il m'aurait prévenu de ce que le jeune Italien aurait été vu dînant avec toute une bande de financiers allemands ou germanophiles. Je lui aurais répondu : « Quoi de surprenant ! Ce jeune homme est financier et neutre. Il s'entretient naturellement avec des financiers de toutes nationalités, c'est un devoir de sa fonction. » Je ne me souviens nullement de ce bout de dialogue, mais il est possible qu'il ait eu lieu. Ce que je n'aurai pas dit à M. Rosenwald, mais ce que j'aurai pensé, c'est que je n'aurais pu voir personne ni parler à qui que ce soit si je m'étais arrêté à tout ce qu'on me racontait sur les uns et sur les autres. A l'époque, en Argentine, chacun dénonçait son voisin. Rosenwald me fut signalé comme germanophile et la suite des événements prouvera qu'on avait sans doute quelques raisons de le faire. J'admets donc cette première déposition qui est dénuée de toute portée. Mais, quelques mois après qu'elle eût été recueillie à Buenos-Ayres par le ministre de France, le directeur du journal argentin est à Paris. Il est convoqué par M. Pérès et, de façon bien inattendue, bien surprenante, il ajoute à ses premières déclarations. Il affirme qu'il ne s'est pas borné à me signaler le dîner en question, mais qu'il m'a dit en propres termes quelques jours plus tard : « Faites attention, monsieur le président, Minotto est un agent boche. » Je lui aurais répondu : « Je le sais, mais je m'entretiens de finance avec lui et il me donne beaucoup de renseignements intéressants. » Mensonge éhonté ! Si le fait était vrai, comment Rosenwald ne l'aurait-il pas relaté dans sa première déposition ? Est-ce qu'on oublie momentanément un incident de cette importance ? Et puis, l'individu commet la maladresse de préciser la date à laquelle il m'aurait fourni ce second avis et, ce jour-là, le jour qu'il désigne, il n'a pu me voir pour la très bonne raison que j'avais, à ce moment, quitté Buenos-Ayres, que j'étais en mer. Faux témoignage évident auquel un magistrat instructeur ne devrait pas s'attacher une minute ! M. Pérès le retiendra cependant. La déposition Rosenwald sera une des chevilles ouvrières de l'accusation jusqu'au jour où devant la Haute-Cour, tout sombrera, jusqu'au jour où le procureur général lui-même sera forcé de constater que le directeur d'*El Orden* est un faux témoin contre lequel il donnera l'ordre d'ouvrir une information.

Bien qu'il ne prévoie pas la mésaventure qui arrivera à Rosenwald, bien qu'il se réjouisse de tenir enfin *un témoignage*, M. Pérès ne peut se dissimuler que son butin dans l'affaire d'Argentine est singulièrement maigre. Ne sera-t-il pas plus heureux dans l'histoire Lipscher, ou plutôt dans les histoires de Suisse qu'il entend reprendre ?

S'il est cependant une affaire sur laquelle un magistrat ne puisse nourrir d'illusions, c'est bien l'affaire Lipscher. Elle a été décortiquée par M. Bouchardon et nous avons vu à quelles conclusions il avait abouti le 30 juillet après qu'il avait dû me communiquer les lettres interceptées qui faisaient litière de toute accusation. M. Pérès revient à la charge. Un certain commissaire de police de la Sûreté générale, dénommé Picard, a été relancer Lipscher en Suisse. L'aventurier hongrois lui a débité une série de sornettes dont la plus importante est l'histoire de l'entrevue d'Ouchy que le malheureux fonctionnaire prend au sérieux. Il est entendu le 9 novembre 1918 par M. Pérès auquel il raconte longuement toutes les sottises que lui a récitées Lipscher sans mesurer le ridicule dont il se couvre. Affriolé par un récit qui met en cause quelques-uns des personnages les plus considérables de la République, M. Paul Deschanel et M. Léon Bourgeois notamment, l'homme politique qui joue le rôle de magistrat instructeur a l'idée de se procurer le témoignage du chevalier d'industrie. M. Bouchardon s'est cependant refusé à se commettre de la sorte; il a bien reçu une lettre bouffonne de Lipscher qui débutait ainsi : « *Sur les sollicitations de votre mandataire*, M. Jules Picard, chargé de recueillir des informations concernant mes relations avec M. Joseph Caillaux, j'ai l'honneur, monsieur le capitaine, de vous aviser que je suis disposé d'aller, au nom de la vérité, déposer au conseil de guerre de Paris ». Mais le rapporteur s'est gardé de répondre; il s'est borné à épingler sur la lettre une feuille avec ces mots de dédain : « Je n'ai jamais envoyé de mandataire à Lipscher. » Le président de la Commission d'instruction de la plus haute juridiction de France juge autrement les choses : il confie au commissaire de police Faralicq une mission auprès de l'individu dont des centaines de pièces lui ont appris quel homme taré il était.

M. Faralicq se transporte donc à Zurich en novembre 1918. Il convoque Lipscher... *au consulat de France*. La veille l'escroc avait été reçu au même lieu, par qui ? *par l'attaché militaire de l'ambassade de France à Berne* (1). Dans quel but ? il est aisé de le deviner, bien qu'aucun rapport n'ait été

(1) Faits mentionnés par M. Faralicq dans son rapport.

versé au dossier... On s'est sans doute entretenu des colloques d'Ouchy. M. Faralicq commence à causer mais ne peut que commencer à causer avec l'intéressant personnage. La police suisse qui ne trouve pas de son goût ces sortes d'entretiens, qui y voit une violation des conventions internationales, invite le commissaire de police à regager prestement la France. Obligé de s'incliner, M. Faralicq laisse derrière lui son secrétaire, M. Nicolle, qui continue une besogne dont il n'est cependant plus permis d'ignorer l'incorrection. Dans son rapport du 18 décembre 1918, M. Nicolle rapporte longuement les conversations qu'il a eues avec Lipscher. Dès les premiers mots, l'aventurier n'y va pas par quatre chemins :

« Quand je verrai M. Pérès, dit-il, je serai fixé. La France veut ou enterrer l'affaire Caillaux, ou l'aplanir, ou la pousser dans ses retranchements. Je suis l'homme de la situation. On ne peut se passer de moi. »

Comme cela va bien ! Que voilà un témoin délicieux, prêt à tout faire, à tout dire, et qui le proclame ! Si l'on en avait quelques-uns de cet acabit, comme le sort de M. Caillaux serait vite réglé ! Oui, mais voici le malheur. Lipscher, en homme qui a le sens de ce qui se fait et de ce qui se doit en pareille matière, juge que les faux témoignages se paient et se paient largement. Il a raison; mais pourquoi diable commet-il la maladresse de le dire tout haut ? Ne s'avise-t-il pas de déclarer à M. Nicolle, qui reproduit gravement ses paroles, qu'il lui faut de l'argent. Langage à savourer : « Demain, « dit le drôle, *si je témoigne, je change de camp. Je* « *ne veux plus rien devoir à l'Allemagne...* » Ces sentiments de délicatesse qui honorent Lipscher lui font réclamer à la France 31.800 francs que les Allemands lui auraient fait gagner et qu'en homme scrupuleux il entend leur restituer avant d'aller fournir telle déposition qui conviendra à M. Pérès. Tout de même, c'en est trop ! Le président de la Commission d'instruction, qui n'avait pas craint de rédiger le texte de la demande que Lipscher devait soumettre pour être entendu à titre de témoin, se voit forcé de renoncer à une déposition dont on a été assez gauche pour demander ouvertement la rémunération. Il ne peut vraiment céder aux exigences de l'aventurier, *qui sont consignées dans un rapport officiel.* Quel dommage! Quel beau témoignage de perdu ! Comme il eût fait un heureux pendant à celui de Rosenwald !

L'homme politique ne se tient cependant pas pour battu. Il n'est pas possible qu'il n'y ait pas quelque chose à ramasser en Suisse d'où sont venus tant de renseignements suggestifs fournis par la vermine du monde qui pendant la guerre s'est donné rendez-vous sur le territoire de la République helvétique. Sans doute M. Bouchardon a dû reconnaître que toutes ces indications étaient de haute fantaisie, composaient un tissu de fables. Mais, si on recommençait le travail, si on cherchait bien, ne trouverait-on pas ? Difficile, pour diverses raisons, dont on apercevra quelques-unes, d'employer les policiers officiels à cette besogne. Qu'à cela ne tienne ! On aura recours aux policiers marrons. Voici justement qu'un avocat de Genève, un M. Marcel Guinand, offre ses services. Il présente toutes les garanties nécessaires pour tenir l'emploi puisqu'*il a été un ami personnel de Duval.* Et, le 21 février 1919, M. Pérès lui écrit la lettre suivante :

« Paris, le 21 février 1919.

« Mon cher maître,

« En réponse à la lettre que vous avez écrite
« à M. le procureur général, *et pour faire suite à*

« *nos conversations*, je vous serais reconnaissant
« de vouloir bien, en votre qualité d'avocat, recueil-
« lir en Suisse tous renseignements qui vous pa-
« raîtront de nature à éclairer la justice dans l'af-
« faire dont je suis chargé.

« Je vous remercie par avance du concours gra-
« tuit que vous voulez bien me prêter dans cette
« circonstance, et dont j'apprécie tout le prix.

« Veuillez agréer, mon cher maître, l'assurance
« de mes sentiments dévoués.

> « *Le Président de la Commission*
> « *d'instruction de la Cour de justice,*
>
> « PÉRÈS. »

Lettre dont l'existence ne peut être contestée.
M. le procureur général, répondant à une question
de Mᵉ Moutet, devant la Haute-Cour, a avoué qu'il
la connaissait. *Lettre qui n'est pas aux actes contrairement aux prescriptions les plus formelles de
notre droit.*

J'en viens ainsi à exposer des faits dont la seule
existence suffit à frapper de discrédit toute une
procédure et à entacher un verdict de la plus légitime des suspicions. Ils peuvent se résumer en
quelques mots : *il y a eu, il y a un dossier secret.*
Toute une enquête a été conduite en Suisse par
Mᵉ Marcel Guinand. Les résultats n'en ont jamais
été communiqués à la défense. Jamais ni M. Caillaux, ni ses conseils n'ont été appelés à discuter
les affirmations de M. Guinaud et de ses acolytes.
Jamais ils n'ont su quelles investigations avaient
été faites, quels procédés avaient été mis en œuvre.

Des lambeaux de vérité ont cependant apparu.
Postérieurement au verdict de la Haute-Cour, le
22 mai 1920, le tribunal de Genève a jugé une cu-
rieuse affaire. Renaud-Charrière, avocat genevois,

Alfred Bechtel, négociant bernois, et Paul-Otto Siegwart, négociant lucernois, avaient à répondre du délit de diffamation contre les conseillers fédéraux Schultess, Motta, et Muller. Siegwart chargé par la famille Bolo (1) d'une enquête en Allemagne, était revenu prétendant qu'il avait trouvé des renseignements contre moi. Il bourra de ses allégations fantaisistes deux rapports qu'un de ses amis, Renaud-Charrière, lui acheta 3.000 francs chacun. L'avocat genevois revendit ces élucubrations à un *agent britannique*, nommé Rizzo, spécialement chargé de recueillir « les preuves » contre M. Caillaux, dit le journal *l'Œuvre* du 23 mai 1920. Renaud-Charrière proposa encore à Rizzo de lui procurer d'autres dossiers qu'il se faisait fort de découvrir et de prendre à Berlin. Rizzo accepta et versa 30.000 francs. Renaud-Charrière, de complicité avec Bechtel, bâtit les dossiers en question, où j'étais accusé d'avoir voulu fonder une banque internationale en Suisse avec l'appui de l'Allemagne, où on affirmait que les conseillers fédéraux dont j'ai cité les noms avaient fomenté en Suisse un coup d'Etat, d'accord avec moi, à l'instigation de certains personnages allemands. Le pot aux roses fut découvert par un publiciste italien nommé Francesco Perri. Renaud-Charrière dut avouer qu'il avait fabriqué de toutes pièces les documents destinés à me perdre. A l'audience, deux témoins seulement furent cités : M. Jean Debrit, à qui Renaud-Charrière avait offert pour 50.000 francs les fameux

---

(1) La famille Bolo voulait établir que le condamné à mort avait des fonds déposés à Anvers dans la banque Behrens avant la guerre. Bolo avait, en effet, constamment prétendu que l'argent qui lui était venu d'Amérique lui appartenait en propre, qu'il avait eu le seul tort de rapatrier ces sommes (sur lesquelles les Allemands avaient mis la main quand ils occupèrent la Belgique), par l'intermédiaire et grâce aux bons offices de Pavenstedt.

dossiers, et M. Francesco Perri qui dénonça les coupables.

« Déposant avec une extrême âpreté, dit le cor-« respondant de *l'Œuvre*, M. Perri *démontra* que « Renaud-Charrière, ses acolytes et *d'autres per-sonnages plus haut placés — par conséquent inat-taquables —* faisaient partie d'une bande dont la mission était de recueillir, coûte que coûte, des documents contre Caillaux. »

La bande en question était-elle la bande Guinand ? Cela ne paraît pas douteux. J'en puis donner au moins un commencement de preuve. Une des lettres adressées par Marcel Guinand à M. Pérès est parvenue à ma connaissance. En voici la reproduction :

« Genève, le 12 mars 1919.

« Monsieur Pérès, sénateur, président de la
    « Commission d'enquête de la Haute-Cour,
    « Sénat.

« Monsieur le président,

« 1° Je me suis rendu samedi et dimanche à « Berne, où j'ai eu un long entretien avec M. le « Dr Ehrensperger, directeur de la banque Huyer-« zeller, 1, avenue de la Gare, à Zurich. Celui-ci « est prêt à venir déposer devant vous. Il a connaîs-« sance que M. J. Rutishauser, Schaffhauserstrasse, « 79, Zurich, lui a parlé de Caillaux et sait que ce « dernier s'intéressait en Suisse à une affaire de « loterie, organisée par un nommé Zohrab. (J'ai « tout de suite pensé qu'il s'agissait du fameux « Zohrab qui tenait un tripot à Genève et dont le « journal *la Feuille* a parlé surabondamment. Ce « Zohrab a eu des polémiques avec Casella). La « veille de la chute du ministère Ribot, M. Ehrens-« perger a eu un entretien avec le professeur Sie-

« venking de l'Université de Zurich, professeur alle-
« mand, qui lui a déclaré ceci : « Nous sommes très
« contents, Ribot va tomber et Caillaux va prendre
« sa succession. » Ce professeur était une des têtes
« de la propagande allemande et dirigeait un jour-
« nal, l'*Ekonomist*. Il lui déclara quelques jours
« après ce qui suit : « Décidément, quoi que nous
« fassions, nous ne pouvons mettre Caillaux à la
« tête (an der Spitze). »

« M. Ehrensperger va voir M. Rutishauser pour
« s'assurer de son consentement à venir témoigner
« par devant vous. *Je tâcherai de savoir quel est le*
« *contenu approximatif de la déposition de ce der-*
« *nier.*

« 2° Les témoins de l'île Chartran (1) ont été
« touchés lundi. Ils sont très craintifs, parce qu'ils
« ont reçu de nombreuses visites de policiers, qui
« les ont énervés. Ils seront touchés à nouveau
« jeudi et j'aurai samedi un rapport à cet égard.

« 3° Ruelens Marlier est prêt également à té-
« moigner (pas fameux comme moralité). *Il va en-*
« *voyer le texte de ce qu'il est prêt à déclarer.*

« 4° *Siegwart est à Genève en ce moment-ci avec*
« *une femme et dépense beaucoup d'argent. Cela*
« *n'est pas pour me rassurer. Dans peu de jours,*
« *je saurai s'il consent à venir confirmer ses rap-*
« *ports.*

« 5° Le reste des témoins se trouvant à Zurich
« (chauffeur et secrétaire de Dorer) vont de nou-
« veau être touchés, mais je ne puis donner, à
« l'heure qu'il est, des précisions suffisantes à cet
« égard.

---

(1) Mme Chartran, la veuve du peintre connu, possédait
une île dans le lac de Genève. On avait affirmé que j'y avais
amorcé, de concert avec d'autres hommes politiques français,
des négociations de paix. Je n'ai jamais mis le pied dans
l'île en question. Je n'ai d'ailleurs pas été en Suisse depuis
août 1910.

« Veuillez agréer, monsieur le président mes
« salutations sincères.

« MARCEL GUINAND. »

Deux remarques : Siegwart est nommé dans la
lettre. Guinand indique qu'il saura « s'il consent
à venir confirmer ses rapports ». Ce sont, à n'en
pas douter, les rapports vendus à Renaud-Charrière, revendus par ce dernier à Rizzo. La bande
dont parle M. Perri est donc bien la bande Guinand. Deuxième remarque : Guinand annonce à
M. Pérès qu'il attend des rapports, qu'il va envoyer
« le texte de ce qu'un témoin est prêt à déclarer, »
— la phrase à elle seule est un monument. — Ces
rapports ont dû parvenir au président de la Commission d'instruction. Le « texte de ce qu'un témoin est prêt à déclarer » lui a été forcément communiqué. Où sont ces papiers ? dans le dossier secret, dans ce dossier qui ne fut soumis ni à mes
avocats ni à moi et dont les deux pièces que j'ai
reproduites se sont seules échappées.

Quel préjudice causé, dira-t-on ? On ne s'est servi
ni des rapports Siegwart, ni des dépositions Rue-
lens-Marlier, ni de tout ce que Guinand a pu envoyer de Suisse. Alors ? Réponse aisée. Certes, on
n'a pas étalé toutes ces saletés à l'audience. Il eût
fallu les communiquer à la défense et les documents
de ce genre ne supportent pas la lumière. Les dossiers secrets sont d'ailleurs destinés à d'autres fins.
On n'a pas davantage sorti les pièces en chambre
du Conseil comme cela eut lieu dans une affaire
célèbre ? Non sans doute : il y avait 241 juges !
Mais les conversations ? mais les couloirs ? mais
les chuchotements à l'oreille : « il y a des choses
très graves, qu'on ne peut pas dire, des renseignements de Suisse tout à fait certains... » Et, si celui
qui « fait les couloirs » précise, l'interlocuteur peut

être d'autant plus aisément trompé que, par suite de lenteurs inexplicables et... providentielles, l'action judiciaire engagée en août 1919 contre Renaud-Charrière et ses complices arrêtés à l'époque, qui pouvait aboutir en quelques semaines, n'est venue devant le tribunal de Genève qu'en mai 1920, un mois exactement après le verdict de la Haute-Cour. Les échos de Suisse n'ont donc pu se répercuter dans l'enceinte du Luxembourg. Et puis, un fait domine tout : un dossier secret a été constitué. Pourquoi ? Pourquoi les singuliers rapports, les étranges renseignements recueillis n'ont-ils pas été soumis à la défense? Pourquoi a-t-on caché ces pièces ? sinon pour frapper dans le dos.

Mais je m'attarde ! La mission soigneusement cachée de Guinand, les rapports fabriqués de Siegwart, les faux Renaud-Charrière ne sont que le pauvre couronnement des machinations, des manœuvres dont le récit encombre ce livre. Il y manquait un dossier secret dont je répète que la seule existence suffit à annuler tout verdict rendu. Le voilà ! fait acquis ! Revenons, puisque ce livre est écrit pour l'histoire, au procès véritable, au procès d'opinion ! Est-il, au surplus quelqu'un qui n'entende que tout le fatras des accusations baroques que j'ai longuement exposées et jetées bas pour que rien ne reste dans l'ombre, n'a été imaginé qu'aux fins de masquer l'entreprise politique...

Cette entreprise, le président de la Commission d'instruction la poursuit en me questionnant sur les documents trouvés dans mon coffre-fort de Florence, sur mes conversations d'Italie.

CHAPITRE VII

Le Procès d'opinion

LES ÉCRITURES DU COFFRE-FORT DE FLORENCE
LES INCIDENTS D'ITALIE

Les responsables ! Les projets ! Une étude sur
les responsabilités de la guerre; un amas de notes
sur la réforme de la Constitution et de nos lois.
Voilà les pièces incriminées ! Incriminées à quel
titre ? de quel droit ? La liberté de penser, la plume
à la main, existe, j'imagine, dans ce pays. Quand
même j'aurais minutieusement prévu dans le silence de mon cabinet une entreprise de coup d'Etat
— ce que je n'ai jamais fait, — quand même
j'aurais écrit et développé — ce dont je me suis
gardé — la thèse, d'une absurdité folle, que les
empires centraux n'avaient pas la moindre responsabilité dans le déchaînement du conflit mondial,
quels reproches pourrais-je encourir du moment
que, de ces projets invraisemblables, de ces conceptions extravagantes, je n'aurais fait part à personne? Or, on a eu beau chercher, interroger,
fouiller, on a dû reconnaître que nul n'avait eu
connaissance de mes papiers, que, suivant une formule dont j'usai à diverses reprises, les idées
n'étaient sorties de mon cerveau que pour entrer
dans mon coffre-fort.

Obligé de convenir qu'il n'y avait pas là matière à accusation, M. Pérès a prétendu trouver dans ces écrits la révélation d'une mentalité de complot contre la sûreté extérieure de l'Etat, et de la mentalité qu'il m'attribuait il a soutenu que découlaient les intrigues hypothétiques mises à ma charge. Commode de raisonner de la sorte!

Commode d'écrire, comme l'a fait le président de la commission d'instruction, que l'étude intitulée *Les Responsables* constitue une brochure toute prête à être jetée dans la circulation, que j'avais l'intention de la livrer à la publicité le jour où serait survenu un échec de nos armes pour déchaîner la colère populaire contre les hommes qui, tenant le gouvernail en août 1914, avaient dû signer la déclaration de guerre ! Quelle preuve à l'appui de cette supposition ? aucune. Commode de prétendre que, dans les notes éparses, gribouillées, écrites à la diable, qu'on a trouvées pêle-mêle avec d'autres papiers, un passage, intitulé *Rubicon*, exprime une pensée de coup d'Etat, alors que les lignes écrites de ma main prévoient simplement que le gouvernement que je pourrais être appelé à constituer devrait demander aux Chambres et, au besoin, leur imposer le vote d'une loi en un article appelé *Rubicon* attribuant au pouvoir exécutif le droit de légiférer pendant quelques mois par la voie de décrets-lois ! Où ne peut-on aller quand on parcourt la gamme ascendante des hypothèses ? et je le répète de quel droit les formule-t-on?

Remettons les choses au point.

Eloigné des affaires publiques, éloigné du gouvernement pendant la guerre, j'ai travaillé; j'imagine que c'était mon droit. En 1915, en même temps que j'écrivais mon livre : *Agadir. Ma politique extérieure*, qui a paru en 1919, je jetais rapidement sur le papier, dans l'espace de quelques semaines, une étude sur les responsabilités de la guerre. Je pensais si peu à la publier intégralement que j'y découpais aussitôt des pages entières pour les faire entrer, en n'y apportant que des modifications de forme, dans mon ouvrage sur les faits de 1911. Et c'est là déjà une réfutation suffisante des prétendus projets imaginés par M. Pérès. Mais je poursuis. L'étude *Les Responsables* se divise en deux parties.

Dans la première il est traité des origines lointaines du conflit mondial. J'établis un parallèle entre la politique de mesure et de prudence suivie par les Gambetta, les Jules Ferry, les Waldeck-Rousseau et la politique nationaliste. Je montre comment, à partir de 1912, la politique traditionnelle du parti républicain fut graduellement abandonnée, comment M. Poincaré, président du Conseil d'abord, parvenu ensuite à la présidence de la République grâce à l'appui de la droite, se souvint des concours qui avaient déterminé ses élévations successives aussi bien que des circonstances dont elles étaient issues, comment certains des ministères qui se succédèrent sous son égide pratiquèrent la politique de jactance et de frivolité chère aux nationalistes et dont le chef de l'Etat encourageait le développement quand il ne le suscitait pas. La réflexion ne m'a pas suggéré qu'il y eût rien à retrancher des idées essentielles exprimées dans la première partie des *Responsables*. Seuls certains portraits de personnages consulaires sont burinés à l'emporte-pièce, avec trop d'âcreté de plume. On a le droit, je pense, de revoir ses épreuves...

Dans la seconde partie du travail, j'envisage les origines immédiates du conflit et la rédaction trahit une pensée qui est moins sûre d'elle-même. Sans doute, quand j'écris que Guillaume II voulait la guerre d'une volonté à la fois vacillante et passionnée qui aurait fléchi si elle s'était heurtée à une résolution de paix fière et digne, j'exprime une opinion qui, à l'heure actuelle, est encore la mienne. Je suis également de ce sentiment qu'il était de l'intérêt de la France de gagner du temps, parce que le temps travaillait pour nous contre les Allemands et qu'on aurait pu y parvenir en faisant preuve d'une prudence et d'un calme dont on a manqué. Je reste convaincu que ce fut une faute de la part du gouvernement français de ne pas prévenir ou retarder, en se concertant avec le gouvernement anglais, la mobilisation russe qui fournit à l'Allemagne le prétexte qu'elle cherchait pour déclancher le drame. Certes, j'aperçois que certains de mes amis, des meilleurs, de ceux avec lesquels je suis habituellement en pleine communion d'idées, considèrent que j'ai été trop pénétré des souvenirs de 1911, que, parce que, au moment d'Agadir, j'arrivai à empêcher la guerre, j'imaginai que le même résultat pouvait être obtenu en 1914, que j'oubliai que M. de Kiderlen avait disparu, qu'il avait été remplacé au secrétariat des Affaires étrangères de l'Empire par un élève docile des pangermanistes. J'entends l'objection. Je ne la crois pas décisive. Mais je me garderais de me prononcer définitivement avant d'avoir étudié avec la plus minutieuse attention tous les documents qui ont paru ou qui seront publiés d'ici à quelques années sur les origines du conflit. Confirmeront-ils les idées que je garde dans l'esprit ? J'en suis persuadé. Les infirmeront-ils? Cela est possible. Ce que je sais, c'est que, sur les causes *immédiates* de la grande guerre, je ne ferai rien paraître avant que les archives de la plupart des gouvernements aient livré la substance de leurs secrets. Ce que je sais, c'est que telle fut toujours mon intention, c'est que jamais je n'ai

eu la pensée de publier l'étude que j'avais écrite
pour moi seul, pour fixer des idées, pour noter des
faits qui m'avaient été révélés. Je ne l'avais emportée
en Italie que pour la refaire à l'occasion, pour y
puiser au besoin comme cela m'était déjà arrivé, pendant les loisirs que je pensais trouver dans une
villégiature que j'imaginais paisible. De quel droit
m'attribue-t-on d'autres desseins? Pas une ligne, pas
un mot de moi, pas un témoignage à l'appui des
allégations de haute fantaisie que prodigue M. Pérès!
Nul doute qu'il eût pu en formuler de semblables
sur le compte des écrivains qui, depuis la signature
de la paix, ont fait paraître sur les causes ou sur les
événements de la guerre des livres d'une autre virulence que *les Responsables* et dont les manuscrits
auraient été très probablement découverts si l'on
avait vidé leurs tiroirs, fouillé leurs coffres-forts, en
1917 ou en 1918.

Le même procès de la pensée, sous des détours
plus audacieux encore, à l'occasion des notes inti-
tulées *Projets*. On ne peut pas soutenir ici qu'on se
trouve en présence d'une étude soigneusement écrite
comme *les Responsables*. Il s'agit de notations parfois confuses, souvent contradictoires, d'états fugi-
tifs de la pensée. Je revendique hautement certaines
des idées qui ont traversé mon esprit. Elles y sont
demeurées. Je revendique hautement la conception
que j'avais en 1915 de la conduite de la guerre, que
je voulais intensifier en instituant le commandement
unique, en plaçant le général Sarrail à la tête des
armées, en donnant la direction des opérations militaires au Conseil supérieur de la défense nationale,
en déléguant des parlementaires aux armées. Je revendique hautement ce que, à la même époque, j'écrivais au sujet du traité à intervenir, dont je voulais
que les clauses fussent soumises à l'approbation du
pays par le mécanisme de nouvelles élections, dont

j'entendais qu'il impliquât pour toutes les puissances
des dispositions établissant entre elles une association contre les guerres nouvelles. Je reconnais avoir
envisagé, d'autre part, une transformation que je
crois indispensable de notre régime parlementaire.
Deux idées maîtresses : instituer le referendum, autrement dit, faire une part à la législation directe,
organiser, par le moyen d'un Conseil d'Etat élargi
où prendraient place les représentants du commerce,
de l'industrie, des groupements ouvriers, l'Etat économique, ou plutôt l'Etat technique, à côté de l'Etat
politique. Qu'il y eût beaucoup de désordre dans
toutes ces idées entassées à tort et à travers, cela
va de soi. Qu'il se soit glissé dans la rédaction
nombre de choses peu réfléchies, aucun de ceux
qui ont l'habitude d'écrire ce qui passe dans leur
cerveau n'en sera surpris. Que, cédant à mon tempérament épris d'autorité, féru de solutions ra-
pides, j'aie à de certains instants envisagé sur le
papier des opérations de gouvernement que, placé
en face de mes responsabilités, je n'aurais jamais
songé à mettre en œuvre, je n'en disconviens pas.
Si l'on s'attache à discuter ligne par ligne, mot par
mot, les notes d'un homme politique écrites pour
lui seul, ce n'est plus même le procès de la pensée
humaine qu'on entreprend, c'est le procès des bouil-
lonnements du cerveau.

Un rapprochement, déjà indiqué, pour finir : Au
cours des perquisitions opérées dans les bureaux de
l'*Action Française*, on a trouvé une série de fiches
dont j'ai cité quelques-unes et ou s'avère le projet
de renverser le régime avant la guerre, de reprendre
l'opération en 1917 en face de l'ennemi. On pourra
équivoquer, accumuler les arguties. Les hommes
qui, en 1917, dressaient un tableau des officiers
commandant les régiments de cavalerie auprès de
Paris, notaient leurs opinions, écrivaient qu'ils pou-

vaient compter sur tel général qui leur aurait dit :
« je marcherai », ceux-là préparaient un coup de
force et ils s'étaient assuré des complicités. Pour eux,
le non-lieu! Que dis-je? le Procureur de la République
leur décerne des certificats de patriotisme dans son
rapport, parce que, après avoir reconnu qu'avant la
guerre ils projetaient de renverser la République, ils
affirment, sur l'honneur et contre toute vraisemblance, que, du jour où le conflit a éclaté, ils ont
suspendu des projets qu'ils se *réservent de reprendre.*
Ils le disent expressément. Inutile de développer
un parallèle qu'il suffit d'exposer, qui montre ce
qu'il advient quand les balances de la justice sont
chargées du poids des passions politiques, de ces
passions dont nous allons voir comment elles explo-
sèrent au cours du voyage de quelques semaines que
je fis en Italie en décembre 1916-janvier 1917.

*
* *

J'ai décrit ce voyage qui n'était dans mon esprit
qu'un voyage de repos. Je pensais que je serais
d'autant plus tranquille durant cette brève villégiature que j'avais été deux fois déjà en Italie en 1916,
que, la première fois, au mois d'avril, je n'avais
éprouvé qu'un léger ennui (quelques articles sur ma
présence dans un journal de Forence), que, la seconde
fois, au mois d'octobre, quand j'étais venu rejoindre
ma femme, qui quittait la station de Montecatini où
elle avait pris les eaux, j'avais évité les difficultés
de toute nature en voyageant, avec l'assentiment du
ministère des Affaires étrangères, sous le nom de
jeune fille de Mme Caillaux. J'imaginais que, dissimulant une seconde fois mon identité, je serais à
l'abri de toutes les curiosités. Je ne me doutais pas
que les précautions mêmes que je prenais pour
assurer ma tranquillité se retourneraient contre moi;

je ne me doutais pas davantage de l'hostilité que
j'allais rencontrer de la part du Palais Farnèse.

M. Kahn, qui, au nom de la Ligue des Droits
de l'Homme, a publié sur les affaires d'Italie une
remarquable étude, a écrit : « M. Caillaux avait
voulu passer inconnu en Italie. Il ignorait qu'avant
même de s'y rendre il y était connu et méconnu. »
Rien n'est plus vrai. Je n'étais nullement au courant
de la campagne de presse qui s'était développée de
l'autre côté des Alpes; je ne savais pas qu'avant
l'entrée de l'Italie dans la guerre la propagande allemande, soudée au nationalisme français, avait inondé
les journaux italiens d'articles qui me représen-
taient comme poursuivant de multiples intrigues, de
ces articles dont j'ai donné quelques échantillons.
Ils avaient porté dans les milieux de presse, à telles
enseignes que voici ce que déclarera le directeur
du *Secolo*, le grand journal francophile de Milan :
« Je n'ai jamais connu M. Caillaux. Je n'ai jamais
eu aucun rapport, même indirect, avec lui. Ce n'est
que quand j'ai su qu'il se trouvait en Italie, préoccupé que j'étais de ses sentiments notoirement favo-
rables à une entente avec l'Allemagne... et nettement opposés à l'Angleterre et par suite à toute
l'Entente, que je cherchai à l'attaquer. » Et M. Ve-
relli, rédacteur au *Popolo d'Italia* : « J'ai attaqué
M. Caillaux dans mon journal parce qu'il venait en
Italie précédé de la réputation de germanophile. »
Cette réputation, je tiens à redire qui me l'avait
faite : la presse nationaliste française, dont les journaux allemands et les journaux italiens n'avaient
fait que reproduire les billevesées.

Mais ces billevesées avaient pénétré, on le voit,
dans une certaine opinion italienne. La coïncidence
de mon arrivée à Rome, le 11 décembre 1916, avec
l'apparition, que je ne pouvais prévoir, d'une note
de M. Bethmann-Hollweg sur la paix qui fut lancée

le 12, surtout le fait que je voyageais sous un nom qui n'était pas le mien persuadèrent nombre de ces curieux en marge de la politique qui pullulent à Rome que je venais en Italie pour y conduire une opération politique d'accord avec le gouvernement français ou en dehors de lui. Et, dès lors, des centaines d'yeux seront braqués sur moi. On s'inquiètera des gens que j'ai vus ou que je vois, des promenades que j'ai faites ou que je fais, on essaiera de glaner une parole de moi. Comme le remarquera plus tard l'*Avanti*, le journal du parti socialiste, en une phrase spirituellement gauloise, on observera, on analysera « les moindres effluves qui sortiront de la personne de M. Caillaux ».

Tout cela n'aurait pas été bien loin si je n'avais eu contre moi l'animosité de l'ambassade. M. Barrère a remarqué que le passeport que j'avais pris sous un nom fictif était de nature à éveiller la curiosité italienne, à faire croire à nos voisins, qui ont la politique dans le sang, que je me rendais à Rome pour y poursuivre je ne sais quelles « combinazione ». L'observation est juste — je viens de le reconnaître — mais le premier devoir de l'ambassadeur, prévenu à l'avance de l'existence de ce passeport, n'était-il pas d'avertir son gouvernement d'abord, de m'avertir ensuite! Pourquoi ne l'a-t-il pas fait? Pourquoi surtout ne m'a-t-il pas mis en garde contre quelques-unes des personnes que le hasard des présentations m'avait conduit à rencontrer, s'il estimait que les assiduités de M. Cavallini et de ses amis étaient de nature à me compromettre, de nature tout au moins à faire éclore une floraison de racontars? Et, en admettant, ce que M. Barrère allègue et qui est en contradiction avec divers faits, à savoir qu'il n'a été informé de mes relations occasionnelles que lorsque couraient déjà dans tout Rome des ragots sur moi, pourquoi ne m'a-t-il pas de-

mandé des éclaircissements ? pourquoi ne m'a-t-il
pas à tout le moins fait donner un avis? Je sais ce
qu'est la politique; je sais avec quelle facilité se
répandent de faux bruits, mais je sais aussi que
des interviews, des déclarations publiques, des visites
faites à propos y coupent court. J'aurais mis à profit
mon expérience de la vie publique pour faire tomber
une agitation de surface. J'entends, il est vrai, ce
que le bras droit de l'ambassadeur, son premier secrétaire, M. Charles Roux, a dit dans sa déposition
et ce qu'il a répété devant la Haute-Cour. Il a allégué
qu'on pouvait prévenir un homme politique qui
commettait une erreur accidentelle dans ses relations, tel que M. Leboucq, député, qui, de passage
à Rome, avait fréquenté assidûment Cavallini et que
l'ambassade avait engagé à abréger quelque peu son
séjour dans cette maison mais qu'il était inutile de
donner les mêmes avertissements à M. Caillaux, car
il avait « les relations de ses propos et les propos
de ses relations ». Formule élégamment calculée
pour voiler une défaillance voulue! Formule qui re-
couvre une simple pétition de principes! Quoi! parce
que des « informateurs » — on sait le degré de
créance que méritent des personnages de cet ordre
— auront rapporté des propos qu'ils n'auront pas
entendus, qu'ils tiennent de seconde, sinon de troisième main comme nous le verrons, un secrétaire
d'ambassade décrète que ces propos prêtés à un
homme politique de premier plan sont authentiques.
Il ne considère pas que le premier devoir de son
chef est de s'en entretenir avec l'ancien président du
Conseil mis en cause, de lui fournir tout au moins
l'occasion de s'en expliquer.

Mais j'ai le regret de dire que ce qu'avance M.
Roux n'est pas la vérité. Il n'est pas vrai que ce
soient de prétendues conversations, toutes démenties
ultérieurement — à l'exception de la conversation

Martini, dont nous verrons ce que vaut le récit qui en fut fait — par des lettres ou par des dépositions, qui aient ému l'ambassade. L'ambassade était émue à l'avance. On l'a ensuite persuadée, elle s'est persuadée elle-même que j'étais venu à Rome pour entrer en relations avec le Vatican, avec le parti socialiste officiel, avec les chefs neutralistes. Faits indiscutables! Les rapports de l'attaché militaire adjoint, M. Noblemaire, aujourd'hui député, sont résumés dans une longue note transmise au gouvernement français dans les premiers jours de janvier 1917 sous la signature de l'ambassadeur qui en porte, par suite, la responsabilité. Tous les griefs qu'on a contre moi y sont longuement exposés.

Quels sont-ils? Le grief principal, celui qui, au dire de M. Malvy, a appelé l'attention du gouvernement français, est contenu dans cette phrase lapidaire : « Le lendemain de son arrivée à Rome, M. Caillaux est au Vatican. » Suit un long récit du langage que j'aurais tenu, soit au cardinal Gaspari, soit à des prélats pacifistes. On remarque que mes propos concordent exactement avec le langage habituel des prélats romains. Je le crois sans peine : on place dans ma bouche les phrases dont retentissent les « camere » du Vatican et on admire ensuite la coïncidence. Du moment où on l'a créée, du moment où il est entendu que je répète ce que dit ou ce qu'est censé dire Mgr Pacelli ou Mgr Migone, il faudra que toutes mes conversations soient bâties sur le même modèle et on me promènera dans Rome vêtu du manteau clérical dont on m'aura affublé.

Mais je ne me suis pas borné, d'après la note de l'ambassade, à me rapprocher du Saint-Siège. J'ai causé avec des chefs du parti socialiste qu'on désigne : avec M. Turati, avec M. Trèves, avec M. Modigliani. Poursuivant mes desseins, j'ai naturellement conféré avec les neutralistes, avec les amis de

M. Giolitti. J'ai commis le crime de rencontrer M. Nitti. Il est vrai, ajoute-t-on, que M. Caillaux a vu M. Martini qui a déclaré avec indulgence — c'est l'ambassade qui parle — qu'il avait « tenu le langage d'un bon Français ». Le rapport que j'analyse fournit alors un résumé, tout à fait inexact bien entendu, de cette conversation. On m'y prête un langage qui va au delà de celui que M. Martini m'attribuera par la suite, mais on ne retient rien de cette visite; on entend que, causant avec un interventiste passionné, avec un francophile de tout temps, j'ai dû forcément, quelles que soient les idées qu'on me prête, m'accorder avec lui. Sinon, l'ancien ministre des Colonies du cabinet Salandra aurait mis immédiatement un terme à l'entretien. C'est la réflexion que lui-même devait faire plus tard dans un de ses accès de sincérité. Donc, on passe.

C'est sur mes autres visites que repose l'acte d'accusation monté contre moi et dont il faut reconnaître qu'il se tient, qu'il est sérieux. Il est, en effet, certain que, si, me rendant à Rome sans mission d'aucune sorte, je me suis, en dehors de toute attache gouvernementale, successivement abouché avec le Vatican, avec les socialistes officiels, avec les neutralistes, j'ai opéré des travaux d'approche dont on peut soupçonner qu'ils recouvrent des agissements politiques dangereux. Et c'est parce qu'on considère ces fréquentations comme établies que M. Sonnino, convaincu lui aussi que je me suis rendu au Vatican — il l'a dit à plusieurs reprises —, que M. Briand, persuadé par les rapports de son ambassadeur, envisagent un instant mon expulsion d'Italie. On y renonce cependant. La question est soulevée dans une réunion du gouvernement italien, mais un ministre intervient. Il demande si les Conseils des ministres sont faits pour de pareils étalages de ragots.

L'idée n'est pas venue à l'ambassade de France

de qualifier ainsi l'amoncellement de sottises qu'elle a entassées. Pourquoi? parce que les partis pris que certains hommes y nourrissent contre moi ne leur permettent pas de voir la vérité, leur interdisent même de la chercher. Partis pris qui ne sont pas déterminés — je suis disposé à le croire — par de mesquines questions personnelles. Je veux me persuader qu'un différend assez vif qui est né entre l'ambassadeur et moi en novembre 1916, à la suite d'une avanie qui fut faite à Mme Caillaux à qui on ferma la porte de l'ambassade, avanie contre laquelle je me suis vivement élevé et qui a conduit M. Briand à engager M. Charles Roux à aller faire à ma femme une visite de... regrets, n'a nullement influé sur les sentiments de M. Barrère et de son premier secrétaire à mon endroit. M. Charles Roux a bien télégraphié au Quai d'Orsay que cette démarche lui avait été si pénible qu'en d'autres temps, plutôt que de la faire, il eût donné sa démission. Mais il a exposé, depuis, qu'il lui avait été désagréable de paraître rechercher, en rendant visite à la femme d'un ancien chef de gouvernement, un appui pour sa carrière, et je suis tout à fait convaincu par une explication qui, comme chacun l'apercevra, respire la sincérité. Je suis non moins convaincu que M. Barrère n'a nullement été impressionné par les quelques phrases que j'ai pu dire à M. Martini à son sujet lorsque, constatant les réels services que, dans le passé, il avait rendus à la cause du rapprochement franco-italien, j'aurais avancé que l'heure de son rappel pouvait être proche. J'hésite enfin à croire, ce que m'ont dit des personnages, qualifiés cependant, à savoir que M. Barrère était tellement ombrageux qu'il supportait difficilement la présence à Rome d'un homme politique français, quel qu'il fût, et que, régulièrement, il s'appliquait ou bien à discréditer le fâcheux, ou à lui

créer des difficulés. On pourrait, m'a-t-on affirmé,
citer des exemples. J'écarte toutes ces explications;
c'est à des raisons plus élevées, plus profondes surtout, qu'il faut attribuer l'état d'âme de l'ambassadeur et de son entourage. Et d'abord, qui est M.
Barrère?

Rochefort, parlant, dans *Les Aventures de ma Vie*,
de son exil en Angleterre après 1871 et des conditions dans lesquelles il faisait paraître la *Lanterne*,
trace de Camille Barrère le portrait suivant : « Celui
« qui me traduisit le premier numéro de la *Lan-
« terne* fut un jeune proscrit qui, condamné à mort
« après la Commune, vivait alors péniblement à Lon-
« dres. Il s'appelait Barrère et, à l'instar de son
« arrière-grand-père qui, au 9 thermidor, avait en
« poche deux discours, l'un pour appuyer Robes-
« pierre, l'autre pour le combattre, ne semblait pas
« très fixé sur ses opinions. Il regardait d'où venait
« le vent et, quand décidément il souffla de l'oppor-
« tunisme, cet aimable garçon, d'ailleurs bien fait
« de sa personne, offrit à Gambetta sa soumission
« contre un poste diplomatique qu'on ne lui mar-
« chanda pas. » M. Barrère ne s'en est pas tenu à
l'opportunisme; il est rapidement arrivé au nationalisme. Il est juste d'ajouter que l'écrivain, qui
ironisait sur son compte à son habitude, a suivi le
même chemin en brûlant les étapes : de l'extrême-
gauche il a sauté dans le boulangisme. Mais, du
moins, Henri Rochefort n'a jamais cherché à se faire
pardonner son passé alors que cela paraît avoir été
le souci dominant de M. Barrère. A ces fins, il a cul-
tivé le snobisme et exagéré le nationalisme.

Je le rencontrai pour la première fois dans une
chasse aux environs de Paris au cours de laquelle
il prodiguait à son chien ses connaissances en anglais qu'il parlait très couramment, — il tenait à le
faire constater. Comme je m'étonnais, il me fit

observer que son chien ne pouvait comprendre d'autre langue que l'anglais, puisqu'il avait vu le jour dans le Royaume-Uni. Petit ridicule, mais qui se marie assez bien avec le goût que l'ambassadeur de France à Rome affichait pour les salons de la noblesse « noire », liée au Vatican, rien moins que francophile soit dit entre parenthèses.

La seconde fois que je vis M. Barrère, ce fut pendant la crise de 1911. M. de Selves me demanda la permission, que j'accordai, de l'amener à une réunion d'importance dans mon appartement de la rue de La Boëtie où figuraient des ministres et deux autres ambassadeurs. La discussion fut un peu mouvementée. M. Barrère soutenait, sans avoir tort sur tous les points, je dois le reconnaître, certaines idées de M. de Selves contre ses collègues. L'un de ceux-ci me demanda, quelques heures plus tard, pourquoi j'avais fait participer M. Barrère à cette conférence. « Vous savez comment nous l'appelons? me dit-il : « c'est le *miles gloriosus* de notre diplomatie. » L'évocation du soldat fanfaron de Plaute me fit rire. Il me parut qu'elle s'adaptait assez bien, physiquement et moralement, à celui auquel on prétendait l'appliquer. Non pas que je veuille nier ses qualités : de l'activité, de l'allant, de l'entregent, un très grand dévouement au pays, qui lui ont permis de rendre les services auxquels j'ai déjà fait allusion. Mais je ne diminuerai pas son œuvre en disant que c'est miracle que ses défauts, ceux du soldat fanfaron : la jactance, la frivolité, l'absence de finesse, la crédulité aveugle au service de la passion, surtout la passion en même temps que la soif de l'autorité, ne l'aient pas fait échouer.

Ces faiblesses de l'esprit, les faiblesses du « miles gloriosus » devaient disposer M. Barrère à avaler les légendes qui couraient sur un homme dont il savait les idées fort éloignées des siennes; j'entends de celles qu'il avait acquises au cours de ses pérégrinations politiques. Il était d'autant moins en mesure de se défendre que sa mentalité, telle que je l'ai aperçue et décrite, l'inclinait à accepter docilement les suggestions de son entourage. Pour dire toute ma pensée, je suis porté à croire qu'il n'a pas provoqué d'enquête sur mon compte (1), qu'il n'a pas recherché le plat de bas potins qu'on lui a servi. Il l'a simplement dégusté sans se préoccuper de l'origine des mets et de la nature des ingrédients.

J'ai prononcé à plusieurs reprises le mot d'entourage. C'est, en effet, de l'entourage de l'ambassa-

---

(1) Il ne dédaignait cependant pas de mettre la main à la pâte. Une lettre qui est aux actes et dont je donne la reproduction en porte témoignage.

<table>
<tr><td>MINISTÈRE DES
AFFAIRES ÉTRANGÈRES
—

DIRECTION DES
AFFAIRES ADMINISTRATIVES
—</td><td>Paris, le 26 novembre 1917.

Le Ministre des Affaires Etrangères à M. le S.S. d'Etat de la Justice militaire (Cabinet du S. S. d'Etat N° 2115. Cabinet).</td></tr>
</table>

« Dès réception de votre lettre du 21 de ce mois, j'avais
« fait connaître à M. Barrère que sa proposition d'utiliser le
« concours de M. Darru, commissaire aux délégations judi-
« ciaires, était acceptée par vous.
« Ma réponse, si prompte qu'elle ait été, arriva à Rome le
« lendemain du départ de M. Darru, lequel a, du reste,
« manifesté l'intention de revenir le 12 décembre après être
« allé à Modane, sûrement en Suisse, peut-être à Paris.
« Notre ambassadeur exprime le désir de savoir s'il pourrait
« remettre le questionnaire de M. Bouchardon au secrétaire
« qu'en prévision de son retour M. Darru a laissé à Rome.
« Je vous serais très obligé de me mettre à même de lui faire
« parvenir votre décision.

« Pour le Ministre et par autorisation :

« Le Ministre plénipotentiaire, directeur,

« MAURICE HERBETTE ».

Est-ce le rôle d'un ambassadeur de diriger des opérations de police, même contre un ancien Président du Conseil, dans le pays où il représente la France, dans le pays à l'administration et à la justice duquel il doit faire confiance plus que tout autre ?

deur que tout est venu. Ceux qui le composent ont
à leur tête M. Charles Roux (1), premier secrétaire,
dont il me suffira de dire que, s'il est bien doué,
s'il ne manque ni de caractère, ni d'intelligence, ni
surtout d'astuce, il est en même temps perfide et
passionné, passionné sans doute contre l'ancien président du Conseil de 1911 vis-à-vis duquel il représente *La Carrière outragée* — admirable bronze pour
les cheminées du Quai d'Orsay — passionné probablement aussi contre l'auteur de l'impôt sur
le revenu qui menace la féodalité financière où
M. Charles Roux père, médiocre savonnier de Mar-
seille, est parvenu à se hausser et à faire quelque
figure. Un bout de dialogue cueilli par M. de Jouvenel dépeint l'état d'esprit de l'ambassade. Le rédacteur en chef du *Matin* est de passage à Rome,
en mission, au moment des incidents. On lui conte
au Palais Farnèse les prétendues histoires. « M. Caillaux a-t-il été averti ? demande-t-il. — Non pas. —
Alors je vais l'avertir. — Gardez-vous-en bien. Vous
seriez suspect. » Que valent, en présence de cette
simple phrase qui n'est pas imaginée — nul ne le
prétendra, — les raisons que donne M. Charles Roux
pour expliquer le silence de l'ambassade ? La vérité
est qu'on ne m'a pas prévenu parce que j'étais à
l'avance frappé de suspicion et aussi parce que,
m'ayant enveloppé dans un filet bien tissé, on avait
peur que, avisé, je n'en rompisse les mailles.

Pour mieux réussir l'entreprise on est arrivé à...
entourer M. Noblemaire, attaché militaire adjoint
à l'ambassade. Le commandant Noblemaire a dit,
dans ses dépositions à l'instruction et à la barre,
qu'il était ou qu'il avait été mon ami. Je l'ai connu
quand nous étions enfants. Nos familles étaient en
relations sans grande intimité et les rapports de mon

(1) M. Charles Roux a été fait chevalier de la Légion d'Honneur en 1918.

père, président du Conseil d'administration du
P.-L.-M., et du sien, directeur de la même Compagnie, furent parfois frais... Je n'ai pas mémoire
de l'avoir aperçu depuis l'âge d'homme. Il me souvient simplement d'avoir entendu quelque jour, au
lendemain des élections de 1906, Jaurès prononcer
son nom à la tribune. Dans un article de revue,
M. Noblemaire, qui avait pris très nettement et
très courageusement position dans le parti catholique, avait commenté les résultats, désastreux pour
lui et ses amis, de la récente consultation électorale.
Il s'en consolait en disant que, du moins, il leur
restait « les grandes forces sociales ». Et, à son tour,
Jaurès commentait cette vue de l'esprit fort intéressante, à laquelle les hommes politiques de gauche
— moi tout le premier — n'attachèrent pas suffisamment d'importance. Intelligence très vive donc,
remarquable même, mais, comme il arrive souvent
aux hommes pourvus de ces dons, beaucoup d'emballement, d'irréflexion, de légèreté. M. Noblemaire
est, aux élections de 1919, entré au Palais-Bourbon
où il cherchait depuis longtemps à accéder. Je lui
souhaite bonne chance. Je note seulement que, si
ses premières interventions à la tribune, fort brillantes au reste, portent trace de ses éminentes qualités, peut-être aussi révèlent-elles les quelques défauts que j'ai signalés et qu'il n'est pas malaisé
d'apercevoir à travers ses rapports, à travers ses
dépositions, à travers une longue lettre, versée aux
actes, de son chef, le colonel François.

Le colonel François, attaché militaire à Rome,
déclare, dans un mémoire adressé au capitaine Bouchardon, qu'il ne voulut pas s'occuper de « l'affaire
Caillaux » qui lui apparaissait comme une affaire
exclusivement politique, ne rentrant pas dès lors
dans les attributions de l'attaché militaire, dont il
dit encore qu'il n'avait pas confiance dans les per

sonnes qui renseignaient l'ambassade à ce sujet
Opinions et avis bien sages que dédaigna M. Noble
maire dont le colonel François observe l'impétuo
sité. Il aurait dû cependant penser, comme so
chef, qu'il n'appartenait pas à un attaché militair
de s'immiscer dans des questions politiques. Il au
rait dû éviter, en officier averti, de se faire... ma
nœuvrer. Mais on l'avait singulièrement mont
avant même mon arrivée à Rome, s'il faut en croir
M. Moretti, un journaliste italien, aujourd'hui di
recteur d'*Il Giornale*, sur lequel on a bassement e
vainement cherché à baver, mais dont nul n'a os
dire qu'il ne fût un parfait galant homme. M. Mo
retti raconte comment, *le lendemain même de mo
arrivée*, il alla prendre langue à l'ambassade où i
fréquentait et à laquelle il est établi qu'il rendai
de nombreux services. Il fut reçu par le comman
dant Noblemaire auquel il demanda s'il était vra
que je fusse à Rome. « Parfaitement, lui aurait ré
« pondu l'attaché militaire adjoint, M. Caillaux es
« à Rome. Il vient pour faire du défaitisme. L
« gouvernement français le sait. Il est fort ennuy
« de ce voyage qu'il n'a pu empêcher. Il faut qu
« !vous, journalistes, mettiez le public italien e
« garde contre les manœuvres de M. Caillaux.
Témoignage redoutable puisqu'il établit le part
pris. M. Noblemaire l'a sans doute vivement con
tredit; mais M. Moretti l'a fermement maintenu e
je me suis laissé dire qu'après cette confrontatio
mouvementée devant la Haute-Cour, M. Noblemair
aurait laissé échapper dans les couloirs en présenc
de sénateurs — dont on a cité les noms — un demi aveu

Une conclusion se dégage en tout cas de cet in
cident, une conclusion qui ne peut être discutée
Si M. Moretti a travesti ses paroles, comme l'affirm
M. Noblemaire, comment celui-ci n'a-t-il pas aperçu
n'aperçoit-il pas à quel point sont suspects les récit

qu'on rapporte de propos entendus? Si la mémoire
de M. Moretti, dont il ne peut être question d'in-
criminer la bonne foi, est fidèle, est-ce qu'il n'apparaît pas, la bonne foi de M. Noblemaire étant
égale, qu'il peut arriver à chacun de prononcer des
paroles qui dépassent la pensée et qu'on oublie par
la suite ? Contentons-nous pour le moment de fixer
ces points et revenons-en aux travaux qu'entreprend
M. Noblemaire.

Ceux-ci consistent à recueillir les dénonciations,
à les enregistrer dans de volumineux rapports où
est établie tout au long la réalité de mes visites au Vatican, de mes contacts avec les giolittiens, avec les socialistes officiels, avec M. Nitti... que sais-je encore?...
Et, constatant toutes ces choses si sérieuses, M. Noblemaire n'a pas, lui non plus, le souci de les contrôler, de s'informer auprès de l'homme politique
dont il dit cependant qu'il fut l'ami; il n'a pas même
le souci de l'informer. Etrange mentalité, comme
on en fera la remarque devant la Cour de justice !
Mentalité que j'arriverai peut-être à expliquer !

Tant que M. Noblemaire écrit pour le ministère
de la Guerre seul, tant que M. Barrère signe des
notes qui ne sortent pas des cartons du Quai d'Orsay, cela va tout à fait bien. Mais, quand ces intéressants documents sont soumis à l'épreuve de la contradiction, il arrive un accident que j'ai l'occasion
de constater périodiquement au cours de ce livre et
pour lequel je m'applique, sans trop y réussir, à
varier les formules. Patratras ! Le Vatican ? La Curie romaine s'indigne. Jamais elle ne m'a vu. Qui
donc a été témoin de mes célèbres visites ? un
M. Beck, agent suisse, auquel j'aurais fait part de
mes conversations avec les prélats. On retrouve
M. Beck. « Pure invention, » déclare-t-il. Mais,
M. Charles Roux qui, pour une fois, entre en scène
a recueilli des révélations décisives d'un certain

M. Leprestre, catholique américain, hautement considéré, affirme-t-il, qui a su, par un prélat irlandais, que j'avais eu des entretiens secrets avec des monsignori. Hélas! M. Leprestre n'est qu'un vulgaire imposteur, au passé singulièrement chargé. Son nom même est faux. Il s'appelle Vartan Papazian, il est un aventurier d'Asie-Mineure. L'ambassade des Etats-Unis, à laquelle il aurait apporté ces confidences, déclare qu'il est le plus grand menteur qui ait jamais existé ; le Vatican tient le même langage. M. Charles Roux cherche bien à réchauffer ce témoignage. Personne, pas même l'accusation, pas même M. Pérès, ne s'abaisse au point de la prendre au sérieux. — Les députés socialistes? On les interroge. Aucun ne m'a vu. — Les neutralistes, les giolittiens m'ignorent. — On ne va pas jusqu'à questionner M. Nitti... C'est la faillite complète.

J'ai le droit de dire que la célèbre note, signée de l'ambassadeur, est un tissu de mensonges.

On ne pense cependant pas à reconnaître l'erreur; on se raccroche à de prétendues conversations que j'aurais eues avec des personnages falots et qui finissent par se réduire à un entretien de quelques minutes, au dos d'un piano (*sic*), avec un M. Palermi dont on ne pourra faire état à raison de l'homme, à raison aussi d'une certaine lettre qu'il a écrite. On se raccroche surtout à l'entretien que j'ai eu avec M. Martini, dont on a d'abord considéré qu'il était à mon avantage, sur lequel on se rabattra quand on sera à bout de souffle.

Avant de nettoyer ces dernières calomnies, il me faut répondre à une double question qui vient nécessairement à l'esprit : comment tant de bruit a-t-il été fait autour de visites inexistantes, de propos imaginaires ? Comment l'ambassade a-t-elle si puérilement accepté ces fables ?

Il n'est pas douteux que ma présence à Rome a déchaîné un vacarme dont, à l'époque, je n'ai pas même soupçonné l'existence, mais que l'examen des dossiers m'a appris. Facile à comprendre, ont affirmé des témoins, pour qui connaît la Ville Eternelle, laquelle n'est au fond qu'une petite ville encore pénétrée des traditions papales, où la présence d'innombrables diplomates, accrédités les uns auprès du Quirinal, les autres auprès du Vatican, entretient l'esprit d'intrigue qui s'alimente dans les parages de la Curie romaine. Ville ramassée d'ailleurs autour d'un café, le café Aragno, qui, avec un couloir de la Chambre des députés, le « Corridoio verde ») et une Salle de la presse, constitue le centre des commérages. Un racontar lancé au café Aragno, répété dans le « Corridoio verde », redit dans la Salle de la presse, fait le tour de Rome, et il se rencontre dix, vingt personnes pour attester la réalité de la fable. Ma présence en Italie, étant donné mon nom d'emprunt, étant donné la plasticité du milieu, devait déterminer une effervescence de ragots qui ne pouvaient pas ne pas aboutir à l'ambassade de France et ensuite aux autres ambassades, véhiculés par les mêmes informateurs *du moment où, en les répétant, ceux-ci avaient la certitude de plaire. Car tout est là.*

M. Noblemaire a dit que plus de vingt, plus de trente personnes lui avaient rapporté ces bruits. Je le crois sans peine. Il a encore constaté que les récits lui étaient parvenus avec une soudaineté, une simultanéité frappantes dont il a aperçu et déclaré très loyalement que la défense pouvait tirer argument. De cette soudaineté, de cette simultanéité, on doit, en effet, déduire qu'il y a eu concert ou plutôt — car c'est la vérité — qu'une série de personnes ont répété à la même date, en les déformant, des récits imaginés par un ou deux individus. Et, de fait, quand on en vient au faire et au prendre, quand on recherche les témoignages, tout s'évanouit. Chacun de déclarer ou bien : « Je n'ai pas dit cela », ou bien : « Je l'ai dit, mais je ne sais de qui je le tenais », ou encore : « Je le tenais de telle autre personne. » Et cette personne, interrogée à son tour, nie ou se dérobe, si bien que l'ambassade a dû convenir qu'on n'avait pas vu au Palais Farnèse, *une seule personne* qui m'eût rencontré au Vatican ou dans les autres endroits prohibés, *une seule personne* qui m'eût parlé, et que tout se bornait à des « on dit » rapportés par M. un tel, qui répétait ce que lui avait dit M. un tel, informé par M. un tel. Et c'est sur de semblables balivernes qu'on bâtit des actes d'accusation !

M. Noblemaire déclare, il est vrai, qu'il a eu un informateur tout à fait honorable; un avocat, M. Lo Savio, qui lui aurait répété les confidences de M. Brunicardi, lequel m'a effectivement approché. Mais, d'une part, il n'est qu'un petit nombre des faits que relate M. Noblemaire qui lui aient été redits par M. Lo Savio, d'autre part celui-ci était informé par Brunicardi qui, mis au pied du mur, après avoir essayé de mettre à ma charge *une* conversation en tête à tête entre lui et moi, *une seule*, insignifiante d'ailleurs, a finalement déclaré de la façon la plus catégorique devant le tribunal militaire de Rome que, à sa connaissance, « je n'avais rien fait en Italie qui fût contraire aux intérêts de l'Entente ».

Comment s'expliquent donc les récits de M. Lo Savio ? Une lettre adressée par l'avocat au commandant Noblemaire et qui fut saisie par la censure — encore un papier intercepté ! — donne sans doute la clé de l'énigme. M. Lo Savio écrit, en 1918, à l'ancien attaché militaire adjoint son étonnement d'avoir su, par M. Charles Roux, qu'il serait cité

comme témoin dans l'affaire Caillaux. Il raconte
comment il s'est enquis, comment le secrétaire
d'ambassade lui a fait communiquer les rapports
Noblemaire où il était mis en cause : « *A ma sur-*
« *prise, j'ai constaté,* écrit M. Lo Savio, *que les*
« *paroles, les faits, les jugements et les impres-*
« *sions échangés amicalement entre vous et moi,*
« *en cette circonstance, sont exposés et rapportés,*
« *dans vos comptes rendus, de façon à modifier*
« *substantiellement la portée naturelle des discours*
« *tenus.* » M. Noblemaire a, il est vrai, vivement
protesté à l'instruction contre les termes de cette
lettre, fort grave pour lui, qui ne tendait à rien
moins qu'à l'accuser d'avoir machiné des... récits.
Il a affirmé qu'il avait enregistré textuellement ce
que M. Lo Savio lui avait dit. Sa loyauté l'a cependant conduit à reconnaître qu'il avait rédigé en
dehors de la présence de son interlocuteur et qu'il
ne lui avait jamais soumis les textes auxquels il
avait abouti. N'est-il donc pas aisé de deviner ce
qui s'est passé? Brunicardi, hâbleur de sa nature,
désireux de se faire valoir, aura inventé ou supposé, quitte à se rétracter ensuite comme il l'a
fait devant le tribunal militaire. Lo Savio aura am-
plifié. M. Noblemaire aura eu l'oreille très pares-
seuse ou trop attentive et ainsi se sera bâti un château de cartes qui aura pour base des conversations
entre moi et Brunicardi dont ce dernier reconnaîtra
l'inexistence. Et il n'est pas d'autres personnes que
Lo Savio et que le bas imposteur Leprestre dont ces
messieurs de l'ambassade puissent invoquer la parole. Tous les autres prétendus témoignages se
perdent en fumée.

Mais comment se fait-il donc — j'en arrive à la
seconde question qui se pose forcément — que
l'ambassade ait fait preuve d'un pareil défaut de
sens critique, qu'elle ait accepté avec une naïveté

aussi stupéfiante les histoires que des habitués du café Aragno, des farceurs ou des fumistes, un truchement de M. Brunicardi que M. Barrère, de l'aveu de M. Noblemaire, déclarait, à tort ou à raison, très suspect, un chevalier d'industrie comme le sieur Leprestre, apportaient au Palais Farnèse? Sans revenir sur les dépositions Moretti et de Jouvenel, n'est-il pas évident que M. Noblemaire et M. Charles Roux avaient, eux aussi, subi l'emprise des campagnes de calomnies menées contre moi? Est-ce d'ailleurs bien surprenant? A l'ambassade, on n'est informé des événements de France que par la presse de droite, qu'on y lit de préférence à toute autre, aussi par les journaux italiens qui, dans la période de neutralité, se sont escrimés à mes dépens. On a, par suite, sur mon compte, l'opinion qu'expriment dans leurs dépositions que j'ai citées le directeur du *Secolo* ou le rédacteur du *Popolo d'Italia*. Avant mon arrivée à Rome on est prévenu contre moi; dès que je suis en Italie on est à l'affût de mes moindres gestes, de mes moindres paroles; on attend, on espère les ragots des nationalistes italiens, les bavardages des consommateurs du café Aragno; on les recueille avidement, on en fait profiter directement ou indirectement les ambassades des autres pays de l'Entente afin que les gouvernements des pays alliés en soient avertis, on en instruit le correspondant du *Times* pour que le grand journal anglais informe le monde (1).

(1) **En ce qui concerne les rapports des ambassadeurs étrangers**, voici ce qu'écrit dans son mémoire le colonel François, attaché militaire : « Ces diplomates n'avaient pas, à ma con- « naissance, de renseignements particuliers sur l'affaire. Ils « répétaient *ceux de l'ambassadeur de France, les prenaient à* « *leur compte et informaient probablement* leurs gouverne- « ments... »

Le correspondant du *Times*, M. Mac Clure, aurait prévenu M. Gonse, chef de bureau de la presse à l'ambassade de France, du caractère fâcheux de certains propos de moi.

Parti pris et passion politique. — Poussés bien loin cependant ! Comment peut-on former contre un homme un dossier aussi grave sans être sûr, non pas une fois, mais dix fois, de *tout* ce qu'on rapporte ? Comment peut-on, par exemple, soutenir qu'il a été en contact avec le Vatican sans qu'on ait même pris la peine, suivant la très juste observation du colonel François dans son mémoire, de consulter sur ce sujet l'ambassadeur « in partibus » que le gouvernement français entretient auprès du Saint-Siège ? Même observation pour les prétendues relations avec les socialistes officiels ou avec les amis de Giolitti. Comment, en deux mots, peut-on engager aussi légèrement une aussi gigantesque affaire ?

La réponse est simple : jamais on n'a cru à l'ambassade que le dossier d'Italie aurait des conséquences judiciaires. M. Noblemaire l'a dit formellement. Il a reconnu, il a même déclaré spontanément qu'au cours de conversations avec M. Pichon, en 1917, il avait indiqué au futur ministre des Affaires étrangères du cabinet Clemenceau qu'il ne lui paraissait pas que mes attitudes ou mes conversations à Rome pussent déterminer aucune procédure. Quand M. Pichon fut revenu au pouvoir, il lui a écrit pour lui rappeler ces entretiens et son opinion. Et ainsi tout s'éclaire. Le dossier a été construit dans le but d'informer les puissants du jour, surtout dans le but de fournir aux hommes qui occuperaient le pouvoir des pièces qui leur permettraient d'écarter au gouvernement, de la di-

C'est M. Gonse qui l'affirme. On interroge M. Mac Clure, qui déclare : « Je me suis peu occupé de la présence de M. Cail-
« laux en Italie, parce qu'à cette époque j'étais malade, et
« je me rappelle que *c'est M. Gonse qui vint me trouver*
« *pour me prévenir que M. Caillaux était à Rome, qu'il était*
« *venu pour accomplir son programme contraire à la guerre*
« *et aux buts de l'Entente.* »

rection des finances publiques par exemple, un adversaire et quel adversaire : l'homme d'Agadir, l'homme de l'impôt sur le revenu. Ce sont, hélas ! procédés, exceptionnels autrefois en politique, mais qu'on a cultivés depuis quelque dix ans !

Histoire Palermi ! Agenda Martini ! voilà tout ce qui subsiste en dehors des fréquentations avec des gens accusés de trahison — combien de temps après ! — dans quelles conditions ! — et dont il me suffira, pour le moment, de répéter que la justice de leur pays a proclamé l'innocence.

Je pourrais ne pas parler des racontars de M. Palermi dont il fut fort peu question à l'instruction, pas du tout à la Haute-Cour.

L'accusation n'a pas, en effet, osé citer comme témoin un homme qui pendant longtemps avait été rédacteur en chef d'un journal subventionné par l'Autriche, dont les dépositions étaient anéanties par ses contradictions et par une lettre signée de lui. Je passerais donc sous silence ce misérable incident, si le récit que je vais en faire ne me permettait de saisir sur le vif, dans une espèce topique, les méthodes, les procédés de la calomnie.

A un dîner auquel m'invite Cavallini durant la semaine que je passe à Rome, exactement le vendredi 15 décembre 1916, figure parmi les convives le commandeur Palermi, rédacteur en chef du *Popolo Romano*. Après le repas, au cours des conversations qui s'engagent et qui roulent naturellement sur la politique, je développe une thèse qui m'était chère : celle de la nécessité d'une union économique entre les peuples latins pour qu'au lendemain de la guerre ils puissent faire face aux groupements douaniers qui, à l'époque, tendaient à se former dans le monde : Mittel-Europa d'une part, fédéra-

tion de l'Angleterre et de ses colonies de l'autre.
J'insiste particulièrement sur la nécessité d'une liaison étroite entre la France et l'Italie, que je tiens pour
des pays se complétant : l'un ayant des capitaux,
l'autre des hommes en abondance. Interrogé en
1918, M. Palermi me prête des propos abracadabrants. Il déclare que notre conversation s'est divisée en deux parties : L'une aurait été tenue en
présence de MM. Cavallini et Brunicardi. J'aurais
dit que la France et l'Italie perdaient leur sang
pour le seul bénéfice de l'Angleterre, mais que,
sous peu, l'Allemagne proposerait officiellement la
paix, qu'il faudrait l'accepter.

Un malheur, un tout petit malheur ! C'est le
15 décembre que j'aurais proféré ces graves paroles
et prédit la venue de la note allemande. Or, elle
avait paru deux jours auparavant dans tous les
journaux du monde. Est-il nécessaire d'ajouter à
cette constatation ? Faut-il dire que Cavallini et
Brunicardi ont démenti les propos qui m'étaient
prêtés et que, finalement, M. Palermi a été contraint de déclarer qu'il avait commis... une erreur ?
Affaire liquidée, n'est-ce pas !

Reste la seconde partie de la conversation. Adossé
à un piano, j'aurais insisté, dans un tête-à-tête
avec Palermi, sur la nécessité d'une union étroite
entre la France et l'Italie en vue d'une alliance
avec l'Allemagne contre l'Angleterre et la Russie.
« Cela n'a duré que quelques minutes, ajoute Palermi, et je n'ai pas attaché une importance extraordinaire à ces propos. » Arme empoisonnée cependant dont on aurait pu se servir contre moi, quelque
peu de confiance qu'inspirât le personnage, si à la
suite de la campagne de presse qui fut engagée en
janvier 1917, les diverses personnes que j'avais rencontrées au dîner en question, y compris M. Palermi, n'avaient écrit à M. Loustalot, qui était à

l'origine de mes relations dans ce milieu, des lettres
pour protester, dans leur intérêt comme dans le
mien, contre des conversations imaginaires, pour
attester la simple vérité. Donc, quand on me met
sous les yeux les déclarations de Palermi à l'instruction il me suffit de répondre : « Mais, il a
écrit le contraire. — Jamais ! dit Palermi, déposant sous la foi du serment; ce n'est pas vrai; je
n'ai écrit de lettre d'aucune sorte au sujet du voyage
de M. Caillaux à Rome. » Le malheureux croit que
le papier n'a pas été conservé... Je l'ai en ma possession. En voici la reproduction :

« Rome, 24 janvier 1917.

« Monsieur,

« J'ai été vivement étonné des commentaires qui
« ont accompagné la présence de M. Caillaux à
« Rome, dont je m'honore d'être ami personnel
« depuis longtemps, car depuis longtemps M. Cail-
« laux a toujours fait tout le possible pour les plus
« intimes et cordiaux rapports entre l'Italie et la
« France.

« J'ai rencontré une seule fois M. Caillaux à
« Rome au mois de décembre dernier et il m'a
« parlé de son désir de voir se resserrer les liens
« unissant nos deux pays pour résister ensemble,
« même après la guerre et la paix victorieuse, au
« germanisme. Il m'a développé un noble rêve —
« que je souhaite être la réalité de demain — pour
« l'union des peuples latins avec l'adhésion de l'Es-
« pagne.

« J'ai toujours combattu la pénétration alle-
« mande, économique et conséquemment politique,
« en Italie et, à cause de ces idées et de mon ac-
« tion, j'ai eu l'honneur de voir M. Caillaux.

« *Je proteste indigné contre toute autre inter-*

« *prélation de ma rencontre avec M. Caillaux et de*
« *l'attitude que cet homme d'Etat a eu (sic) en*
« *Italie.* — Bien à vous.

« RAOUL PALERMI. »

Rien de plus précis et qui concorde plus exactement avec mes affirmations! Page à tourner s'il n'y
avait l'ingénieur Lanino et son Comité. Lanino !
un sous-Daudet qui préside le « Comité de Défense
du Front Intérieur » forme italienne de la guerre
d'appui. Pour justifier l'existence d'un comité largement subventionné — on n'a jamais su par qui
ni comment — pour maintenir un organisme qui
constitue un précieux refuge pour les embusqués
de bonne famille, Lanino et ses acolytes pour-
chassent le pacifisme ou simplement les idées raisonnables, qu'ils qualifient de trahison, ils ac-
cueillent, ils sollicitent les dénonciations, retenant même les lettres anonymes — ils l'ont avoué.
Palermi entre en rapport avec Lanino par l'intermédiaire d'un certain comte Bizzoni-Sciarra, lequel
aurait eu, dit-on, quelques démêlés fâcheux avec la
justice. Il leur apprend que j'ai *annoncé* les propositions de paix allemandes, que j'ai prêché la rupture des alliances, que j'ai dit, quelque temps après
le dîner du 15 décembre, que « le chancelier allait
se presser », que j'ai voulu corrompre à prix d'or
la franc-maçonnerie italienne, que j'ai rencontré
à Naples le marquis di Bugnano, député, auquel on
attribue des idées pacifistes..., que sais-je encore?...
Amas d'inepties sur lesquelles se précipitent Lanino et les membres du Comité, auxquelles ils
ajoutent mes prétendues visites au Vatican, aux socialistes officiels. Le café Aragno retentit de ces révélations et des théories d'informateurs s'acheminent
vers les ministères et vers les ambassades, surtout
vers le Palais Farnèse où les écritoires sont toutes prêtes.

*
**

L'incident Martini maintenant! Situons les faits. Au dîner que m'offre Cavallini le 15 décembre, je vois pour la première fois M. Brunicardi, ancien député de Florence, qui me fait part du très vif désir qu'aurait M. Martini, dont il est l'ami personnel, de s'entretenir avec moi. J'hésite; je suis venu en Italie pour me reposer, non pour me donner les apparences de faire de la politique. On insiste; on me fait remarquer, ce que je sais déjà, que M. Martini est un écrivain connu encore plus qu'un homme politique; on ajoute que je ne peux vraiment pas refuser de causer avec lui. Ma résistance mollit; j'accepte.

Le surlendemain, 17 décembre, je rencontre M. Martini chez M. Brunicardi. J'avais quelque peu réfléchi à l'avance sur ce que je dirais à l'ancien ministre des Colonies du cabinet Salandra. J'avais pensé que le seul sujet de conversation qui convînt était de représenter l'utilité d'une union encore plus étroite entre la France et l'Italie, non seulement dans l'ordre politique, mais surtout dans l'ordre économique et financier. J'étais d'autant plus enclin à m'attacher à ces questions que j'étais averti des difficultés financières auxquelles se heurtaient la France et l'Entente et qui ont persisté en s'aggravant jusqu'à l'entrée en guerre de l'Amérique. J'étais, d'autre part, profondément imbu de cette idée, à laquelle les événements n'ont pas, que je sache, infligé un démenti, à savoir que les problèmes les plus redoutables surgiraient au lendemain de la paix et qu'il fallait en envisager la solution à l'avance. Partisan de la liberté des échanges, par suite de l'élargissement des marchés, je pensais qu'aucune forte politique de reconstitution n'était possible si elle ne reposait sur les efforts combinés de plusieurs peuples, que la France et l'Italie étaient nations complémentaires, qu'une union économique et financière devait souder les deux pays l'un à l'autre. Je pensais encore que cette union latine qui, semblable à l'union monétaire, devrait englober la Belgique, pourrait être étendue avec avantage à l'Espagne et, sans prévoir quel degré d'acuité revêtirait le problème des changes, j'étais trop financier pour ne pas entendre qu'il se poserait et assez prévoyant pour considérer la nécessité de conversations et d'accords préalables sur ce sujet entre toutes les nations que solidariseraient leur situation géographique, leur condition économique. Enfin, j'étais, comme je l'ai déjà dit, rendu perplexe par les projets de fédérations douanières qui avaient cours à l'époque. S'il y était donné suite, l'union établie entre les peuples latins permettrait à ceux-ci d'échapper à tout vasselage. Même si les événements prenaient un autre tour, il était essentiel que, lors des discussions d'intérêt qui ne manqueraient de se produire à la Conférence de la paix, la France et l'Italie formassent un bloc économique qui pût tenir tête, obtenir des alliés comme des ennemis un traitement douanier favorable, surtout les indispensables fournitures de matières premières et de charbon.

J'exposai la plupart de ces points de vue, non tous, à M. Martini. Je dus me borner, pour deux raisons : la première, c'est que l'homme politique italien me parut médiocrement informé des questions économiques qui ne semblaient pas l'intéresser; la seconde, c'est que, tandis que je voulais parler finances, change, économie politique, il ne se préoccupait, lui, que de politique pure et cherchait tout le temps à m'attirer sur ce terrain. Nous jouâmes donc au jeu des propos interrompus, l'un des deux interlocuteurs s'obstinant sur le terrain « affaires »,

tandis que l'autre lui répondait : « Tout cela est très
bien, mais parlons politique. » Obligé par le mouvement même de la conversation de donner quelques
aperçus sur la situation générale je fus conduit à
dire, en réponse à une question de M. Martini, qu'il
m'apparaissait que toute idée de paix était préma-
turée, qu'il fallait qu'un grand effort de guerre in-
tensif et vigoureux fût fait au printemps de l'année
1917; je fis valoir qu'il était d'autant plus indispensable de se hâter que je n'étais rien moins que ras-
suré sur la situation de la Russie. M. Martini abonda
dans mon sens. Suivant mon raisonnement, ne prévoyant naturellement pas le concours de l'Amérique
qui nous est subitement advenu quelques mois plus
tard, j'observai qu'il était indispensable que la prochaine offensive donnât des résultats décisifs; sinon,
nous serions conduits, par la force même des choses,
par l'état économique, par l'imminente défection
russe, à une paix qui pourrait ne pas être pleinement satisfaisante. Ai-je précisé que, le cas échéant,
la France devrait se contenter d'un morceau de la
Lorraine, comme l'affirme M. Martini? je n'en ai
aucun souvenir, mais ce dont je suis certain, c'est
que, si j'ai manifesté des appréhensions sur la qualité de la paix à laquelle nous pourrions être obligés,
j'ai immédiatement indiqué que c'étaient là perspectives qu'il ne fallait pas envisager, idées auxquelles il ne fallait pas s'arrêter, que nous devions
compléter la victoire déjà acquise et que nous y
arriverions si nous rassemblions nos efforts. En
passant je n'ai manqué de faire ressortir combien
étaient importants les sacrifices en hommes de la
France. Il me paraissait qu'il convenait, puisque
l'occasion m'en était fournie, de tenir ce langage en
un pays dont je savais sans doute l'admirable effort,
mais dont je pensais, comme beaucoup, que l'action
pouvait être intensifiée. M. Martini me sembla d'ac-

cord avec moi sur tous les points. Il me fournit seulement une indication qui me parut étrange : « Vous savez, me dit-il en substance, que l'Autriche serait disposée à nous faire des propositions avantageuses.» J'eus un mouvement réflexe; je me demandai ce que signifiait cette sorte d'invite; je manifestai l'ignorance en laquelle j'étais de ces travaux d'approche réels ou supposés; M. Martini laissa tomber. Quelques questions sur les hommes politiques posées de part et d'autre, quelques réflexions sur les chances de durée des ministères au pouvoir conclurent l'entretien, à la suite duquel mon interlocuteur se répandit auprès de M. Brunicardi, qui l'a affirmé non pas une fois mais dix fois, en appréciations fort élogieuses sur la haute tenue de mon langage et sur la valeur qu'il voulait bien m'attribuer.

Quand je suis informé quelque vingt jours après cette entrevue du bruit que suscite mon voyage en Italie, je songe à faire appel à M. Martini pour calmer le tumulte. Je n'en ai pas besoin, M. Brunicardi, comme M. Moretti avec lequel j'entre en relations à ce moment, m'apprennent que l'ancien ministre dit à tout venant : « Le meilleur patriote de France ou d'Italie ne pourrait tenir d'autre langage que M. Caillaux. » Parfait! De retour à Paris, je m'explique avec M. Briand, alors président du Conseil, sur les incidents d'Italie. Il m'indique que, de passage à Rome au commencement de janvier, il a reçu la visite de M. Martini, qui lui a rendu fort correctement compte de notre entretien. Le chef du gouvernement me paraît cependant appréhender que j'aie parlé légèrement de la Serbie et de la Roumanie, à M. Martini sans doute, et que j'aie poussé trop au noir le tableau que j'ai pu faire de la situation de la France. Quelques jours plus tard Mme Caillaux reçoit une lettre de Brunicardi l'avisant qu'il a vu Martini, lequel « a rapporté à Briand

« l'entretien qu'il a eu avec le président dans les
« termes les plus sympathiques et les plus véri-
« diques. Aucun mot qui puisse même de loin porter
« atteinte au patriotisme du président. » Brunicardi
ajoute que Martini désirerait savoir ce que M. Briand
m'a dit de ce colloque; s'il y a la moindre erreur, il
s'emploiera à la rectifier. Je réponds à Brunicardi
que M. Briand a paru me reprocher d'avoir fait bon
marché du sort de la Serbie et de la Roumanie, dont
j'indique qu'il ne fut même pas question dans notre
entretien. J'ajoute : « Le président du Conseil m'a
« dit... que mon interlocuteur avait retiré de ma
« conversation l'impression que la France serait
« prochainement à bout de souffle, si elle ne l'était
« déjà. Je serais fort marri si mon langage, où j'ai
« exactement exprimé la situation de mon pays et
« où j'ai dit en même temps qu'un grand effort de
« guerre, immédiat et vigoureux, était indispensable,
« avait pu déterminer cette impression chez M. Mar-
« tini. Il ne correspondrait pas, en tout cas, à l'état
« de ma mentalité. Je ne demande pas à votre émi-
« nent homme d'Etat, avec qui j'ai eu tant de plai-
« sir à causer, de me répondre sur ce sujet, s'il ne le
« juge à propos. Je n'ai pas besoin de dire que je
« ne suis pas en quête de certificats de patriotisme.
« Je tiens simplement à l'informer... » Ainsi, je ré-
sume en un bref raccourci la partie politique de l'entretien. Le compte rendu que j'en fais est-il infidèle?
Alors M. Martini doit remettre les choses au point.
S'il ne veut me démentir, par courtoisie ou par réserve, il lui suffit de garder le silence. Il y est d'autant plus autorisé que je ne demande pas de réponse.
Mais, s'il précise par écrit qu'il est d'accord avec
moi, les deux lettres formeront contrat, constitueront
un procès-verbal contradictoire de la substance de
la conversation. Or, le 9 mars, M. Martini écrit à
Brunicardi la lettre suivante que ce dernier m'envoie

sur-le-champ en ajoutant que l'ancien ministre reste
à ma disposition pour toutes précisions supplémentaires que je jugerais utiles :

« Cher Brunicardi, M. Briand fait erreur. Dans
« ma conversation avec lui, je n'ai pu faire allusion
« aux opinions de M. Caillaux en ce qui concerne la
« Roumanie et la Serbie, car, durant notre entretien
« chez toi, le nom de ces deux pays n'a même pas
« été prononcé.

« Quant au deuxième point, tu sais que j'ai
« dit et répété à tous ceux qui ont voulu l'entendre
« que, en ce qui concerne la France, les paroles de
« mon illustre interlocuteur furent inspirées du plus
« haut patriotisme.

« Quoique je comprenne facilement que M. Cail-
« laux ne soit pas en quête de certificats, je dois
« déclarer ce qui précède en hommage à la vérité. »

Question réglée! Elle me paraît l'être d'autant
plus, quand survient mon inculpation, que, le 10 décembre 1917, M. Martini, pour répondre à quelques
insinuations de presse et sans que personne, ni directement ni indirectement, l'en ait sollicité, écrit au
Giornale d'Italia une lettre où il marque bien le caractère véritable d'une conversation au cours de
laquelle, dit-il, M. Caillaux « semblait chercher des
adhésions, non des opinions. » « L'ancien président du Conseil, ajoute-t-il, préconisait la nécessité d'une union étroite entre la France et l'Italie
et sur ce terrain nous tombâmes facilement d'accord. » M. Martini conclut : « Ceci est la vérité.
Espérons qu'elle est dite une fois pour toutes. »
Tout à fait d'accord! Quelle n'est donc pas ma
stupéfaction quand M. Bouchardon me communique
une déposition de l'ancien ministre qui dément
ce qu'il a écrit! Je proteste avec énergie que
chacun comprendra. Je formule des hypothèses, peu
obligeantes, je l'avoue, pour M. Martini, mais qui

me paraissent seules de nature à expliquer le désave
que l'homme politique italien s'inflige à lui-mêm
J'obtiens un résultat auquel je ne m'attendais p
mais dont je ne saurais trop me féliciter. M. Ma
tini produit le journal de sa vie qu'il tient depu
le commencement de la guerre et où il a relaté not
entretien, une demi-heure, dit-il, après qu'il a
lieu. Il commence par ne livrer qu'un fragment
son carnet; il sera successivement obligé d'en donn
d'autres parties, jusqu'au jour où en Italie on au
connaissance, autant qu'il semble, de tout ou pre
que tout ce qui y est écrit.

Je ne puis pas dire que la version de notre entr
tien telle qu'elle a été rédigée par M. Martini so
complètement inexacte. A la vérité, elle ne se diff
rencie du récit que j'ai donné que par des omi
sions, et par une certaine forme de rédaction don
si je laissais courir ma plume, j'écrirais que, inte
tionnellement ou non, elle est étrangement ven
meuse. Tandis que, de l'aveu même de l'ancien m
nistre, j'ai abondamment parlé de la nécessité d'u
union étroite entre la France et l'Italie, deux lign
seulement sur l'agenda font allusion à cette part
essentielle de la conversation. On n'y rencontr
d'autre part, que quelques phrases très brèves su
les questions économiques, alors que je me su
longuement étendu sur ce sujet. A vrai dire, l'a
teur n'a rapporté que ce qui l'intéressait, mais,
faisant, il a complètement altéré la physionomie
l'entretien qui, à première lecture, paraît avoir pre
que exclusivement consisté en un échange de vu
politiques, ou plutôt en un exposé politique q
j'aurais fait et où mon interlocuteur n'aurait
nulle part pour ainsi dire. Peu vraisemblable, n'es
il pas vrai? L'invraisemblance saute aux yeux quan
le rédacteur du journal rapporte certaines opinior
de moi sur les hommes politiques de mon pays, e

oubliant soigneusement d'indiquer les renseignements fort suggestifs qu'il m'a prodigués sur
MM. Giolitti, Sonnino, Orlando, Boselli. Qui donc
n'observera qu'il faudrait m'attribuer une dose de
naïveté peu commune pour imaginer que j'aie parlé
seul des conflits de personnes, des remplacements
ministériels probables ?

Ce talent d'omettre et de présenter insidieusement s'exerce encore dans l'exposé que fait M. Martini des aperçus sur la prochaine offensive et sur la
paix possible. Un seul bout de phrase est placé dans
ma bouche sur la nécessité d'une action militaire
prompte, vigoureuse, alors que j'ai insisté, alors
que je suis revenu à différentes reprises sur ce
point, alors que l'évocation d'un effort de guerre
exceptionnel a encadré toutes les réflexions que j'ai
faites sur la situation de la France, sur la paix à
venir. Facile de fausser un récit par des procédés de
cette sorte! Facile également d'ajouter après coup
— M. Martini a dû convenir du fait — quelques
mots à une phrase que j'aurais prononcée sur l'Alsace-Lorraine, de me faire dire qu'au cas où nous
n'obtiendrions pas les résultats militaires espérés,
nous devrions nous contenter d'un morceau de Lorraine pour sauver l'honneur national, peut-être
même faire la paix sans cela. « Peut-être même sans
cela » est écrit d'une autre encre et, par suite, à
une autre date que le contexte. Je répète que
M. Martini l'a reconnu, et qui donc admettra que
si j'avais prononcé ces cinq mots de quelque importance, l'ancien ministre les aurait momentanément oubliés?

Des preuves plus péremptoires que tous les raisonnements du monde établiront le « camouflage »
auquel l'ancien ministre s'est laissé aller. Il a, de
son propre aveu, rapporté notre entretien, aussitôt
qu'il a eu lieu, à son ancien chef de gouvernement

M. Salandra. Si j'ai eu cette sorte de désespérance, ce ton de pessimisme excessif qui est la seule chose qu'on puisse relever à ma charge dans le récit de M. Martini, il en aura rendu compte à son ancien président du Conseil qui le redira. Voici la déposition de M. Salandra : « Dans l'ensemble, je puis « dire que M. Martini déduisait les tendances de « M. Caillaux vers un accord plus intime entre la « France et l'Italie dans l'hypothèse qui paraissait « probable, d'après Caillaux, qu'après l'offensive « projetée pour le printemps 1917, qui devait être « exécutée avec la plus grande vigueur possible, « mais pouvait ne pas produire de résultats favo- « rables et définitifs, l'épuisement des belligérants « les aurait tous contraints à une paix d'accords. « Dans ce cas, la France et l'Italie devaient rester « unies intimement pour ne pas être asservies ou « par l'Allemagne ou par l'Angleterre. » Il n'est pas exact que j'aie considéré comme probable un égal épuisement des belligérants. Mais, cette réserve faite, le résumé de M. Salandra cadre presque complète- ment avec le récit que j'ai donné de la partie poli- tique de l'entretien. Et qu'y a-t-il à reprendre dans le langage que, sur la foi de M. Martini, me prête l'ancien président du Conseil d'Italie ? Dira-t-on aujourd'hui que je n'avais pas quelque raison de prédire que l'Italie et la France gagneraient à être unies à la table de la paix ?

L'ancien ministre des Colonies a vu d'autre part M. Briand. D'après mon ancien collègue, qui en dépose, il lui a dit que mon langage avait été par- faitement correct et que, s'il en avait été autrement, lui, Martini, aurait coupé court à l'entretien. Oppo- sant la déposition de l'ancien chef du gouverne- ment français au récit fantaisiste du carnet, je demande comment il se fait que M. Martini n'ait pas indiqué à M. Briand la désinvolture avec laquelle, selon son journal, j'aurais parlé de l'Alsace-Lorraine. « J'ai signalé le fait à M. Briand, répond « l'ancien ministre, c'est même uniquement pour « le lui révéler que j'ai cherché à le voir. Il ne peut « l'avoir oublié. » M. Briand n'en a pas conservé le souvenir, et cela se conçoit. M. Martini hasarde l'affirmation que je viens de reproduire quand la partie de son carnet rapportant sa conversation avec le président du Conseil des ministres de France est ignorée. Il pense qu'elle ne sera jamais connue. Quand elle apparaît, force est de constater à quiconque sait lire que l'allégation de M. Martini est... contraire à la vérité. *Il déposait sous la foi du serment.*

Qu'est-il besoin d'ajouter? Me faut-il dire que le récit d'un entretien que l'ancien ministre a eu le 29 décembre 1916 avec un M. Demaison, rédacteur au *Journal des Débats*, est également « camouflé » ? La preuve en résulte du rapprochement entre les dépositions en justice de M. Demaison, les déclarations publiques que celui-ci a faites à la presse et le célèbre carnet. Je ne retiendrai qu'un dernier fait entre bien d'autres. A la date du 9 mars 1917, M. Martini transcrit sur son journal la lettre dont j'ai donné le texte, où il reconnaît que mes paroles furent inspirées du plus haut patriotisme, il ajoute : « Et cela je pouvais l'écrire sans mentir. Langage « patriotique, oui... mais en même temps constata- « tion d'un état de fait qui, selon ce qu'il disait, « après l'effort suprême du printemps, empêcherait « la France de continuer la guerre. » Donc, écrivant pour lui seul, se parlant à lui-même, M. Martini affirme le patriotisme de mon langage, quel que soit le récit qu'il en ait fait. Il esquisse une réserve, dira-t-on? Il paraît me reprocher de considérer que la paix sera bientôt inéluctable. Or, sur son carnet, on lit, à la date du 26 décembre 1916,

cette observation de l'ancien ministre : « Ce serait
« stupide et inique tout ensemble et même grave
« de périls inimaginables de faire la paix aujour-
« d'hui, *mais ce serait s'illusionner de penser que*
« *la guerre peut durer encore longtemps.* » L'état
d'esprit de M. Martini, qui, pas plus que moi, ne
prévoit le concours américain, est donc exactement
celui qu'il me prête. Ne lui faut-il pas vraiment
quelque audace pour paraître me reprocher ce que
lui-même pense ?

Mais, il serait cruel d'insister davantage. Il serait
cruel de rappeler certaines réflexions écrites sur le
journal, le 27 septembre 1916, qui se terminent par
ce vœu de M. Martini : « Oh ! certes, que la guerre
« finisse vite ! » ; cruel de citer tel passage où le
grand francophile parle, le 25 décembre 1916, de
l'Allemagne « toujours favorable à l'Italie et à ses
aspirations raisonnables », d'autant plus cruel que
M. Martini a succombé, lors de la dernière consultation électorale, accablé par son passé, par la singulière et persistante duplicité de son attitude. N'a-
t-on pas rappelé le scandale Rocca Talamo survenu
il y a quelques années, où M. Martini fut accusé
d'avoir, étant ministre, conseillé des opérations de
bourse ? Il nia bien entendu, mais... il y avait une
correspondance. N'a-t-on pas allégué qu'ancien gouverneur de l'Erythrée, il avait enrichi la géographie
de cette formule : « L'Erythrée est baignée par la
« Mer Rouge, elle a été desséchée par Ferdinando
« Martini » ? N'a-t-on pas surtout cité divers documents versés aux actes du procès Cavallini, notamment certaine dépêche, expédiée de Rome à
Vienne la veille de l'entrée de l'Italie en guerre
par Yaghen-Pacha, homme-lige de l'ex-khédive,
venu en Italie pour essayer de maintenir à force
d'argent la neutralité italienne ? « *Martini regrette,*
« *est-il dit dans ce télégramme, que nous soyons*

« *arrivés trop tard. Il avait déjà passé contrat avec*
« *le gouvernement français, mais il désire que nous*
« *conservions le contact avec lui parce qu'il croit*
« *qu'il ne pourra pas continuer avec le gouverne-*
« *ment français.* » Ne s'est-on pas demandé si le
carnet de M. Martini n'avait pas pour objet de cou-
vrir le double jeu qu'il aurait mené, qui apparaît
dans la dépêche Yaghen-Pacha dont tout le monde
ne croit pas qu'elle est une pure calomnie, qui apparaît encore dans le mémoire *France-Italie-Khé-
dive*, rédigé par Cavallini pour l'ex-khédive? Un
correspondant d'Italie qui se plaît aux réminis-
cences classiques ne m'a-t-il pas écrit que j'avais
eu le malheur de me rendre, le 18 décembre 1916,
non chez Brunicardi, comme je le croyais, mais
dans le temple du Janus bifrons ?

Mais, je le redis, pourquoi m'acharner? Ne me
suis-je pas déjà bien longtemps étendu sur ces incidents d'Italie qui n'expriment qu'une pauvre machination ourdie par le nationalisme contre moi et
contre d'autres. On voulait, en effet, le coup double.
On cherchait M. Giolitti en même temps que
M. Caillaux. Des promesses furent faites par le magistrat instructeur italien, M. de Robertis, à certains inculpés s'ils voulaient... parler, c'est-à-dire
dénoncer... Il y a des lettres... Un dossier bourré
de témoignages fut rassemblé sur une prétendue entrevue que j'aurais eue à Bardonnèche avec l'homme
d'Etat italien revenu aujourd'hui au gouvernement.
On n'osa pas étaler ces fausses dépositions. On n'osa
pas poursuivre, de l'autre côté des Alpes, une entreprise politique parallèle à celle qu'on conduisait en
France.

A Paris, on ne s'arrêta pas en route ; on était engagé à fond ; on voulut suivre l'intrigue, la faire
aboutir, et c'est pour la démonter que je me suis
complu à vider le sac, à l'étaler sur la table. C'est

fait. J'ai le droit d'opposer le point de départ des accusations portées contre moi et le point d'arrivée. Le point de départ : je n'aurais pas craint d'agir auprès du Vatican, auprès des socialistes officiels, auprès des neutralistes, en faveur d'une paix séparée, en faveur de la rupture de nos alliances en cours d'opérations militaires. Le point d'arrivée : plus de contacts avec le Vatican, plus de contacts avec les socialistes officiels, avec les giolittiens, avec M. Nitti; rien qu'une conversation privée, en tête à tête, avec un homme politique qui passe pour un fougueux interventiste ; rien qu'une conversation où la rupture de nos alliances, pas plus que la paix séparée, ne fut jamais envisagée, par moi du moins ; rien qu'une conversation dont on pourrait tout au plus relever, si l'on prenait à la lettre la version que M. Martini en a donnée dans son carnet, que j'y dépeins la situation de la France et de l'Entente avec un pinceau chargé de couleurs trop sombres ; rien qu'une conversation dont on ne peut même pas retenir cela, puisque les variations, les contradictions de l'ancien ministre, les... erreurs qu'il a commises enlèvent toute autorité à ses affirmations vacillantes, puisque lui-même, écrivant pour lui seul sur son agenda, reconnaît le patriotisme de mon langage !

Oui, mais mon patriotisme n'est pas de bon aloi ; il ne porte pas la marque de fabrique officielle. Je n'ai pas, sur les problèmes de la guerre et de la paix, sur l'avenir de la France, de l'Europe et du monde, les mêmes conceptions que M. Clemenceau et que M. Léon Daudet. C'est cela que me reproche M. Pérès, qui pourchasse ma pensée dans la conversation Martini à laquelle il s'attache exclusivement. C'est cela qu'on apporte devant la Haute-Cour et qui croule. L'arrêt de la Cour de justice écarte, en effet, du débat la conversation Martini et ne retient contre moi que l'imprudence de mes relations et de mes propos — lesquels ? — avec M. Cavallini et ses amis. J'aurai l'occasion de montrer, plus loin, ce que vaut le reproche. Il me suffit, pour le moment, de le situer en face de la formidable accusation. *Nascitur ridiculus mus*, a écrit le poète latin en dépeignant la montagne qu'on avait élevée sur les bords du Tibre, qui devait recéler dans ses flancs des hordes de guerriers et qui s'affaissa soudainement en ne laissant échapper qu'une souris trottant menu, que l'on s'évertua à capter et que l'on découvrit gîtée, dit un vieil auteur, non loin du théâtre de Pompée, à l'endroit même où s'élève aujourd'hui le Palais Farnèse.

CHAPITRE VIII

LA DÉCISION DE LA COMMISSION D'INSTRUCTION
L'AFFAIRE LENOIR
LA GAZETTE DES ARDENNES
UN PARALLÈLE

Nous sommes à la fin de juin 1919. Il y a plus d'un an et demi que je suis inculpé et que j'ai été incarcéré. L'instruction devant la Haute-Cour est à son terme. Quand je relis mes interrogatoires, j'ai le sentiment d'avoir tout brisé, tout piétiné ; j'ai, en tout cas, la certitude qu'il y a dans mes exposés un tel accent de vérité et de sincérité que tout homme de bonne foi ne peut pas ne pas en être pénétré. Je sais, au surplus, un haut magistrat qui avoue loyalement à l'un de mes avocats, à Mᵉ de Moro-Giafferi, lequel veut bien apporter vers cette date à ma défense, déjà si fortement constituée, le concours de son grand talent, qu'il faut « se cramponner à la table » pour résister à la conviction qui se dégage de mes réponses, qui court à travers mes explications. Je ne me fais cependant guère d'illusions. J'entends que, pour réaliser la politique que l'on a en vue, pour atteindre les partis de gauche aux prochaines élections générales, on veut que je reste en prison ; j'entends que, pour agir sur l'opinion, on prétend me traîner devant la Haute-Cour sous le coup de la plus imméritée et de la plus grave des accusations (1). Cependant, il y a une Commission d'instruction. C'est elle qui décidera, non le gouvernement. Après de longs atermoiements qui indiquent bien des fluctuations, la Commission est convoquée par son président au commencement d'août 1919. Elle s'ajourne à un mois pour donner à chacun des sénateurs qui en font partie le temps de prendre connaissance des interrogatoires. Je n'ignore pas qu'un ou deux membres de la Commission les ont déjà lus; si leur exemple pouvait être contagieux, je gage que la grande majorité des hommes qui vont être appelés à dire s'il y a charges suffisantes partageraient l'opinion de ceux d'entre eux qui ont suivi pas à pas les travaux de M. Pérès et dont l'un qui, par sa haute droiture, son indépendance d'esprit, la parfaite dignité de sa vie privée, commande le respect du Sénat tout entier, proclame qu'il n'y a rien dans l'affaire Caillaux, sinon un fatras de papiers.

Mais je connais les habitudes de travail des parlementaires et je ne suis pas autrement surpris d'apprendre que *nul* des commissaires ne juge à propos d'employer le mois de délai qui est imparti à des lectures dont je conviens qu'elles sont fastidieuses. Sur les neuf membres de la Commission qui prononceront, il y en aura deux, trois tout au plus, qui seront informés. M. Pérès sera naturellement à fond contre moi ; les deux autres demanderont le non-lieu, mais je suis certain qu'ils seront en minorité,

____

(1) Le 6 octobre 1920 M. Léon Daudet, commentant les résultats des élections législatives, écrit dans l'*Action Française* : « Les radicaux ont fortement trinqué. L'inculpation pour « haute trahison et l'incarcération de leur chef reconnu Cail- « laux (Joseph) y ont été certainement pour beaucoup. Les « patriotes français ne sauront jamais assez remercier Cle- « menceau d'avoir mis la France avant l'intérêt de son « propre parti et d'avoir porté au radicalisme un coup mortel « dans la personne de Ton Jo. » Aveu dénué d'artifice !

que la Commission, dans l'ignorance où elle s'est cantonnée et où elle persiste, suivra son président parlant au nom du gouvernement de M. Clemenceau.

Cependant je reste en prison et, si je n'ai plus à subir les tortures des neuf premiers mois de détention, si je puis voir les miens dans ma cellule, si je puis, à de certaines heures, me promener dans le jardin que j'ai décrit, je sens peser sur mes épaules tout le poids d'une incarcération prolongée. Ma santé, qui s'était améliorée quand j'étais passé au régime des politiques, surtout quand j'avais été stimulé par la nouvelle instruction, recommence à s'altérer. J'ai maigri dans des proportions alarmantes. Ma tension artérielle est de nouveau fort élevée. Les médecins qu'on m'autorise à consulter concluent à la d'arsonvalisation, à un régime de douches, au grand air. D'autres médecins qui sont désignés par l'accusation pour m'examiner confirment le diagnostic, insistent pour les mêmes remèdes.

Enfin, sur les instances de mes défenseurs, une décision d'humanité intervient. Le 13 septembre je suis transféré à Neuilly dans la maison de santé des docteurs Devaux et Charpentier. Il me souviendra toujours de ma joie d'enfant quand, installé dans le pavillon où je serai rigoureusement gardé jour et nuit par des agents de la Sûreté, je vois enfin le soleil, des arbres, des pelouses, des fleurs, des gens qui passent sur le boulevard à quelques centaines de mètres. Quelle que soit la réglementation rigoureuse que l'on maintient puérilement en ce qui concerne les visites que je suis autorisé à recevoir, quelle que soit la discipline qui m'est imposée pour les promenades en dehors du pavillon que j'occupe, je puis du moins me détendre, me reposer au grand air. Les soins les plus intelligents et les plus attentifs me sont d'ailleurs prodigués par les médecins qui dirigent la maison de santé. Ils parviendront à me remettre sur pied ; grâce à eux, je serai en mesure de me défendre devant la Cour de justice. Si j'étais resté en prison, je n'aurais pas eu la vigueur nécessaire pour tenir tête. Je veux écrire ici le témoignage de la gratitude que je leur garde.

J'étais à Neuilly depuis quelques jours quand j'eus connaissance de la décision de la Commission d'instruction, à laquelle je m'attendais. A la majorité des voix, j'étais traduit devant la Cour de Justice pour intelligence avec l'ennemi et attentat à la sûreté extérieure de l'Etat. Arrêt de renvoi pas plus que rapport du président ne méritent d'être discutés. Je m'y attacherai d'autant moins que les conclusions auxquelles ces précieux documents aboutissent ont été écartées par la Haute-Cour à une écrasante majorité ; j'ai, au surplus, exposé et liquidé, je crois, tous les invraisemblables griefs que l'on me fait et que M. Pérès développe longuement.

Tous ? Non. J'ai omis l'affaire Lenoir. Je résumerai brièvement les faits, à mon habitude, avant d'exposer comment on prétend me chercher dans cette histoire. En juillet 1915, M. Desouches, avoué à Paris, et M. Pierre Lenoir, fils du courtier de publicité Alphonse Lenoir, apportaient à M. Charles Humbert les capitaux nécessaires pour acheter le *Journal*. La somme décaissée était considérable : dix millions. Elle provenait, affirmaient un notaire et un avocat dont la légèreté fut singulière pour ne pas dire criminelle, de la fortune indivise d'Alphonse Lenoir qui mourait à l'époque. « Il est donc très riche ce Lenoir » disait au même moment M. Poincaré, qui avait invité à dîner MM. Bunau-Varilla et Charles Humbert dans le but de s'informer et de rapprocher les deux directeurs de journaux. « Il passe pour avoir trente millions », aurait répondu

M. Bunau-Varilla. Sauf différence de chiffres, l'opinion de M. Bunau-Varilla était celle du tout-Paris qui se dit et se croit informé. J'aurais moi-même gagé — et j'ai pu l'avancer quelques années plus tard — que la fortune d'Alphonse Lenoir, dont je savais que, certaines années, il avait réalisé plus d'un million de gains, n'était pas loin d'atteindre quinze ou vingt millions. Cependant, des démêlés surviennent entre M. Charles Humbert et ses commanditaires. On se sépare à la fin de 1915. En octobre 1917, la justice, lente à se mettre en mouvement malgré les avertissements reçus, finit par découvrir que les dix millions apportés au *Journal* ne proviennent nullement de la fortune d'Alphonse Lenoir, qu'ils ont été versés par un industriel suisse, un M. Schœller, et fournis en réalité par le gouvernement allemand. M. Pierre Lenoir et M. Desouches ont touché chacun 500.000 francs de commission. Affaire simple, banale et malpropre à la fois. Les dirigeants allemands ont évidemment compté que le *Journal*, acheté de leurs deniers, serait acquis à leur politique. M. Pierre Lenoir, fils de famille incorrigible, viveur et prodigue, M. Desouches, officier ministériel... suspect, toujours en quête d'une grosse somme à s'approprier, n'ont envisagé que l'aubaine du million à se partager. S'ils ont fait des promesses à M. Schœller, ils n'ont probablement jamais eu l'idée de les tenir. Tel fut, en ce qui concerne Desouches, l'avis du 3e conseil de guerre, qui ne le condamna que pour commerce avec l'ennemi, à cinq ans de prison. La peine de mort fut prononcée contre Pierre Lenoir, dont il ne me paraît pas que la responsabilité fût plus engagée que celle de son complice dans la tractation coupable. Certes, il portait le poids d'une correspondance répugnante, mais qui, n'ayant nul rapport avec les faits de la cause, pouvait difficilement justifier une aussi extraordinaire différence de traitement. Cette inégalité doit probablement être attribuée, dans une certaine mesure tout au moins, à la communication faite au conseil de guerre à huis-clos d'un télégramme du 1er avril 1915, adressé par M. de Jagow, secrétaire d'Etat aux Affaires étrangères, à M. de Lancken, gouverneur civil de la Belgique. Il y était indiqué que l'ambassadeur d'Allemagne à Berne, saisi d'un projet d'acquisition de journaux français, désirait avoir des renseignements sur Alphonse Lenoir dont on lui aurait affirmé qu'il avait été chargé d'une mission à Berlin, en 1911, au moment d'Agadir. M. de Jagow ajoutait que Helfferich et la Deutsche Bank, consultés, n'avaient nulle connaissance de cette mission. Il concluait en demandant à M. de Lancken des informations et un avis.

M. Pérès me soumet cette dépêche.

« Que voulez-vous que je vous en dise? Quelles observations puis-je présenter? Jamais je n'ai confié à M. Alphonse Lenoir, que j'ai connu dans des conditions que j'exposerai, une mission quelconque en Allemagne. Sans doute j'aurais très bien pu le faire et, si je l'avais fait, je le dirais. Mais, qu'importe au surplus qu'il y ait eu ou non mission conférée à M. Lenoir père trois ans avant la guerre ? Et qu'importe, à moi tout au moins, que l'on ait en 1915 cherché à battre monnaie auprès des Allemands en faisant valoir la prétendue importance d'Alphonse Lenoir ? En quoi suis-je pour quelque chose dans toutes ces malpropretés ? Elles concernent uniquement l'affaire Lenoir-Desouches, qui est jugée. »

L'observation me paraît péremptoire. Je l'encadre de détails sur les conditions dans lesquelles j'ai connu Alphonse Lenoir, sur les hauts patronages dont il bénéficiait. M. Pérès ne me paraît pas très désireux de pousser le colloque sur ce terrain. J'ajoute que, si j'étais très naturellement en bonnes relations avec Lenoir père, puisqu'il avait été pendant de longues années mon subordonné quand je dirigeais le ministère des Finances où il était courtier de publicité, je ne l'avais pas revu depuis le mois d'août 1914, que j'avais vu Pierre Lenoir deux fois dans ma vie, en tout et pour tout, une fois dans une partie de chasse bien avant la guerre, la seconde fois en octobre 1915, M. Bourgarel, successeur de son père, l'ayant amené à mon cabinet pour une visite de courtoisie. Pas de discussion, possible sur tous ces points. Le caractère purement banal de l'unique visite de Pierre Lenoir à mon domicile est confirmé par M. Bourgarel. Alors, que me veut-on ?

Voici ! M. Pérès, dans l'arrêt de renvoi, relate la dépêche de Von Jagow à Lancken et il écrit :

« Attendu que la réponse que Von Lancken a dû
« faire au télégramme de Von Jagow reste ignorée,
« mais *qu'il n'est pas téméraire de penser* qu'elle
« dut satisfaire les services de la propagande enne-
« mie, puisque, à quelques semaines de là, les dix
« millions sollicités par Lenoir lui étaient remis...,
« *qu'il est également permis de supposer* que ce
« n'est pas au fils Lenoir, pourvu d'un conseil ju-
« diciaire que l'Allemagne faisait un si large crédit,
« mais bien à l'agent financier dont on connais-
« sait les attaches avec l'homme d'Etat français qui
« avait précisément dirigé les négociations de
« 1911... »

Et voilà ! Ce n'est pas plus difficile que cela ! Le troisième conseil de guerre, en écartant les circonstances atténuantes dont aurait pu bénéficier Pierre Lenoir, a bien marqué qu'il le tenait pour le seul responsable d'une opération dans laquelle il semble d'ailleurs établi que son père, fort malade, n'a eu nulle part. De sa propre autorité M. Pérès « suppose » qu'il en est autrement. Emporté par le désir de m'atteindre, il insinue — car il n'y a qu'une insinuation — qu'il se pourrait bien que je fusse derrière toute cette affaire. Et cela, pourquoi ? Parce que, pour faire valoir leur marchandise, Pierre Lenoir et ses complices ou ceux qui gravitaient autour d'eux se sont targués auprès de l'Allemagne d'une soi-disant mission attribuée par moi en 1911 à Alphonse Lenoir et parce qu'il n'est pas « téméraire de penser », bien qu'on n'en sache rien du tout, que la réalité de cette mission a dû être confirmée par M. de Lancken dans un télégramme qu'on ignore. On croit rêver en lisant de tels considérants dans un acte qui émane de la commission d'instruction de la Cour de justice.

Réédition de la tentative Bolo ! On ne veut pas renoncer définitivement à l' « amalgame » si obstinément cherché. On ne veut pas convenir que la grande formule brandie par M. Mornet et par M. Léon Daudet, le premier précédant ou suivant l'autre peu importe : « il n'y a qu'une affaire de trahison », n'est qu'une stupidité dont peuvent se « gargariser » des esprits ou passionnés ou superficiels et bornés, mais qui ne résiste pas une minute à l'examen des faits. On espère qu'un nouveau chantage à la mort aboutira à créer le lien ardemment désiré, le lien entre l'homme politique et les traîtres.

Un instant on croit réussir : Au moment de partir pour Vincennes, Pierre Lenoir demande à parler. On s'y attend. Tout est prêt pour qu'il soit sursis à l'exécution. Un délai est immédiatement ordonné. Et puis, on écoute. Mais que peut dire le malheureux avec lequel je n'ai eu d'autres rapports que ceux que j'ai exposés ? Oh ! tout simplement ceci : « Je suis une victime. C'est pour le compte de mon père que j'ai fait l'affaire du *Jour-*

nal. Mon père devait obéir aux ordres de M. Caillaux. Je n'en ai aucune preuve; mais interrogez celui-ci, interrogez celui-là, questionnez notamment M. Bourgarel, qui était, sans aucun doute, l'intermédiaire entre mon père et l'ancien président du Conseil. » Démentis ! démentis qui s'abattent dru comme grêle ! Quelques témoins indiquent bien qu'Alphonse Lenoir s'est vanté auprès d'eux d'avoir reçu de moi, en 1911, une mission pour Berlin où il s'est certainement rendu. Mais, naturellement il n'a pas donné la moindre preuve à l'appui; il s'est gardé — et pour cause — de montrer une lettre l'accréditant auprès de la haute banque allemande, qu'il disait tenir du président du Conseil dont elle aurait porté la signature. Au surplus, je ne me lasserai pas de le répéter : Qu'est-ce que tout cela signifie ? Quoi ! parce que, en 1911, j'aurais confié une mission financière à un agent du ministère des Finances, je pourrais avoir une part de responsabilité quelconque dans la criminelle escroquerie que, quatre ans plus tard, réalise son fils qui, pour parvenir à ses fins, fait miroiter la confiance dont jouissait son père ! Mais, à cela même, qui est inexistant, il faudra renoncer. On découvre, en effet, à Bruxelles la réponse datée du 2 avril 1915 de M. de Lancken au télégramme Jagow. Elle est le contraire de ce que « supposait » M. Pérès. En voici le texte :

« Je me souviens que le comte Armand m'a parlé autrefois, à plusieurs reprises, d'un agent de presse pour affaires financières particulièrement capable, du nom de Lenoir, auquel M. Caillaux en particulier, comme ministre des Finances et comme président du Conseil, a donné beaucoup à gagner. Je crois aussi me rappeler que Lenoir fut employé par Caillaux dans sa lutte contre de Selves. Je ne me

souviens de rien quant à son rôle comme intermédiaire dans la crise marocaine. *Armand m'a suggéré une fois — je crois à l'époque de l'élection présidentielle — de gagner Lenoir, qui était, à vrai dire, fort cher, pour une campagne dirigée contre Poincaré et l'amitié avec l'Angleterre.* Toutefois je ne suis jamais entré personnellement en rapport avec lui. *Je serais d'avis qu'on n'écartât pas complètement Lenoir, mais, en cas qu'il en résulterait la possibilité d'influencer des organes français, il faudrait procéder avec la plus grande prudence et, au début, se contenter d'exploiter les contrastes qui se font déjà jour en France. »*

Donc, pas de rapports entre Lancken et Lenoir père ! Pas de rôle joué par ce dernier dans la crise marocaine ! Pas d'allusion à l'intérêt qu'il y aurait à acheter un ou deux grands organes français pour les mettre à la disposition d'un homme d'Etat ! Tout au contraire Lancken engage à la prudence, à la circonspection... ! Une autre dépêche achève d'écraser les hypothèses écrites dans l'arrêt de renvoi. Jagow télégraphie le 18 mai :

« De bonne source je reçois l'information suivante : Lenoir est un corrupteur professionnel. De cette façon le père a acquis une grosse fortune, le fils est trop maladroit et tout à fait inexpérimenté en matière politique. Tous deux trop professionnels pour bien agir. »

Ce n'est donc pas en considération de Lenoir père, ce n'est pas même pour Lenoir fils que les millions seront versés quelques semaines après cette dépêche. Quelles interventions se sont produites dans l'intervalle ? Qui a agi auprès des Allemands ? Qui les a déterminés à confier des fonds à Lenoir et à Desouches ? On m'a parlé de voyages en Suisse qui avaient eu lieu à la suite du télégramme de Jagow, entrepris par d'autres que par Pierre Lenoir. J'ignore ce qu'il y a de fondé dans ces allégations. Un mystère plane sur la fin des tractations. Ce que je sais, c'est que, pour m'atteindre indirectement, on a fait état devant le conseil de guerre contre Lenoir d'une dépêche qui n'a pas pu ne pas influer sur l'esprit des juges, qui les a peut-être déterminés à prononcer la peine capitale, sans qu'on produisit — j'espère qu'on ne les détenait pas — la réponse à ce premier télégramme, le second télégramme Jagow, qui retournaient l'incident... contre qui ? il ne m'appartient pas de le rechercher. Ce que je sais encore, c'est que, si ces derniers documents n'avaient pas été découverts, les suppositions de M. Pérès, échafaudées sur un télégramme dont on ignorait la réponse qui y avait été faite, pouvaient constituer une arme redoutable contre moi. Il n'est pas un juste qui ne frémira en constatant à quels excès sont entraînés certains hommes !

Et l'origine de tout cela ? J'avais connu Alphonse Lenoir, je l'avais bien connu. Comment ? Dans quelles conditions ? Qui était-il ? Qui servait-il ?

La première personne qui me parla d'Alphonse Lenoir, dont auparavant j'avais seulement entendu prononcer le nom, fut M. Poincaré. J'étais, en novembre 1906, dans le cabinet du ministre des Finances au Louvre, dont j'allais reprendre possession et que M. Poincaré s'apprêtait à quitter. En me transmettant les services, mon prédécesseur m'indiqua, selon l'usage, le nombre et la nature des croix de la Légion d'honneur qui, attribuées au ministère des Finances, n'avaient pas encore été décernées. « Il y a, me dit-il, une croix d'officier de la Légion d'honneur disponible. Elle vient du ministère de la Guerre. M. Etienne l'a prélevée sur le contingent des croix civiles; il me l'a passée pour que je la donne au mois de janvier prochain à M. Lenoir, le courtier de publicité du ministère des Finances. — M. Lenoir officier de la Légion d'honneur ? fis-je, alors qu'il y a des directeurs généraux qui n'ont pas la rosette. — Vous agirez comme vous l'entendrez, répliqua M. Poincaré. Je veux simplement vous indiquer qu'il vous faudra retourner la croix au ministère de la Guerre, ou lui donner la destination que M. Etienne a spécifiée. D'ailleurs, ajouta-t-il en souriant, je crois que vous aurez quelque peine à vous dérober, car c'est à la demande de votre président du Conseil, M. Clemenceau, que M. Etienne a consenti en faveur de M. Lenoir le sacrifice d'une des croix destinées à récompenser les services rendus par des civils à la défense nationale. » Des tiraillements, des difficultés qui faillirent être sérieuses sur ce sujet. Je refusai obstinément de faire figurer le nom de M. Lenoir dans la promotion des croix du ministère des Finances du mois de janvier 1907. Je consentis seulement, pour des raisons que chacun devine, à attribuer la rosette à celui auquel elle était destinée par un décret spécial, que je fis signer en Conseil des ministres, où j'indiquai que la croix avait été remise avec une affectation déterminée à mon prédécesseur *qui avait accepté la transmission.* M. Alphonse Lenoir se comporta en homme d'esprit. Il vint me remercier. Sa gratitude aurait dû s'épancher dans un autre cabinet ministériel où il se vantait, en un langage grossier qu'il ne dédaignait pas, de pénétrer aussi facilement que dans un édicule des boulevards.

A partir de cette date, mars 1907, et tant que je fus au gouvernement, je reçus fréquemment M. Lenoir dont j'eus l'occasion d'apprécier grandement les services. Il informait précieusement des mouvements du marché, des possibilités de placement des valeurs du Trésor. Il était au courant de tout ce qui se passait, de tout ce qui se projetait dans le monde des affaires et du journalisme. En deux mots, il était un remarquable agent de renseignements et un intermédiaire très utile tant auprès des banques et des sociétés de crédit que des gens de presse. Je l'employai fréquemment aussi bien quand je fus président du Conseil que pendant mes passages au ministère des Finances. Je restai tout naturellement en relations avec lui quand je ne fus plus au pouvoir. Il était d'ailleurs lié avec un grand nombre d'hommes politiques, non seulement avec les anciens ministres des Finances comme moi dont il avait été le subordonné, mais avec beaucoup d'autres qui avaient eu des occasions ou des raisons de le connaître. Nos rapports fraîchirent à partir de 1914. Lenoir m'avait fait demander la cravate de commandeur de la Légion d'honneur à la fin de 1913, quand je repris pour la quatrième fois la direction des services du ministère des Finances. J'avais répondu, avec quelque rudesse, que je n'aimais pas les plaisanteries de mauvais goût. C'est sans doute à la déconvenue que subit Lenoir qu'il faut attribuer les propos amers qu'il eut sur mon compte depuis cette date et dont certains fragments de ses *Mémoires pendant la guerre*, publiés par le *Cri de Paris*, portent trace. Le courtier de publicité y apprécie souverainement les hommes et les choses; il y déclare, après avoir rendu compte de la façon la plus fantaisiste de la dernière conversation que nous eûmes en août 1914, que je suis un homme surfait, que mon orgueil efface toutes les qualités que je pourrais avoir, etc... En revanche, il proclame sa plus vive admiration pour M. Clemenceau, « dans l'intimité duquel il vivait », dit le *Cri de Paris* (numéro du 30 novembre 1919.) Appréciation confirmée par ces « souvenirs » où

Lenoir relate les visites presque quotidiennes qu'il faisait rue Franklin, rapporte les confidences qu'il y a recueillies sur les sujets les plus graves, les négociations politiques qu'il a menées pour le compte de l'homme d'Etat dont il indique qu'il administrait le journal ! Rien là qui puisse surprendre aucun de ceux qui savent les dessous de ce monde.

Ceux-là n'ignoraient pas que c'est sous l' « égide » de Lenoir que l'*Homme Libre* avait vu le jour, que, pour l'alimenter, l'agent de publicité s'en était réservé le bulletin financier qui valait au journal, en sus de la publicité normale, une « hors part » dans l'exceptionnelle distribution de fonds à laquelle le gouvernement ottoman procéda en 1913-1914 par l'intermédiaire de M. Renier. Je me suis laissé dire qu'on aurait des précisions encore plus intéressantes sur les méthodes mises en œuvre par Lenoir pour réaliser l'équilibre budgétaire du journal de M. Clemenceau, sur les sacrifices qu'il était disposé à s'imposer personnellement pour y subvenir, si les « souvenirs pendant la guerre » avaient été intégralement publiés. N'a-t-on pas tronqué le récit de la visite du courtier de publicité, rue Franklin, le 7 août 1914 ? N'a-t-on pas omis les comptes rendus des entretiens du 8 et du 11 août ? La situation de l'*Homme Libre*, qui allait devenir l'*Homme Enchaîné*, n'y fut-elle pas débattue ? M. Clemenceau n'y déclara-t-il pas qu'il ne pouvait être question de lui réduire son traitement fixé à trois mille francs par mois ? Lenoir ne lui exposa-t-il pas la difficulté où il était *d'obtenir de l'argent des banques* et ne conclut-il pas en lui promettant pour son journal seulement 5.000 francs par mois, qu'il n'était pas sûr de trouver et qu' « il serait peut-être obligé de payer personnellement » ? Aisé de s'expliquer maintenant comment, sans la censure, les murs de Paris auraient été, en 1917, tapissés d'affiches contre M. Clemenceau qui auraient porté comme titre : *De Cornélius Herz à Rosenberg en passant par Lenoir !*

Mais j'ai déjà indiqué que jamais je ne m'abaisserais à employer certaines armes contre mes adversaires. Quand bien même les mémoires de Lenoir, dont il se peut que quelques feuilles se soient envolées, relateraient les conversations d'affaires qu'on m'a susurrées à l'oreille, on ne serait en droit d'en conclure qu'une chose, c'est que l'agent de publicité du ministère des Finances comptait parmi les amis dévoués auxquels M. Clemenceau avait dû faire appel pour soutenir son journal. Comme toutes les feuilles d'opinion, l'*Homme Libre* ne pouvait vivre sans des concours. Pour s'en procurer de ci, de là, l'homme d'Etat a utilisé un personnage qu'il n'avait nulle raison de tenir en suspicion, qui, pour reprendre l'expression du *Cri de Paris*, vivait dans son intimité. Cette appréciation est, au surplus, si exacte que M. Michel Clemenceau fut un des témoins du mariage de Pierre Lenoir. Ni M. Clemenceau ni son fils ne pouvaient se douter de ce qui adviendrait à ce malheureux.

Seulement j'ai le droit de me retourner une fois de plus contre mes accusateurs. On a prétendu me chercher dans l'affaire Schœller sous le prétexte qu'en 1911, j'aurais confié, dans la plénitude de mon droit de chef du gouvernement, une mission à Alphonse Lenoir. Que n'eût-on pas dit si je lui avais laissé le soin de me trouver des capitaux pour fonder un journal, si je lui avais demandé de réclamer aux banques des subsides pour faire vivre une feuille dont j'aurais tiré 3.000 francs de traitement mensuel ? Que n'eût-on pas dit si j'avais donné au même homme les renseignements que lui distribua M. Clemenceau sur la direction de nos affaires extérieures, sur notre armement ? M. Pérès eût cer-

tainement conclu qu'il n'était pas « téméraire de
penser » que l'acquisition du grand organe d'information était opérée pour mon compte, puisque Lenoir père aurait été déjà le barnum d'une entreprise
de presse à mon bénéfice. Il eût, sans aucun doute,
« supposé » que Pierre Lenoir avait trouvé crédit auprès des Allemands en leur étalant les informations
que j'aurais fournies à son père.

*
* *

Mais j'entends le chœur des thuriféraires exas-
pérés : « M. Clemenceau est un patriote immaculé,
intangible. Ce n'est pas lui qu'on peut accuser de
défaitisme. Le défaitisme, il l'a pourchassé en agis-
sant contre vous qui étiez, de votre plein gré ou
sans le vouloir, le centre des velléités pacifistes et
défaitistes. »
Contre le terme abject de défaitisme je ne cesserai de protester tant qu'on le prendra dans son
sens littéral, tant que l'on n'entendra pas que l'épithète n'a été imaginée que pour essayer de désho-
norer les politiques de mesure et de bon sens qui
s'opposent naturellement à celles de M. Clemenceau et de l'*Action Française*. Je ne cesserai de répéter que je défie qu'on prouve que j'aie jamais
espéré la défaite de mon pays, — je ne suis pas,
grâce aux dieux ! capable d'un sentiment mons-
trueux. Je défie qu'on prouve qu'un écrit signé de
moi, une parole publique, une seule, ait jamais
découragé les efforts de nos concitoyens ou encouragé ceux de nos ennemis.
Tout le monde peut-il en dire autant ?
Un recueil précieux à consulter : la *Gazette des
Ardennes*.
Je me suis donné la peine de lire les 768 numé-

ros de la feuille allemande, rédigée sous la direction des autorités militaires germaniques dans le but d'agir sur la mentalité des pays envahis. Il y est à peine question de moi jusqu'au jour où j'ai été inculpé et emprisonné. J'ai compté que, de 1914 à fin 1917, en mettant à part les comptes rendus parlementaires où mes interventions sont naturellement rapportées, mon nom n'est pas prononcé plus de cinq fois. La première fois, en juin 1915, la *Gazette des Ardennes* reproduit une prétendue interview de moi au Brésil qui circula dans toute la presse germanophile et dont je démentis plus de vingt fois la réalité. On y fait, soit dit en passant, un éloge dithyrambique de mes vues d'homme d'Etat quatre mois après la dépêche Luxburg. En juillet 1915, le journal allemand rapporte une prétendue agression dont j'aurais été l'objet. Niaiserie insignifiante ! Le 19 août de la même année, dans un article en « tribune libre », visiblement écrit par un Français, on loue ma politique d'Agadir en en dénaturant quelque peu la portée. Rien qui soit relatif à la grande guerre. Le 21 juillet 1916 on conte dans un entrefilet, absurde d'ailleurs, que, au dire d'un neutre, l'opinion des milieux de droite à Paris évolue vers moi. Enfin, le 25 octobre 1917, en un article intitulé « Petit examen de conscience nationale » par un universitaire français prisonnier, il est écrit : « Ce fut pour la France un grand « malheur qu'au Congrès de Versailles le parti ra- « dical n'ait trouvé à opposer à Poincaré que la « personnalité falote d'un Pams. Un Bourgeois ou « un Caillaux nous eût certainement évité la « guerre... » Et c'est tout ! Me voici hors de cause, n'est-il pas vrai ? et par suite très à mon aise pour étudier objectivement le journal.

En dehors des informations, tendancieuses bien entendu, en dehors de la publication très grossièrement et très maladroitement faite des proclamations du kaiser, des discours du chancelier, la feuille comportait parfois une tribune libre, presque toujours une chronique locale. Elle était surtout fabriquée avec des coupures de journaux français, assez habilement commentées, il faut le reconnaître. Les articles en « tribune libre », peu nombreux, étaient naturellement des articles pacifistes, ou... très fâcheux, anonymes, mais dus pour la plupart à la plume de Français. Le pacifisme était, quelquefois mais rarement, ce qu'on peut appeler le pacifisme de gauche, c'est-à-dire d'inspiration socialiste. Il exprimait alors le regret de la guerre, le désir de la paix immédiate, il prêchait la réconciliation des peuples. Mais c'étaient, je le répète, cas exceptionnels. La plupart des articles en tribune libre portaient l'empreinte cléricale et réactionnaire et la note qu'on y rencontre le plus souvent mérite un qualificatif sévère. J'en cueillerai deux : l'un du 13 février 1915, l'autre du 26 juillet 1917. Le premier, intitulé : « Le témoignage d'un Français », est une lettre écrite par un maire du département de la Somme. Les précisions qui y sont données sur les conditions dans lesquelles la commune, que l'auteur de l'article administre, a été occupée par l'ennemi, abandonnée, puis occupée à nouveau sont telles qu'il est à peu près certain que la lettre n'est pas apocryphe. En voici la fin :

« Ce qui nous a surtout frappés dans cette vie
« en commun [la vie avec les soldats allemands],
« c'est la discipline sévère qui règne dans l'armée
« allemande, l'amour de la patrie et *les sentiments*
« *religieux dont sont pénétrés les soldats*. Qu'ils
« soient protestants ou catholiques, ils remplissent
« tous les devoirs de leur religion sans ostentation,
« mais aussi sans crainte des hommes. Tous les

« soldats catholiques ont leur rosaire dans la poche
« ou suspendu au cou avec des médailles.

« Un jeune officier de vingt-cinq ans, institu-
« teur de sa profession, nous dit : « Depuis le com-
« mencement de la guerre j'ai assisté à beaucoup
« de combats, mais, grâce à la prière de ma mère,
« je n'ai jamais été blessé. » Quand on a su im-
« planter dans l'âme d'un peuple une pareille dis-
« cipline et de pareils sentiments religieux, on peut,
« avec raison dire : « Ce peuple est invincible. »

« Mais terminons ma lettre déjà trop longue. Je
« voulais simplement vous montrer combien nos
« journaux nous ont trompés.

« Mes co-détenus ne pourraient que vous répé-
« ter la même chose. Si j'étais sûr que mes com-
« patriotes de l'autre côté de la ligne de feu puis-
« sent lire ma lettre, je leur dirais : « Regardez
« notre président du Conseil, Viviani, qui, un jour
« devant notre « glorieux parlement », se faisait
« fort d'éteindre les étoiles du ciel. Est-ce qu'il ne
« ferait pas mieux d'éteindre les mèches qui font
« partir les canons? Non, cette besogne est au-
« dessus de ses forces. Mais il pourrait entreprendre
« une autre besogne, à savoir : rendre à l'Eglise
« les biens des morts qu'un autre ministère sans
« scrupules lui a volés. Peut-être le courroux du
« Seigneur, dont il ne voulait rien savoir, se lais-
« serait-il apaiser et peut-être verrions-nous alors
« la fin de ce fléau.

« La France méritait un châtiment pour ses
« sentiments et ses actions anti-religieux. C'est ce
« châtiment qui l'atteint maintenant, et peut-être
« n'est-elle pas encore au bout de ses épreuves. Qui
« connaît l'avenir ?... »

Le 25 juillet 1917, la *Gazette des Ardennes* publiait en tête de ses colonnes un article à titre si-

gnificatif : « Républicanisme et Barbarie. » Il débute par le récit d'un prétendu acte de lâcheté immonde qui est attribué à un instituteur, laïque bien entendu. Ce geste est ainsi commenté :

« Il y a de ce fait plusieurs leçons à tirer. La
« première est que *l'antipatriotisme semble une*
« *suite logique du républicanisme*. L'expérience l'a
« démontré un peu partout, dans les régions oc-
« cupées.

« La deuxième leçon est que les Allemands, ces
« barbares », bien qu'étant nos ennemis de guerre,
« ont montré, en mille circonstances plus d'huma-
« nité, de piété pour nos soldats français et pour
« les civils que les enfants mêmes de la sacrée Ré-
« publique française. C'est une honte nationale,
« mais c'est un fait que des milliers des sujets fran-
« çais devront avouer plus tard. »

L'article conclut :

« La République telle qu'elle existe chez nous
« est un régime pourri ; c'est le régime de l'as-
« siette au beurre, de l'amour-propre, de
« l'égoïsme, de la malhonnêteté et du vice. Dans
« une occasion où il faut du désintéressement et
« de la vertu, le « fougueux républicain » se fait,
« naturellement et par égoïsme, le plat valet du
« premier venu. Dans la question sociale, le répu-
« blicain devient, toujours par égoïsme, dur et
« cruel en ce qui ne le touche pas lui-même. En
« fait de patriotisme, le républicain n'en a même
« pas le souci ; il est un vulgaire phono qui ne
« marche et ne déclame que par la galette. Plaise
« à Dieu que le régime républicain ait produit
« beaucoup de « barbares » comme nos ennemis
« qui resteront, malgré tout, nos modèles sur bien
« des points. »

Articles fabriqués, dira-t-on, par des Allemands ou par quelques misérables à leurs gages ! Je ne le crois pas. Je suis convaincu qu'ils ont été écrits par des réactionnaires passionnés ; je suis d'autant plus engagé à le penser que le thème qui transparaît dans ces papiers : « la France est inférieure à « l'Allemagne parce qu'elle est anti-religieuse, » est celui que, dans nos pays de l'Ouest, il est arrivé qu'on développât en chaire. Mais j'admets qu'il y ait là simple supercherie du journal allemand. Il n'en est pas moins un fait indiscutable, c'est que nos ennemis cherchaient à s'appuyer sur les éléments conservateurs et cléricaux des pays envahis. Pourquoi? Parce qu'ils pensaient qu'ils trouveraient de ce côté des oreilles complaisantes, parce qu'il leur était revenu des propos ou des sermons analogues à ceux qu'on a entendus dans certains arrondissements de l'Ouest. Et il semble bien que leurs avances n'aient pas été sans donner quelques résultats. La chronique locale de la *Gazette des Ardennes* est, en effet, alimentée en partie par des membres du clergé qui, s'ils cachent leur nom, ne dissimulent pas toujours leur qualité. Un exemple ! A la date du 19 mars 1916, on lit dans le journal allemand :

« ...Ardennes, janvier 1916.

« Nous supprimons le nom de cette localité pour « mieux respecter l'anonymat de notre correspon- « dant :

« Monsieur le commandant de la place de..., Ar- « dennes, m'ayant demandé de vouloir bien com- « poser un article pour la *Gazette des Ardennes*, je « m'empresse de répondre à son désir et cela pour « l'assurer de ma respectueuse sympathie et de ma « profonde estime. »

Suivant diverses considérations sur les horreurs

de la guerre, sur la nécessité de la paix. La lettre finit ainsi :

« Et maintenant, avant de terminer, je tiens à
« dire que j'ai trouvé toujours de la part des auto-
« rités allemandes le plus profond respect pour ma
« personne et mon caractère ecclésiastique et la
« liberté complète pour remplir mon saint minis-
« tère.

« De plus, chaque fois que, dans les paroisses en-
« vironnantes privées de leur prêtre, on a réclamé
« mon ministère pour la sainte messe, le dimanche
« ou en semaine, pour l'administration des sacre-
« ments, la visite des malades, pour les sépultures,
« grâce à la bienveillance, à l'empressement des
« commandants, j'ai pu répondre à tout appel. Aussi,
« je transmets à qui de droit bien respectueusement
« ma gratitude et mes remerciements. »

Les prévenances des envahisseurs vis-à-vis du clergé français allaient bien au delà des égards que les commandants témoignaient à l'auteur de l'article et dont celui-ci les remercie avec une lamentable bassesse. On lit dans la *Gazette des Ardennes* que tous les prêtres français faits prisonniers étaient traités en Allemagne comme des officiers, quand même ils ne portaient que l'uniforme de simple soldat, à la condition qu'ils consentissent à subir un examen en théologie devant des prêtres allemands. Par ailleurs, il est mentionné à maintes reprises que toutes les écoles, laïques ou libres, des pays occupés étaient soumises à l'inspection d'ecclésiastiques d'outre-Rhin. Rien qui soit plus démonstratif de la politique que nos ennemis entendaient suivre. Certes, nous ne prétendons pas tirer une conclusion générale de défaillances isolées ou d'avantages qui peuvent n'avoir été consentis que par machiavélisme. Nous sommes cependant assurés que, si on pouvait relever une chronique locale à la charge d'un membre de l'enseignement public analogue à celle que nous avons citée, surtout si les instituteurs laïques avaient bénéficié d'un traitement de faveur de la part des Allemands, toute la presse de droite se serait répandue en clameurs d'indignation, alors que la conspiration du silence a été organisée autour des tendances et du caractère véritables de la *Gazette des Ardennes*.

Mais nous avons dit que le venin du journal résidait principalement dans les coupures de presse. La *Gazette* a le souci, très naturel à son point de vue, de discréditer l'effort français. Elle cherche à montrer, aux gens des pays occupés et aux Allemands qui la lisent ou qui en trouvent des extraits dans la presse germanique, que des personnages considérables de notre pays formulent de telles critiques contre les directions gouvernementales ou contre la conduite des opérations militaires que c'est puérilité pour des Français d'espérer le succès. Elle s'applique aussi, très naturellement encore, à recueillir toutes les informations qui sont de nature à seconder le progrès des armes germaniques. Cette marchandise, le journal allemand se la procure dans l'*Homme Enchaîné*. Plus de deux cents numéros de la *Gazette des Ardennes* reproduisent et commentent des articles de M. Clemenceau. Quelques spécimens :

Le 3 mai 1915, sous le titre : «L'Oligarchie ministérielle en France », la *Gazette* montre en citant M. Clemenceau, que :

« Un trio de despoticules Poincaré, Viviani, Mille-
« rand, suivi d'une pâle engeance de ministres à tout
« subir, s'est donné pour unique propos — une
« fois doté du pouvoir de la censure sur les informa-
« tions militaires — de supprimer des feuilles pu-
« bliques jusqu'au simple exposé des faits, si bien

« qu'il ne s'agit clairement que de protéger contre
« de gênants commentaires des personnages qui,
« sans l'excuse d'avoir reçu l'onction sainte de
« Reims, prétendent s'arroger « républicainement »
« le total de l'omnipotence humaine dans un néant
« de responsabilités. »

La *Gazette ajoute* :

« Quelle douche pour les soi-disant défenseurs
« de la liberté du monde! »

Le 28 mai 1915, le journal explique comment il
vient d'arriver à la censure du gouvernement français la plus piquante des mésaventures. Un article
de M. Clemenceau a été échoppé, mais les parties
supprimées avaient déjà été communiquées à d'autres journaux qui les ont reproduites.

« De cette façon, dit la *Gazette*, les savoureux
« passages frappés d'interdiction échappèrent par
« un heureux hasard aux ciseaux du censeur. Et
« c'est ainsi que nous sommes en état de recons-
« tituer *une page étonnante de sincérité et qui con-*
« *firme de la façon la plus cruelle la méfiance qu'ins-*
« *pire à tout esprit critique et tant soit peu clair.*
« *voyant la véracité douteuse et l'optimisme factice*
« *des informations publiées sous les auspices du*
« *gouvernement français.* Voilà ce qu'écrit à ce
« sujet M. Clemenceau :
« Mes lecteurs ont pu remarquer que depuis long-
« temps je m'abstiens de porter un jugement sur
« notre situation militaire. La lecture des journaux
« étrangers accroît mon champ d'observation au
« delà de ce que permet la censure, dont le prin-
« cipe est que tout fait dont elle interdit la relation
« n'existe pas.
« D'autre part, la conception du patriotisme

« officiel consiste à présenter en des termes de
« rhétorique flambante tout ce qui nous est favo-
« rable et à laisser dans l'ombre tout ce qui
« peut être la contre-partie : à quoi viennent
« s'ajouter les paroles de M. le ministre de la Guerre,
« lorsque, abordant les questions qu'il nous interdit
« de traiter, il ne craint pas de présenter au public
« des chiffres qui sont matériellement exacts sur un
« point donné, mais qui laissent dans l'ignorance
« de ceux qui permettraient une conclusion d'en-
« semble au lieu de nous pousser sur la pente d'une
« interprétation faussée.

« Dans ces conditions, que puis-je faire, sinon
« prendre acte de la servitude qui m'est imposée au
« mépris des lois, et me refuser à l'obligatoire
« tromperie qui ne me permettrait de dire que des
« parties choisies de vérité, ce qui est la plus savante
« manière de ne pas dire la vérité. Cependant, puis-
« qu'on me réduit à la nécessité de me taire, il me
« sera permis de constater que... le préjudice subi
« par l'esprit public demeure irréparable, puisque
« ces fautes cachées n'en subsistent pas moins et
« devront, quelque jour, produire leurs consé-
« quences sur le pays lui-même qui se plaindra
« trop tard de les avoir ignorées.

« Je n'en fais point de mystère, c'est là l'unique
« pensée qui me tourmente, parce que les faits
« résistent même aux articles de journaux com-
« mandés pour les travestir et que... je ne vois pas
« de plus grand mal qu'un système de gouverne-
« ment dont le principe est de créer dans le public
« un état d'esprit fondé sur des méconnaissances
« de la vérité.

« Car la réalité brutale, sur laquelle la phraséo-
« logie officielle ne peut avoir de prise, finit toujours
« par reprendre des droits et le jour vint trop tôt
« où la parabole des aveugles conduisant des aveu-

« gles montre les conducteurs conduits au fond
« du fossé. »

« Sans doute, reprend la *Gazette*, M. Clemenceau
« ne nous apprend-il pas ce que la lecture des jour-
« naux étrangers, accroissant son champ d'observa-
« tion, lui a permis de découvrir et de comprendre.
« Est-ce l'exagération démesurée des résultats de
« l'offensive française près Arras ou bien la dé-
« bâcle russe en Galicie, effrontément niée ou ridi-
« culement travestie à l'usage des lecteurs français?
« Sa critique reste générale et vise avec raison tout
« le système des informations officielles françaises.
« *Et, à ce propos, nos lecteurs nous concéderont que*
« *pour avoir dit parfois les mêmes vérités cruelles,*
« *notre réquisitoire ne fut encore jamais aussi im-*
« *placablement précis.* »

Est-il un article qui puisse être plus décourageant
pour les Français qui le lisent, plus encourageant
pour les Allemands qui le savourent?

Le 23 octobre 1915, sous le titre : « Dilemme »,
la *Gazette des Ardennes* triomphe de l'opposition de
M. Clemenceau à l'expédition de Salonique dont elle
tirera grand parti. Elle retient que M. Clemenceau
déclare les Alliés dans la difficulté de disposer immédiatement de 250.000 hommes. « Je possède sur
ce point, dit l'homme politique à un contradicteur
des informations qui vous font défaut. » La *Gazette* observe que c'est le membre de la Commission
de l'armée du Sénat qui parle. Le 17 novembre, le
journal allemand signale, à l'aide de citations de
l'ancien président du Conseil, « l'embuscade et le
favoritisme » qui sévissent en France. Il convient de
citer en entier l'article du 26 novembre 1915 qui renferme une moisson de renseignements utiles pour
les Impériaux :

STRATÉGIE D'ESPÉRANCES

« Sous ce titre, qui est une trouvaille, M. Cle-
« menceau caractérise la désorganisation qui règne,
« selon l'avis de certains, dans le camp des Alliés. Il
« écrit :

« Il devient de plus en plus difficile d'ordonner
« des vues raisonnables sur ce qui se passe en
« Orient, où, depuis la première expédition des
« Dardanelles, je ne puis trouver trace d'une direc-
« tion de gouvernement. A mon avis, ce qui donne
« surtout à quelques-uns une si haute idée de l'or-
« ganisation allemande, c'est l'incroyable degré de
« l'inorganisation des Alliés. Ce sujet est de ceux
« auxquels, chaque jour, les événements nous ra-
« mènent, comme pour nous faire connaître un
« excès de confiance jusque dans les craintes que
« nous avions exprimées sur une entreprise où nous
« ne découvrons de plan suivi que dans les expli-
« cations après coup d'une presse sans responsa-
« bilité.

« Ne nous avait-on pas annoncé que le débarque-
« ment à Salonique, suivi d'une marche dans la
« vallée du Vardar, allait avoir de décisives consé-
« quences même en l'absence du concours des Grecs,
« dont Constantin le Germanique lui-même semblait
« nous inviter à attendre une très amicale neutra-
« lité. Il ne s'agit que d'être en nombre et d'arriver
« à temps, nous disait-on avec une tranchante can-
« deur, quand nous étions précisément hors d'état
« de remplir ces deux conditions, par la très simple
« raison que la *plus grande incertitude règne encore*
« *aujourd'hui sur la décision finale, les proportions*
« *et la date du concours italien, sur le moment où*
« *la Russie pourra s'engager à son tour, et même sur*
« *l'empressement de l'Angleterre à quitter le front*
« *français*, où elle avait concentré ses efforts pour

« se lancer dans une aventure où la diplomatie de
« la Quadruple Entente s'est appliquée à maintenir
« une si grande part d'imprévoyance. »

« Dans la suite de l'article, reprend la *Gazette,*
« la déception de M. Clemenceau en arrive à for-
« muler la profonde pensée que voici :

« La principale force des Austro-Allemands et des
« Bulgares jusqu'à ce jour, c'est de n'avoir pas
« rencontré devant eux des forces capables de leur
« tenir tête. »

« M. Clemenceau semble décidément se douter
« qu'il vient de découvrir le secret de toutes nos
« victoires! »

Ainsi, grâce à M. Clemenceau, l'ennemi apprend
que « la plus grande incertitude règne encore à
l'époque sur la décision finale » en ce qui concerne
l'expédition de Salonique. Il apprend qu'on ignore
« les proportions et la date du concours italien,
le moment où la Russie pourra s'engager à son
tour », qu'on est incertain « sur l'empressement
de l'Angleterre à quitter le front français. »
Encore deux articles de 1917. L'un est du 31 mai.
Il est intitulé : « M. Clemenceau et la Grande Offensive. » Il débute ainsi :

« En tête de son *Homme Enchaîné,* M. G. Cle-
« menceau vient encore de publier un long article
« sur la grande offensive alliée. Si son fougueux
« patriotisme se refuse à reconnaître « la victoire
« allemande », il n'en reconnaît pas moins, *avec*
« *une rare franchise, l'échec des grands espoirs*
« qu'on nourrissait en France. »

Suit la coupure tout à fait réconfortante, n'est-il
pas vrai, pour les habitants des pays occupés!
Enfin le 1er décembre 1917, la *Gazette des Ardennes*
publie : « Notre *collaborateur* Georges Clemenceau ».

L'article débute en citant un autre article, du *Peuple Français*, paru en juillet 1916 sous le titre : « Silence, M. Clemenceau! » et où on lit :

« On peut être sûr que toutes les feuilles alle-
« mandes, autrichiennes, bulgares et turques font
'« trop souvent leur petit et même leur grand dé-
« jeuner des grincheries et de ces éternels ragots
« haineux dont s'émaille immanquablement le leader
« article de l'*Homme Enchaîné*.

« La *Gazette des Ardennes* ce journal qui est publié
« par les Allemands chez nous, dans les territoires
« qu'ils nous ont arrachés, s'amuse presque jour-
« nellement à le reproduire? C'est qu'elle ne compte
« pas sans doute parmi ses rédacteurs quelqu'un
« qui équivaille à M. Clemenceau pour l'acharne-
« ment, la méchanceté, la hargne sans cesse en
« éveil. Et puis comme il s'agit en somme de déta-
« cher de la France des Français, à qui peut-on
« s'adresser mieux qu'à M. Clemenceau? N'est-il
« pas, par excellence le dissolvant?

« Son mensonge est d'autant plus dangereux et
« coupable qu'il l'a toujours masqué du plus hypo-
« crite chauvinisme. Le loyal Déroulède s'y était
« laissé prendre lui-même naguère. On ne répétera
« jamais trop les responsabilités de cet homme dans
« notre impréparation militaire. En même temps
« qu'il réduisait les crédits de la défense, il jetait des
« défis à l'Allemagne. On comprend aujourd'hui
« seulement à quel cataclysme il nous aurait en-
« traînés si l'Allemagne à ce moment-là ne s'était
« pas méprise sur notre force.

« Aujourd'hui son action est plus néfaste en-
« core puisqu'elle s'exerce en pleine guerre et qu'elle
« tend à ébranler la confiance des soldats dans leurs
« chefs. »

« En reproduisant aujourd'hui cet article, ajoute

« la *Gazette des Ardennes,* nous tenons à certifier
« — pour M. Léon Daudet et le capitaine Bouchar-
« don — que M. Clemenceau n'a jamais touché
« d'argent pour sa « collaboration journalière » à
« la *Gazette des Ardennes.*

« Quant à nos lecteurs français, ils se diront
« avec raison que cette *Gazette des Ardennes* ne
« doit pas être le « mauvais journal » que certains
« prétendent puisque son collaborateur G. Clemen-
« ceau vient d'être appelé à la présidence du Con-
« seil des ministres français. »

*
* *

Admirable en vérité d'interpréter contre un
homme des relations de hasard, de relever à sa
charge de prétendus propos imprudents dont la
réalité n'est nullement établie, tenus en tout cas
dans des conversations privées, de rechercher, jusque dans l'intimité de sa pensée, le délit d'opinion,
alors que celui qui a ordonné les poursuites, qui a
mis en mouvement et aiguillé la moderne inquisition a, pendant des années de guerre, tant qu'il
n'était pas au pouvoir et afin d'y parvenir, répandu
dans des pages écrites de sa main, portant sa signature, les plus venimeuses diatribes contre le
gouvernement dont il ne faisait pas partie, contre
l'organisation civile et militaire de son pays. Non
seulement les Français qui gémissaient sous la botte
allemande et auxquels cette prose meurtrière parve-
nait par l'intermédiaire de la *Gazette des Ardennes*
voyaient diminuer leurs espérances, s'appauvrir
leur confiance, non seulement l'ennemi y trouvait le
plus succulent régal, le plus précieux des réconforts,
il y puisait encore des informations singulièrement
utiles, dont il n'a pu manquer de tirer parti.

M. Clemenceau aurait dit : « En 1917, après Painlevé, on ne pouvait s'adresser qu'à deux hommes, moi ou Caillaux. Mais, du moment qu'on prenait l'un, l'autre devait disparaître. On m'a choisi, j'ai poursuivi Caillaux. Si on avait fait appel à lui, il ne m'aurait pas manqué ». La phrase est-elle authentique? J'ai lieu de le croire. La pensée qu'elle traduit répond en tout cas à la mentalité de l'homme politique qui n'a jamais songé qu'à abattre par la violence ceux qu'il trouvait sur sa route, qui a réclamé la Haute-Cour contre Jules Ferry, qui s'est approprié, en l'appliquant à tous les hommes qu'il jugeait de taille à lui tenir tête, le mot que Shakespeare place dans la bouche de César-Octave apprenant la mort d'Antoine : « Nous ne pouvions pas tenir dans le monde ensemble. » Ma réponse à cette boutade, d'une vérité supérieure puisqu'elle exprime l'homme profond : « Si j'avais été appelé au pouvoir pendant la guerre, je ne sais quelles mesures j'aurais été conduit à prendre. Il m'étonnerait fort que je me fusse résolu à des procédés de violence auxquels mon tempérament répugne, quoique j'ai pu, écrivant pour moi seul, laisser tomber de ma plume. Mais il est une chose que je sais bien, c'est que pas un des articles de M. Clemenceau, dont la *Gazette des Ardennes* s'est réjouie, n'aurait vu le jour. »

CHAPITRE IX

LA· HAUTE-COUR — L'ARRÊT

Février 1920. Je suis devant la Haute-Cour. Une revue très rapide des audiences. Mon interrogatoire dans cette salle, aux pieds de cette tribune où, ministre, j'ai si souvent défendu les intérêts de l'Etat! Mes adversaires politiques eux-mêmes reconnaissent que je m'explique avec la même liberté d'allures et la même tranquillité que si je répondais à une interpellation. Il me semble que l'exposé auquel je procède, que les réponses que je fournis réduisent sinon à néant, du moins à bien peu de chose l'acte d'accusation. On entrevoit dans la presse que j'ai cause gagnée. « Attendons les témoins », disent les journaux de droite. Les voici! Voici ceux de l'accusation! Ils parlent de l'avant-guerre. Grande discussion politique, uniquement politique, qui se poursuit pendant plusieurs audiences sur les faits de 1911. M. de Selves et ses lieutenants, tout un coin du Quai d'Orsay, étalent leurs déceptions, leurs rancœurs, leur acrimonie. Ils me reprochent d'avoir étant chef de gouvernement, négocié par-dessus la tête de mon subordonné, le ministre des Affaires étrangères, et il suffit de les entendre parler pour comprendre que j'aie dû me passer d'eux, user des droits que la Constitution, telle qu'elle a été inter-

prêtée et appliquée, confère au président du Conseil
des ministres. Les mêmes personnages prétendent
sans preuves ou insinuent que j'ai cherché, au cours
des négociations, une modification à nos alliances,
un rapprochement avec l'Allemagne. M. Fondère,
cité lui aussi par l'accusation et qui fut le seul informateur dont je me suis servi, remet les choses
au point en exposant avec une absolue loyauté que
je ne lui confiai d'autre mission que de recueillir des
renseignements auprès de M. de Lancken qui l'avait
mandé; il précise que je transmis à notre ambassadeur, M. Jules Cambon, les informations qu'il
m'avait apportées. Enfin, M. Cambon déclare qu'il
a été constamment d'accord avec moi, que je ne lui ai
rien célé, que je ne lui ai donné aucune des directions
politiques qu'on imagine. Fini! l'accusation renoncera
à me reprocher ma politique d'avant-guerre d'autant
que deux de mes anciens ministres, M. Augagneux et
M. Messimy, cités par la défense, rendront pleine
justice à ma politique de 1911, et que M. Messimy,
mon ancien ministre de la Guerre, fera un tableau
émouvant de nos efforts communs pour assurer plus
complètement la défense nationale, pour doter l'armée française de l'artillerie lourde dont l'absence
fut si préjudiciable en 1914 et dont il n'a pas dé-
pendu de nous que nos soldats ne fussent pourvus.

« Mais tout cela n'est pas l'accusation », dit-on
dans la presse de droite. Nous y voilà! Quels témoins
produit le procureur général? Tous les Italiens qu'il
a cités se dérobent. *M. Martini n'ose pas affronter
la discussion.* Viennent, non déposer, mais plaider
contre moi : l'ambassadeur de France à Rome, son
premier secrétaire et son ancien attaché militaire
adjoint. Il est juste de reconnaître que, si M. Charles
Roux attaque avec virulence et fiel, M. Barrère s'efface et M. Noblemaire ne parle que d'imprudences.
Mais tous sont forcés de reconnaître qu'à part M.

Martini ils n'ont pas vu une seule personne qui m'eût rencontré ou parlé; que les propos qui m'ont été attribués leur ont été rapportés de deuxième, de troisième, de quatrième main. Ils n'en peuvent d'ailleurs préciser aucun; ils se bornent à me reprocher mes relations avec Cavallini et ses amis, l'atmosphère créée à Rome en suite de ma présence. En résumé, l'accusation n'est pas parvenue à faire venir à la barre un homme qui soit à même de dire : « M. Caillaux m'a dit ceci ou cela », à part M. de Jouvenel, rédacteur en chef du *Matin*, qui m'a vu en Italie et dont la déposition, bien que dénuée de bienveillance pour les miens, est décisive contre l'accusation.

Affaire Lipscher maintenant! Un seul témoin : Thérèse Duvergé, — elle confirme mes dires. Affaire d'Argentine! Un seul témoin également : Rosenwald. Lui s'efforce d'être venimeux. Il allègue qu'il m'a donné sur Minotto l'avertissement que j'ai exposé. Il mollit cependant en présence de mes dénégations, surtout quand je lui montre l'impossibilité matérielle de l'entretien qu'il imagine et qui se situerait au lendemain de mon départ de Buenos-Ayres. Il en vient à déclarer : « J'ai la conviction intime de vous avoir tenu ce langage. » Le ton a baissé; l'affirmation subsiste cependant. « Rosenwald est le principal témoin de l'accusation », crient les journaux hostiles. Il est même le seul témoin, car on ne peut faire état des allégations, qui n'ont pas d'ailleurs été retenues, d'un contrôleur des wagons-lits qui introduit la note comique dans le débat. Cet agent raconte qu'il a causé avec moi en novembre 1916 comme je revenais d'Italie, que je lui ai longuement exposé dans le couloir du sleeping en présence de deux voyageurs, un officier français et un touriste américain, que la victoire était impossible, qu'il fallait faire la paix au plus vite... Tous ceux qui me connaissent et dont beaucoup me reprochent d'être distant ont quelque peine à se figurer que j'aie pu m'épancher ainsi dans le sein d'un contrôleur des wagons-lits. L'opinion de chacun est faite quand on constate qu'il n'y a jamais eu d'officier dans le wagon et que l'Américain, qui a été retrouvé, inflige un démenti formel à l'intéressant fonctionnaire dont j'ai quelque raison de croire qu'il me reprochait surtout... une insuffisance de pourboire.

Malgré Rosenwald la déroute de l'accusation est telle que mes défenseurs examinent la question de savoir s'il ne convient pas de renoncer à tous les témoins à décharge et de demander à la Cour de juger immédiatement. Il leur semble cependant qu'il est essentiel de recueillir certaines dépositions, telles que celle de M. Haguenin sur les télégrammes Luxburg, de M. Moretti sur les affaires d'Italie, bien d'autres que je ne saurais résumer ni même indiquer dans le cadre étroit que je me suis tracé. Ils sont heureusement inspirés, puisque, au cours des témoignages de la défense, surgit la preuve que le principal témoin de l'accusation est un faux témoin. Un membre de la Ligue des Droits de l'Homme, M. Lévy, vient affirmer à la barre que Rosenwald dissimule son identité, qu'il s'appelle Cahen ou Kahn qu'il est né à Saar-Union (Alsace-Lorraine), qu'après l'annexion il fut l'employé d'un percepteur allemand de la région. Ayant usé de quelques libertés malencontreuses avec la caisse, il fut condamné pour détournements. Sa peine accomplie, il partit pour le Brésil, d'où il se rendit en Argentine. Il s'y fit naturaliser depuis la guerre sous le nom de Rosenwald. Que de choses ne pourrais-je pas dire ici sur l'odyssée, sur les avatars de ce singulier personnage, sur les métiers qu'il a faits, sur ses relations suspectes à Buenos-Ayres, sur ses étran-

ges allées et venues! Mais à quoi bon étaler tout ce
que j'ai appris lorsque la courageuse intervention
de M. Lévy eut délié bien des langues, puisque,
après avoir fait le possible et l'impossible pour soutenir son témoin, le procureur général fut obligé
de l'abandonner, de reconnaître qu'il avait menti à
la barre, quand, répondant à une question précise de
Mᵉ de Moro-Giafferi, il avait affirmé, sous la foi du
serment, qu'il s'appelait Rosenwald et non Cahen.
Le ministère public renonça à faire état de sa déposition et conclut en déclarant qu'un ordre d'informer était lancé contre l'imposteur, qui s'est enfui
et si bien caché qu'on n'a pu encore le retrouver à
l'heure où j'écris ces lignes.

Que reste-t-il donc? Le ramassis de ragots contenu
dans le premier des télégrammes Luxburg, auquel
le second télégramme enlève toute portée, — le fait
que je n'aie pas entretenu le gouvernement du détail des opérations d'escroquerie de Lipscher et de
la tentative qui a suivi, — les bouffonnes histoires
d'Italie fielleusement plaidées par certain personnage
de la carrière sans un témoin à l'appui.

Comment, avec un tel bagage bâtir un réquisitoire?
M. Lescouvé y parvient. Qu'il ait été fort bien secondé par d'habiles sous-ordres, ce n'est pas douteux.
Mais on ne saurait pas davantage contester que le
magistrat ait fait preuve d'un grand talent en mettant debout, avec les misérables éléments dont il disposait, un réquisitoire d'autant plus dangereux qu'il
fut relativement modéré. Il alla jusqu'à avouer les
doutes qu'il avait eus sur ma culpabilité et je suis
assuré de ne pas me tromper en avançant qu'au
moment où il parlait sa conscience était troublée.
Quand mon tour fut venu de me défendre, je pus
dire textuellement, sans être interrompu, sans sou-
lever une protestation : « M. le procureur général,
dans votre péroraison il m'a paru qu'il y avait des

traces d'hésitation profonde et vous n'avez pas dissimulé vous-même que, pendant longtemps, à l'examen de mon dossier, vous aviez été incertain. » Le magistrat, dont un des thèmes, le thème principal, avait été qu'en temps de guerre un homme public n'avait pas le droit de poursuivre une autre politique que celle du gouvernement, conclut en requérant contre moi une « condamnation politique ». Enfin! Nous étions sortis des marécages où on avait voulu m'embourber. Enfin! L'accusation proclamait le caractère purement politique de l'action intentée contre moi.

Je renonce à résumer autrement qu'en quelques mots les admirables plaidoiries de mes défenseurs. Me Moutet, avec une rare hauteur de vues, montra combien fut grand le service qu'au moment d'Agadir je rendis à la France, il fit justice avec infiniment de verve et d'esprit des hypothèses qu'on avait échafaudées sur mes papiers trouvés dans le coffre-fort de Florence. La sincérité, la conviction avec laquelle il parla, sa foi républicaine remuèrent ceux qui l'écoutaient. Sous la robe de l'avocat on sentit battre le cœur de l'homme. L'éloquence de Me de Moro-Giafferi se donna libre cours pendant trois audiences. Prenant l'accusation corps à corps, il disséqua chacune des allégations du procureur général, il fit justice de toutes les arguties, il montra le vide du dossier. Et son argumentation fut coupée, emmêlée de superbes mouvements d'éloquence. Sa péroraison resplendit d'une incomparable somptuosité de verbe et d'images. Me Demange parla le dernier. On a dit de lui qu'il était le symbole de la défense. La haute dignité de sa vie, son honnêteté rigide, son grand passé lui font cortège. Il dit le droit. Il montra que pas plus en droit qu'en fait on ne pouvait invoquer les articles du Code pénal dont le procureur général demandait qu'il me fût fait application. Il produisit une impression profonde quand il déclara que, lorsqu'il avait accepté de me défendre, à la requête de Pascal Ceccaldi, il s'était dit que « si, au cours de l'instruction, quelques détails venaient à se révéler laissant planer dans sa conscience un doute quelconque, il y avait des maladies opportunistes qui pouvaient dispenser d'accomplir une tâche », mais que, « à chaque pas qu'il avait fait, il avait eu davantage la confirmation de sa foi dans l'innocence de M. Caillaux ».

La parole me fut enfin donnée. Quand mon discours fut terminé, j'aperçus dans le Sénat une de ces vastes oscillations, une de ces grandes houles que je connais, qui secouent les réunions d'hommes quand une conviction les a pénétrés. J'entendis retentir les cris de « Vive Caillaux ! » Je vis des larmes dans la salle, tandis que les tribunes éclataient en applaudissements. J'étais acquitté.

Je fus acquitté, puisque la Haute-Cour rejetait à une majorité écrasante, par 213 voix contre 28, les conclusions du procureur général. Pas d'intelligences avec l'ennemi ! Pas de complot contre la sûreté extérieure de l'Etat ! Tout par terre !

Mais la politique veillait.

Mᵉ Demange, dans sa plaidoirie rappelait que M. Clemenceau, parlant en 1891 à la tribune de la Chambre, au cours d'une interpellation, disait à l'un de ses contradicteurs : « Vous n'êtes pas pour le tribunal révolutionnaire, Monsieur, vous avez la mémoire courte. Il n'y a pas longtemps, vous et moi, nous avons fait ensemble un tribunal révolutionnaire et le pire de tous : nous avons créé la Cour de justice et livré à des hommes politiques d'autres hommes politiques dont la condamnation était ainsi assurée d'avance. » Mes défenseurs auraient pu rappeler une autre parole prononcée jadis par un homme d'Etat cynique : « La Haute-Cour est un tribunal fait pour condamner les adversaires du gouvernement, non pour les juger. »

Impossible cependant de suivre le procureur général, — le forfait serait immense. On ne peut pas ne pas proclamer le néant de l'accusation. A partir de ce moment, je ne suis plus coupable que d'être innocent. Mais de cela il faut me punir. Il faut surtout m'écarter de la politique et du gouvernement.

Comment faire cependant ? Ah ! La question subsidiaire !

*
* *

Avait-on le droit de la poser ? Nombreux sont les jurisconsultes qui pensent qu'en droit pénal on ne saurait procéder par équivalents, que, selon les expressions de M. Gheusi, député, professeur de droit, « on est poursuivi pour *ceci* ou pour *cela* », qu'un tribunal n'a pas à juger autre chose que ce dont il est saisi, qu'il n'a pas surtout qualité pour se prononcer sur une ambiance ou sur une atmosphère (1). M. Caillaux était accusé d'intelligences avec l'ennemi, d'attentat contre la sûreté de l'Etat, crimes punis par les articles 77 et 79 des articles du Code pénal. C'était net, précis. La Cour de justice déclare mal fondées les conclusions du procureur général. C'est fini ! Ce doit être fini !

J'entends ce qu'on objectera : la Haute-Cour, étant un tribunal et non un jury, pouvait légalement qualifier les faits dont elle était saisie et modifier la qualification qui leur était donnée par les conclusions du procureur général. Simple pétition

(1) Le 12 décembre 1920, la Conférence des avocats du barreau de Paris a mis en délibération la question de savoir si la Haute-Cour de Justice avait qualité pour disqualifier, de sa propre autorité, les faits qui lui étaient déférés.

Après une longue discussion et un examen approfondi la Conférence des avocats s'est prononcée pour la négative.

de principes ! font observer les juristes, dont les
uns affirment que la formule doit être renversée,
que la Cour de justice est bien plutôt un jury qu'un
tribunal, dont les autres remarquent que les sénateurs, statuant comme les membres d'un conseil de
guerre à la fois sur la culpabilité et sur la sanction
réalisent le système connu sous le nom d'*échevinage*.
Or, devant les juridictions de l'espèce, les disquali-
fications ne sont pas libres. « Elles ne sont possibles
« que si on fait apparaître, *dès le début de l'au-*
« *dience, la régularité d'une transformation d'éti-*
« quette dans l'inculpation. Le président prévient
« de cette éventualité. Le ministère public s'ex-
« plique, la défense de même. » (M. Gheusi, *Ere*
Nouvelle du 27 avril 1920).

Mais la question est plus haute, M. Gouguenheim,
avocat, la formule exactement dans le *Bulletin de*
la Ligue des Droits de l'Homme du 5 mai 1920. En
un article intitulé : « *L'Arrêt de la Cour est illégal* »,
il écrit : « Devant un tribunal ou devant le jury —
« que les juges puissent disqualifier ou non — il
« n'y a pas, dans la pratique, d'exemples de dis-
« qualifications sans que, au cours des débats, soit
« le président, soit le ministère public n'ait offert
« la discussion à la défense et à l'accusé. »

Or, la question subsidiaire a été posée sans que
j'en fusse averti, sans que je fusse mis à même de
me défendre. M⁰ Demange a protesté avec la grande
autorité qui lui appartenait. Il a constaté « à la face
du pays que M. Caillaux était condamné sans avoir
été défendu, sans qu'il lui ait été permis de se défendre ». Et, de fait, quand donc fut-il parlé de
l'article 78 du Code pénal qu'on m'a appliqué ? Pas
au cours de l'instruction de M. Bouchardon — pas
davantage au cours de l'instruction de M. Pérès.
Pas un mot du président à l'audience ! Rien dans
le réquisitoire du procureur général, qui demande

l'application des articles relatifs à la trahison et non de celui qui punit de vagues correspondances avec l'ennemi. Impossible donc pour mes défenseurs et pour moi-même de montrer que, ni en droit ni en fait, l'article 78 ne m'est applicable.

J'entends bien que c'est ce qu'on voulait. J'entends qu'on craignait ma parole. Après mon discours prononcé le mercredi 21 avril 1920, achevé à six heures un quart du soir, la Cour de justice, au lieu de statuer immédiatement comme l'eût fait un jury, s'ajourne au lendemain. Pourquoi ? parce que le président fait valoir, à la surprise générale, qu'il n'a pas rédigé les questions à poser. Il n'y a cependant qu'une question bien simple : « M. Caillaux est-il coupable de ce dont l'accuse le ministère public. » Mais, on a dit que, si le Sénat avait voté sous l'impression de ma défense, c'eût été l'acquittement total. Pas de question subsidiaire qui pût tenir ! On a dit qu'il fallait gagner la nuit, qu'il fallait avoir la matinée du lendemain pour que des personnages consulaires pussent faire venir des sénateurs et poser devant eux la question de confiance. On a dit qu'il fallait que M. de Selves eût tout le temps de se promener dans les couloirs — et ce personnage en détrempe, pour parler comme Saint-Simon, ne s'en est pas fait faute. On a dit qu'il fallait que M. Pérès eût le loisir de s'acharner, — et il n'y a pas manqué, affirme-t-on. Michelet a écrit, parlant de l'attitude des jurés dans le procès Danton, à la suite du discours du grand révolutionnaire : « Sauf trois peut-être, les autres ne savaient plus « ce qu'ils allaient faire. Le dernier a assuré que « jamais il n'eût pu se décider si le président Her- « mann ne leur eût montré une lettre qu'il dit « venir de l'étranger et adressée à Danton. » En 1920, à la Haute-Cour, il y a aussi un dossier secret, que l'on fait sans nul doute circuler et dont, en tout cas, je ne me lasserai pas de répéter que la seule existence vicie tout débat judiciaire.

Passons !

Ainsi on trouve une majorité pour me faire l'application de l'article 78. Quel est-il ?

« Si la correspondance avec les sujets d'une puis-
« sance ennemie, sans avoir pour objet l'un des
« crimes énoncés dans l'article précédent [intelli-
« gences avec l'ennemi, manœuvres, machinations,
« complot], a néanmoins eu pour résultat de four-
« nir aux ennemis des instructions nuisibles à la
« situation militaire ou politique de la France et
« de ses alliés, ceux qui auront entretenu cette cor-
« respondance seront punis... »

Une première observation : je n'ai jamais eu de correspondance avec un sujet d'une puissance ennemie sinon avec Lipscher, auquel j'ai écrit une lettre, une seule, pour l'envoyer... au diable, lettre qui a été si peu critiquée qu'on a prétendu pendant un temps qu'elle était une couverture. Comment l'article peut-il m'être applicable ? On répond qu'il faut entendre le mot correspondance dans le sens le plus large : écrits, conversations, échanges de pensées... Soit ! Il paraît qu'il faut également comprendre que la correspondance avec les *agents* de l'ennemi est punissable tout comme la correspondance avec les *sujets* d'une puissance ennemie. Soit encore ! bien qu'on m'ait appris jadis qu'en matière pénale tous les textes étaient de droit étroit, qu'il était rigoureusement interdit d'étendre le sens d'un seul mot inclus dans la loi. Du moins faut-il que celui auquel on prétend appliquer l'article en question ait su qu'il écrivait ou qu'il parlait à un agent de l'ennemi... Incontesté ! Les auteurs sont unanimes sur ce point. Le simple bon sens indique d'ailleurs qu'on ne peut reprocher à qui que ce soit un entretien avec un sujet français, anglais ou italien à la solde de l'Allemagne du moment où l'on ignore la chose. Quand donc ai-je parlé avec un agent de l'ennemi, sachant qu'il était agent de l'ennemi ? Les considérants du verdict rendu le vendredi 23 avril vont nous le dire.

L'arrêt écarte complètement les affaires Bolo, Almereyda dont il parle à peine, l'affaire Lenoir dont il n'est même pas question. Il ne retient de l'affaire Lipscher que le fait de n'avoir pas averti l'autorité française des lettres que j'avais reçues de l'aventurier et des notes qui me furent remises par le mystérieux visiteur qui succéda à Thérèse Duvergé. On n'aperçoit pas comment cette abstention peut être pénalement répréhensible depuis qu'ont été abrogés les articles du Code qui punissaient « la non-révélation ». En tout cas, cette inaction ne tombe nullement sous le coup de l'article 78 auquel rien ne la relie. Blâme moral que je ne crois pas avoir encouru ! C'est tout !

Le verdict n'est basé que sur mes conversations avec Minotto et sur mes entretiens en Italie.

Voyons ! Examinons !

« Attendu, dit l'arrêt, qu'il est établi qu'au cours
« de sa mission dans l'Amérique du Sud, Caillaux
« s'est lié d'une étroite amitié avec un certain Mi-
« notto, depuis interné comme suspect par le gou-
« vernement des Etats-Unis à raison de ses origines
« et de ses relations allemandes, que ce person-
« nage lui a, par ses déclarations et par ses offres,
« prouvé clairement ses rapports avec le comte Lux-
« burg, ministre d'Allemagne en Argentine, et
« qu'on ne peut admettre, dans ces conditions, qu'un
« ancien président du Conseil, investi d'une mis-
« sion officielle, lui ait confié les griefs qu'il pou-
« vait avoir contre le gouvernement français et ait

« ainsi donné au comte Luxburg, comme le prouve
« le câblogramme de ce dernier, les renseignements
« les plus nuisibles sur la politique de la France... »

Une première remarque : on n'ose pas dire que
Minotto était un agent de l'ennemi, et on ne peut
pas le dire puisque le gendre de M. Swift n'a pas
été inculpé en Amérique, pas davantage en France,
puisque, après avoir été interné par mesure administrative parce que fils d'une Allemande, il a été
remis en liberté sans avoir jamais rien eu à démêler avec les tribunaux des Etats-Unis ou de
France. Comment l'article 78 peut-il s'appliquer ?
Ira-t-on jusqu'à prétendre que, par les mots « sujets
d'une puissance ennemie », il faut non seulement
entendre « agents d'une puissance ennemie », mais
encore « personnages suspects à raison de leurs origines et de leurs relations avec des ennemis »?
Vraiment ! Vraiment ! ce serait prendre un peu trop
de liberté avec les textes ! « Mais, objectera-t-on, il
n'en est pas moins vrai que certaines conversations
que vous avez eues avec Minotto ont été rapportées
par lui au comte de Luxburg comme le prouve son
câblogramme. » Sans aucun doute. Quelles conversations ? L'arrêt ne retient pas la prétendue commission dont j'aurais chargé Minotto auprès de
Luxburg dans le but de mettre un terme aux articles, louangeurs et par suite pénibles pour moi,
dont m'accablait la presse allemande. On ne pouvait le faire, puisqu'il fut établi par la déposition
de M. Haguenin que l'ennemi n'avait tenu nul
compte de mes prétendus désirs... au contraire. On
ne s'attache qu'à une chose : au fait que j'aurais
« confié à Minotto les griefs que je pouvais avoir
contre le gouvernement français. » A quoi veut-on
faire allusion? Je me suis pendant quelque temps
creusé la tête, j'ai relu les récits de Minotto, ces

récits qui, selon les expressions de l'arrêt de renvoi, « ne peuvent être accueillis qu'avec circonspection », je n'y ai trouvé qu'une seule chose qui
puisse justifier — dans quelle mesure? on va le
voir — l'expression employée. Minotto raconte que,
quelque jour, au cours d'un entretien dont j'ai parlé
(voir p. 173) sur les relations franco-allemandes
avant la guerre, je lui aurais dit que M. Poincaré,
président de la République, avait une large part de
responsabilité dans la campagne faite par M. Calmette contre moi. Je n'ai aucun souvenir d'avoir
tenu ce langage, mais soit. Je ne discute pas. Quel
« renseignement nuisible à la politique de la
France » fournissais-je ainsi ? Je demande qu'on
établisse une comparaison entre ce propos, relatif
d'ailleurs à l'avant-guerre, et les articles quotidiens
de M. Clemenceau dans l'*Homme Enchaîné*, reproduits par la *Gazette des Ardennes*, où, comme je
l'ai fait remarquer, l'homme d'Etat en disponibilité
déversait un tombereau d'injures sur le président
de la République et sur les gouvernements de la
guerre. Mais, reprendra-t-on, il n'y aurait rien à
vous dire si vous aviez clamé publiquement vos
« griefs » dans un discours ou dans un article de
journal de telle façon que tous les Allemands de la
terre entière en eussent connaissance. Ce qui est
grave c'est d'avoir glissé cette confidence, en fumant un cigare, dans le tuyau de l'oreille d'un Italien devenu suspect depuis lors, c'est-à-dire d'un
agent de l'ennemi, c'est-à-dire d'un sujet d'une
puissance ennemie. Admirable raisonnement en vérité ! mais je l'admets, quelque monumental qu'il
soit, et je continue. L'arrêt précise que je ne pouvais me méprendre sur le caractère de Minotto
puisque, « par ses déclarations et par ses offres, il
« m'avait prouvé clairement ses rapports avec le
« comte Luxburg. » *Il n'y a qu'un malheur, c'est*

que la conversation incriminée précède d'un mois mon séjour en Argentine, qu'elle a eu lieu aux environs de Sao-Paulo, fin décembre 1914, alors que j'ignorais qu'il y eût un M. de Luxburg au monde. Les déclarations et les offres de Minotto se situent au contraire entre le 23 et le 29 janvier 1915. Ce considérant de l'arrêt est donc simplement basé sur une erreur matérielle. Constatation de fait à laquelle on ne peut rien opposer, rien, rien !

Comprend-on pourquoi l'on ne m'a pas donné l'occasion de m'expliquer sur l'article 78 !

Italie maintenant !

« Attendu, dit l'arrêt, qu'il ne saurait être con-
« testé que Caillaux, en Italie, a, dès son arrivée,
« en décembre 1916, ouvert et entretenu des rela-
« tions avec des personnes notoirement connues
« comme neutralistes avérés et même avec des
« agents de l'ennemi : notamment avec Cavallini,
« depuis condamné à mort par la justice française,
« que, sans qu'il soit utile de discuter les termes de
« sa conversation avec M. Martini, l'ensemble de
« ses relations et de ses propos explique l'émotion
« considérable qui s'est produite à Rome... »

Premier point ! la conversation Martini est écartée. Que reste-t-il ? Mes propos ? Lesquels ? pas un témoin n'est venu à la barre de la Haute-Cour alléguer : « M. Caillaux m'a dit ceci ou cela. » Au reste, en quoi ces propos, même fâcheux, même tenus à des neutralistes avérés, pourraient-ils tomber sous le coup de l'article 78 ? Je n'imagine pas qu'on ose prétendre que le terme « sujets d'une puissance ennemie » puisse englober les neutralistes, c'est-à-dire les pacifistes ; pourquoi pas les socialistes ? Me suis-je entretenu en Italie avec des agents de l'ennemi, sachant qu'ils étaient les agents de l'ennemi ? Voilà toute la question. A la première partie de cette ques-

tion on répond : « Oui », et on nomme Cavallini.
Nous verrons ce que vaut l'aune de cette affirmation. A la seconde partie on ne fait aucune réponse.
On ne peut pas, comme dans le cas Minotto, argumenter sur des déclarations ou des offres qui m'auraient été faites. Tout au contraire, M. de Jouvenel
a déposé que, lorsqu'il me vit à Rome *à la fin de
mon séjour*, je témoignai d'une profonde surprise
quand il m'apprit que les personnes que j'avais accidentellement rencontrées étaient, à tort ou à raison, politiquement suspectes. Je dis « politiquement », car nul, à l'époque, n'a avancé que l'un
quelconque de ces personnages fût un agent de l'ennemi. Et, en dehors de M. de Jouvenel, qui m'a
mis en garde la veille du jour où je prenais le train
pour Paris, — il ne pouvait le faire plus tôt, — qui
donc m'a averti ? Je ne reviendrai pas sur l'exposé
très complet que j'ai fait, de ce que le Palais Farnèse a pompeusement appelé « les incidents d'Italie ». Je ne rappellerai pas que le directeur de la
Sûreté publique, M. Vigliani, me fut présenté par
MM. Re Riccardi et Cavallini, qui me paraissaient
ainsi disposer de la meilleure des cautions. J'ai
simplement réservé, pour les placer en regard de ce
considérant de l'arrêt, quelques fragments du mémoire du colonel François, attaché militaire de
France à l'ambassade de France.

Voici ce qu'il écrit en parlant de Brunicardi et
de Cavallini :

« Pour qui les connaissait, ils étaient l'un et
« l'autre, le second surtout, des hommes à éviter.
« particulièrement à cette époque, par un person-
« nage de l'importance de M. Caillaux dont les
« actes, les paroles et les fréquentations ont une
« portée et une signification particulières, surtout
« dans un pays comme l'Italie.

« Mais il fallait les connaître. Quelqu'un non
« averti pouvait se laisser prendre. Il pouvait igno-
« rer tout un côté des choses, le côté vraiment in-
« téressant, et n'en voir qu'un, le plus frappant,
« l'extérieur.

« Brunicardi était en relations avec des person-
« nages politiques importants. Je l'ai montré (1).
« Dans la circonstance, c'est lui qui a mis M. Cail-
« laux en relation avec M. Martini.

« Cavallini est sans conteste un aventurier, prêt
« à beaucoup de choses. Mais enfin, il était en bons
« termes aussi avec des hommes influents, leur
« rendait des services et ne se gênait pas pour le
« faire savoir. Naturellement il devait exagérer son
« rôle quand il en parlait avec des gens qu'il sa-
« vait ne pas être au courant de sa situation. *M. Cail-*
« *laux n'était pas au courant...*

« Extérieurement, Cavallini faisait figure de per-
« sonnage. Il faut bien connaître le milieu pour
« se rendre compte de la facilité qu'il avait à jeter
« de la poudre aux yeux. Un colonel, chef d'un
« service de la plus haute importance, lui prodi-
« guait les marques les plus évidentes de sympathie
« et de confiance; un capitaine, dont le rôle était
« également considérable, l'embrassait dans le hall
« d'un grand hôtel. Il avait un fils dans un ser-
« vice délicat de la censure de Rome. Avec la mar-
« quise Ricci, il menait un certain train de vie, ce
« qui, à Rome comme ailleurs, plus qu'ailleurs
« peut-être, dispose toujours favorablement les nou-
« veaux venus. Toutes ces circonstances habilement
« exploitées par lui, donnaient à cet homme une
« apparence à laquelle il était aisé de se laisser
« prendre lorsqu'on ne connaissait pas le dessous
« des cartes. »

(1) Brunicardi présenta le colonel François à M. Sacchi,
ministre de la Justice, qu'il tutoyait.

Pourquoi ne m'a-t-on pas montré le dessous des cartes? Pourquoi? Ceux qui m'ont lu le savent. Mais à quoi bon insister? Un fait domine tout. Cavallini, Brunicardi, Re Riccardi ont bénéficié d'un non-lieu qui, comme par hasard, est intervenu quelques semaines après le verdict de la Haute-Cour. Oui, j'entends. Cavallini fut auparavant condamné à mort en France, dans l'affaire Bolo, par le 3e conseil de guerre, sans que, détenu à l'époque dans son pays, il ait été ni entendu, ni accusé, ni défendu. Allons ! voyons ! Bas les masques ! Le gouvernement de M. Clemenceau a voulu faire de Cavallini, dont le procès en France ne fut ni instruit ni plaidé, un condamné à mort, afin de pouvoir écraser mon innocence sous ce cadavre officiel et fictif. On a voulu être en mesure de me dire : « Vous avez correspondu avec un *sujet de l'ennemi*, puisque vous avez causé avec un sujet italien dont nous avons fait un *agent de l'ennemi* en le condamnant à mort *depuis, sans l'entendre.* » Et, voici que la justice italienne qui, pendant plus de deux années, a instrumenté sur le cas Cavallini, qui a passé sa vie au crible, le proclame innocent.

N'y a-t-il que cela dans l'arrêt ? comme faits, oui. Mais, en droit, il y a autre chose, qui en établit l'illégalité.

L'article 78 fut inséré dans le Code pénal sur la demande de Cambacérès dans le but de frapper le commerce avec l'ennemi. Préoccupé d'assurer son plein effet au blocus continental alors ordonné contre l'Angleterre, l'archi-chancelier voulait qu'on pût légalement atteindre ceux qui, sous le prétexte de donner des renseignements et des nouvelles, entretenaient des « relations de commerce » — ce sont les termes dont il usa devant le Conseil d'Etat — avec des sujets anglais. Telle est l'origine première de cette disposition dont les juristes, notamment Gar-

raud, disent qu'elle contient une des incrimina-
tions les plus vagues que renferme le Code pénal.
Tous les auteurs s'accordent cependant à reconnaître que, pour que l'article en question soit applicable, il faut non seulement une correspondance
avec un sujet d'une puissance ennemie, il faut encore que cette correspondance ait eu un effet nuisible; il faut en outre, il faut surtout que celui auquel on prétend appliquer la disposition pénale ait
eu l'intention de nuire.

Sur le premier point, Faustin-Hélie s'exprime
ainsi :

« Il faut que la correspondance ait eu un résul-
« tat *matériel* : celui de fournir aux ennemis des
« instructions nuisibles ; *il faut donc constater* l'ef-
« fet des instructions fournies. »

Or, bien entendu, l'arrêt ne constate pas « l'effet
des instructions fournies ». Et pour cause !

Unanimité des auteurs sur le second point.

La doctrine est résumée dans les termes suivants
par Garraud :

« Il faut, écrit-il, que la correspondance ait eu
« pour résultat de fournir aux ennemis des instruc-
« tions nuisibles à la situation militaire ou poli-
« tique de la France ou de ses alliés. Mais suffit-
« il que la correspondance ait eu ce résultat ? ne
« faut-il pas qu'elle ait eu en même temps ce *but* ?
« Malgré les termes expressifs de la loi, *on est d'ac-*
« *cord pour entendre cette disposition de manière*
« *à ce qu'elle ne blesse pas les principes fondamen-*
« *taux du droit pénal.* Une imprudence, un défaut
« de précaution, dans une correspondance entre-
« tenue avec les sujets d'une puissance ennemie,
« quelques nuisibles à la situation militaire ou po-

« litique de la France où de ses alliés qu'ils soient,
« peuvent bien constituer une *faute* mais non un
« crime. Il faut donc que l'auteur du fait incriminé
« ait agi avec une *intention criminelle déterminée*
« pour qu'il soit punissable. »

Quelles intentions criminelles déterminées relève-
t-on à ma charge ? L'arrêt prend soin de préciser
qu'il n'y en a aucune : « Attendu, est-il dit, que,
« *s'il n'est point établi par le ministère public que*
« *l'accusé ait voulu, dans ces circonstances, secon-*
« *der les entreprises de l'ennemi*, il n'en est pas
« moins vrai que ces manœuvres ont eu pour *ré-*
« *sultat...* »

Et plus loin :

« Attendu que, dans tous les faits reprochés à
« Caillaux, *l'intention criminelle de seconder les*
« *progrès de l'ennemi... n'est pas établie*, mais que
« ces mêmes faits prouvent à la charge de l'accusé
« des correspondances avec les agents de l'ennemi
« ayant pour *résultat...* »

L'arrêt prétend donc que le résultat seul compte,
que celui qui l'a déterminé est punissable hors de
toute intention criminelle. Il est en contradiction
avec la doctrine. « Il blesse les principes fondamen-
taux du droit pénal. »

Mais je rabaisserais l'exposé que je poursuis si
je m'attachais à un débat juridique. Je l'ai simplement évoqué... pour l'avenir.

« En politique il n'y a pas de justice »... formule de Clemenceau ! la Haute-Cour n'était saisie
que d'une question politique. Même le Procureur

Général, soutenant mollement une accusation de trahison, avait conclu à une condamnation politique. Et il fallait que mon innocence fût bien éclatante pour que l'Assemblée se refusât à suivre le Ministère Public. En désespoir de cause, elle imagina l'imprudence criminelle aux fins de justifier, si faire se pouvait, les vingt-sept mois de détention préventive qui m'avaient été infligés — cela est si vrai qu'on prit mesure, pour la peine, sur la durée de l'emprisonnement subi, — aux fins de me faire défense de paraître pendant cinq ans dans les lieux qui seront indiqués par le Gouvernement, surtout aux fins de m'exclure de la politique pendant dix ans. « Un sentiment presque unanime pla-
« nait sur l'assemblée, fut-il écrit par quelqu'un
« qui avait de bonnes raisons pour être exactement
« renseigné, on voulait éviter à tout prix le retour
« au pouvoir de l'homme qui, depuis deux mois,
« se révélait capable de penser hardiment et de
« vouloir de même, qui, le cœur aigri, serait avide
« de représailles, et pourrait exploiter les mécontentements
« innombrables de l'heure. (1) » M. Aulard n'affirme-t-il pas avoir entendu textuellement ce propos : « Si on l'acquitte, il est capable de redevenir président du Conseil ? (2) » Un sénateur n'aurait-il pas dit en Chambre du Conseil : « Prenez garde; si vous l'acquittez, vous allez donner un
« chef au socialisme ! » Et, pour défendre ce qu'on appelle, par une singulière déformation des mots, la République conservatrice, une majorité se forma. Elle éleva entre l'homme qu'on l'avait conduite à redouter et la vie publique un de ces murs dont il faut peu connaître l'histoire du monde pour ignorer qu'ils ne tiennent pas devant la poussée des événements.

(1) *Progrès civique* du 1er mai 1920.
(2) *Progrès civique* du 1er mai 1920.

Au cours du procès Danton un juré, auquel le
cœur manquait, quitte la salle, rencontre dans un
couloir Topino-Lebrun. « Ce peintre, homme d'es-
« prit et républicain mais à la façon de Machiavel,
« lui aurait dit : « Ceci n'est pas un procès, c'est
« une mesure... Nous ne sommes pas des jurés,
« nous sommes des hommes d'Etat... Deux sont
« impossibles. Il faut qu'un périsse... Veux-tu tuer
« Robespierre ? » — « Non ! » — Eh ! bien ! par
« cela seul tu viens de condamner Danton. » En
1920, Robespierre ce n'est pas seulement l'homme
qui m'a poursuivi, c'est toute une politique que
j'ai définie, qui a commencé en 1912, qui s'est in-
sensiblement développée pour s'épanouir sous le ministère Clemenceau. En m'acquittant on l'eût condamnée et avec elle tous ceux qui y avaient participé. Il fallait me condamner pour l'acquittement
non devant le pays, non devant l'histoire... Impossible !... devant une assemblée parlementaire.

CONCLUSION

Dans ses *Essais de Politique et d'Histoire*, M. Joseph Reinach, parlant du grand procès de la Révolution auquel je ne me lasserai pas de revenir, écrit : « Ce sont deux politiques en lutte : politique
« intérieure d'indulgence, de modération, *politique*
« *extérieure de négociation armée, en un mot po-*
« *litique tendant à ménager le sang, à l'intérieur*
« *et à l'extérieur dans l'intérêt de la France. —*
c'est celle de Danton ; *politique de tyrannie, de terreur, d'un patriotisme agressif* » — c'est celle de Robespierre.. La même bataille entre deux politiques semblables en 1917 !

Pas plus que d'autres, Danton n'essaya de faire prévaloir, en menant une opposition violente, sa politique contre celle du gouvernement de Robespierre. Du jour où ses amis et lui eurent été écartés du Comité de Salut Public, il s'abstint de toute action; il se garda de contrecarrer, même de gêner, ceux qui avaient la charge des affaires publiques. Il attendit. Il ne pouvait cependant ni ne voulait dissimuler son opinion à ses intimes. Sa pensée apparaissait dans les articles de Camille Desmoulins, dans les attitudes d'Hérault de Séchelles au Comité des Affaires Extérieures. Et c'est sa pensée qu'on incrimina, son demi-effacement qu'on lui reprocha, ce sont les projets qu'on lui prêta qui motivèrent les poursuites. Saint-Just reçut mission d'apporter devant la Convention des conjectures, des inductions, de faire état de propos échappés au cours de conversations privées. Avec son furieux talent et sa froide passion d'inquisiteur il accepta toutes les hypothèses, tous les commérages sans rien vérifier, « il couvrit le tout au hasard d'une blanche écume de rage ». Robespierre et lui voulurent abattre, ils abattirent l'homme d'Etat en réserve.

« Politique extérieure de négociation armée », écrit M. Reinach définissant les intentions de Danton! Politique de modération et de mesure, à l'intérieur comme à l'extérieur, qui eût abouti, si on l'avait laissée se développer, à l'affermissement de la République, à l'établissement dans toute l'Europe occidentale de libres démocraties s'incorporant volontairement à la France de la Révolution ! Politique qui eût sans doute réalisé, en l'élargissant et en l'ennoblissant, le grand rêve de Richelieu, qui eût non seulement porté notre pays sur le Rhin, mais qui en eût fait le tuteur des Allemagnes de l'ouest, qui eût reconstitué les vieilles Gaules dans leur plein équilibre en dotant leurs populations latines du contrefort nécessaire, librement apporté, de race germanique.

La politique du patriotisme agressif triompha, « Par ses excès, cette politique a lassé l'opinion et épuisé la Révolution », écrit encore M. Reinach. Elle a également épuisé la France. Elle a engendré la réaction thermidorienne, le Directoire, Bonaparte, l'Empire... Les traités de 1815 en sont directement issus. Sur les guerres de Napoléon, M. de Bonald a écrit, de grand style, une page à relire : « En réfléchissant sur les expéditions de Bonaparte, « en observant qu'en dernier résultat, après nous

« avoir épuisés d'hommes et d'argent, elles ont,
« toutes, tourné à notre ruine et à l'avantage de
« nos voisins, on ne peut se défendre de *Lui* soup-
« çonner une haine secrète et profonde du nom fran-
« çais, sucée avec le lait, et on comprend plus faci-
« lement qu'un membre des Communes d'Angle-
« terre ait dit en plein Parlement que les Anglais
« devraient lui décerner une statue d'or comme à
« l'homme qui avait le mieux mérité de leur
« pays... » Enfantillage de partisan royaliste qui
confine à l'absurdité que d'attribuer au grand Empereur, qui a jeté sur la France un éclatant manteau
de pourpre diapré de gloire, « une haine secrète
et profonde du nom français ». Mais, réalité, exactement déterminée et mesurée, que de constater
que les résultats des guerres napoléoniennes furent
de grandir l'Angleterre, abaissée trente ans plus tôt
par la guerre de l'Indépendance des Etats-Unis et
de diminuer la France appauvrie d'hommes, éloi-
gnée du Rhin. Napoléon, apprenant les traités de
Vienne, se serait écrié : « Dans quelle situation
« met-on ce pays auquel on enlève ses frontières na-
« turelles? » Il était un des responsables du désastre, il n'était pas le seul. Il n'avait fait que s'approprier, que dériver à son profit, au profit de ses
conceptions de génie et ensuite de ses rêves de
César d'aventure, la politique du patriotisme agressif des religieux, des fanatiques à la Robespierre (1)
et à la Saint-Just qui avait prévalu, comme il arrive trop souvent dans ce pays de flamme, sur la
politique de raison et de calme des hommes d'Etat
réfléchis.

----

(1) Il n'est que juste de rappeler que Robespierre avait été
entraîné dans cette politique, qu'il avait tout fait, avec infiniment de courage, pour prévenir la guerre voulue par
Louis XVI et par la Gironde.

*
* *

« L'Histoire jugera les nations qui ont pris part
« à la grande guerre moins par les motifs pour
« lesquels elles y seront engagées que par les
« résultats qu'elles sauront en tirer », a dit un an-
glo-saxon imprégné de l'esprit positif de sa race.

Quels résultats a tirés la France du conflit mondial ?

Les deux politiques que figuraient en 1793 les
noms de Robespierre et de Danton se confrontaient
à nouveau. On a écarté brutalement celle de Danton. La politique du patriotisme agressif l'a emporté. L'a-t-on du moins faite complètement ? A-
t-on su la faire ? L'a-t-on conduite comme la con-
duisirent jadis la Convention, Bonaparte, avant que
les folies du grand homme eussent précipité la
France dans les guerres de magnificence ? Regar-
dons les faits.

Une puissance, l'Angleterre, a réalisé l'impérialisme. Son succès n'est réduit que par le gigantesque développement de deux grands empires qui
montent à l'horizon. Elle n'en a pas moins magis-
tralement converti « la victoire en sa victoire »,
selon l'expression d'un grand écrivain. Elle s'est
emparée de quelques millions de kilomètres carrés.
Nous lui avons abandonné l'hégémonie des mers,
la souveraineté d'une partie du globe, sans que,
en dehors de la restitution des provinces qui nous
avaient été volées, il nous ait été permis de ramasser autre chose que les miettes tombées de la table.

Le 7 mars 1919, le *Daily Telegraph* disait : « la
« marine britannique est sortie de la lutte suprême
« comme jamais encore elle ne le fit. Au début de
« la lutte il y avait cinq grandes flottes dans les
« eaux européennes dont la puissance variait beau-
« coup. L'Allemagne, l'Autriche-Hongrie, la Russie

« ont cessé d'être des puissances maritimes. *Nous sommes maîtres des mers, pour autant que cela* « *concerne notre hémisphère, à un degré que nos* « *ancêtres n'ont jamais connu* ». Et dans un livre intitulé *le Chaos Européen*, *fortement* pensé d'ailleurs, un écrivain anglais qui ne peut être suspect d'impérialisme constate : « L'Angleterre a triom- « phé dans la guerre; elle est pleine de vastes es- « poirs et ressent tous les effets stimulants de la « plus grande victoire de l'histoire, victoire qui « ajoute à son empire de vastes territoires, qui lui « donne une complète liberté de mouvements sur « mer, une puissance indiscutable sur d'énormes « étendues de terre et *des perspectives qui, comme* « *le disait M. Lloyd George, sont plus grandes et* « *plus suggestives que toutes celles qu'elle a con-* « *nues dans son histoire.* »

Beaucoup à dire sans doute sur ces perspectives ! Un pays, quelque grand qu'il soit par la continuité dans les vues, par la volonté obstinée, court des risques en débridant ses ambitions. Il me paraît que la vieille Angleterre, non seulement l'admirable Angleterre de Gladstone, même l'Angleterre de Beaconsfield, aurait redouté un accroissement démesuré de puissance. On ne tente pas impunément de fonder l'empire d'Alexandre. On ne le tente pas en tous cas sans susciter l'envie, la crainte, et la Grande-Bretagne rencontre aujourd'hui sur les océans des rivaux singulièrement puissants dont l'un, le plus proche, les Etats-Unis, aurait, d'après Lord Robert Cecil, retiré de la grande guerre les avantages qui advinrent à l'Angleterre après les guerres de Napoléon. Même, en détachant nos regards du grand théâtre du monde pour les ramener sur la petite Europe — nous n'aurons que trop d'occasions de justifier l'épithète — l'Angleterre a besoin de la France comme la France a besoin d'elle.

Et moi, auquel on a absurdement attribué une hostilité préconçue contre la Grande-Bretagne, moi qui tiens au contraire pour essentielle au maintien de la civilisation en Occident comme au bien de mon pays l'union étroite, *que je veux simplement sur le pied d'égalité*, entre la France et l'Angleterre, je déplore la disproportion de puissance que les traités de M. Clemenceau ont créée, non seulement parce qu'elle atteint mon pays dans sa force relative, mais parce que j'appréhende qu'elle ne nuise à la collaboration intime des deux nations.

J'entends ce que nos alliés peuvent répondre, ce qu'ils ont répondu : « Il vous appartenait de dé- « fendre vos intérêts. Vous les avez confiés à « M. Clemenceau, en toute liberté, n'est-il pas vrai ? « Nous avons été, bien entendu, complètement « étrangers à son avènement et à son maintien au « pouvoir. » — nul n'en peut douter — « De quoi « donc vous plaignez-vous? » Conception étroite de la politique internationale ! Au cours des négociations d'Agadir, M. Jules Cambon me rappelait un mot de M. Thiers : « En politique, il ne faut pas « *trop* réussir. » Il faut s'en garder surtout quand on est à la table de la paix aux côtés d'alliés qu'on ne doit pas cesser de tenir pour des associés, au désavantage desquels il ne faut pas chercher des succès, dont il convient au contraire de défendre les intérêts, pour reprendre la formule chère aux Britanniques, comme on défend les siens propres. Thèse qui peut être discutée! je l'accorde. Incontestable que l'argument dont on use contre nous vaut dans l'ordinaire des relations humaines, que, par suite, nous devons l'accepter. Pourquoi donc nos intérêts ont-ils été insuffisamment défendus ?

Parce que la politique du patriotisme agressif de M. Clemenceau et de ceux qui l'avaient porté au pouvoir servait la nation ou les nations qui aspiraient à détruire des marines rivales, des commerces rivaux, à s'emparer d'immenses territoires, qui étaient soucieuses d'anéantir, non de construire, qu'elle était en contradiction avec les buts que la France devait poursuivre. La France, avant la guerre, durant le temps où les Républicains gouvernaient, s'appliquait, non sans succès, à contenir les unes par les autres les grandes puissances du monde. Jaurès disait que « nous ne devions nous « livrer complètement ni à l'Angleterre contre « l'Allemagne, ni à l'Allemagne contre l'Angleterre. » La formule était sans doute excessive ; elle avait un côté déplaisant. Elle exprimait cependant cette vérité profonde que la France devait essayer de prévenir ou de retarder tout au moins le développement, qui ne pouvait pas ne pas être à son détriment, des grands empires qui la coudoyaient. Les intérêts d'un pays sont permanents. La tourmente survenue, il fallait que notre patrie trouvât un contrepoids à la puissance anglo-saxonne, que la guerre devait fatalement accroître, soit dans de grandes nations européennes rendues moins fortes que la France, s'associant à elle, acceptant ses directions, soit dans un ensemble de petits Etats groupés autour de la République. Dans l'une comme dans l'autre de ces éventualités une politique exclusive de passion, une politique de mesure en même temps que de persuasion s'imposait; nous devions user du grand moyen d'action, de l'incomparable levier que nous donnait la Révolution Française; nous devions préparer, en proclamant nos principes, en rappelant l'idéal de 1791, de 1792, *en conformant nos actes à nos paroles*, l'éclosion de démocraties européennes que, par la conciliation, *par la générosité*, nous aurions orientées vers nous, attirées dans l'orbite de la latinité.

Ceux qui n'ont pas voulu de cette politique, ceux

qui, n'ayant pas compris ou ayant trop bien compris, ont méconnu le grand rôle moral de notre pays qui s'accordait avec ses intérêts, ceux qui ont fait la politique du fanatisme réactionnaire avantageuse pour d'autres puissances, ceux qui ne peuvent même invoquer l'excuse d'avoir brillamment travaillé dans le grand pillage du monde auquel ils se sont attelés et où ils n'ont recueilli que de pauvres épaves, ceux-là auront quelques comptes à rendre à l'Histoire.

*
* *

Ont-ils du moins réussi à résoudre les problèmes économiques et financiers qui ne se posaient pas en 1815, à peine en 1870, qui, en 1919, dominaient toutes les autres questions.

Quelques pages seulement sur un immense sujet que je n'ai pas la prétention, qui serait ridicule, de traiter ici, à l'examen duquel je consacrerai peut-être un volume !

On a judicieusement comparé l'Europe de 1914 à une gigantesque usine, contenant, selon la formule de M. Hoover, le grand américain qui fut, pour un temps, le dictateur des vivres, cent millions d'hommes de plus qu'elle n'en pouvait nourrir et ne parvenant à les alimenter qu'en échangeant les produits qui sortaient de ses ateliers contre les denrées que fournissaient les pays neufs de l'Amérique, de l'Australie ou les vieux pays de l'Asie. La guerre a naturellement disloqué la fabrique, rompu les rapports entre les peuples qui la composaient, obligé ceux d'entre eux qui ne pouvaient conserver des relations avec l'extérieur à aliéner leurs créances sur les mondes nouveaux, à contracter des dettes formidables pour se procurer vivres et matières premières, contraint les autres,

ceux qui étaient coupés des mers, à épuiser leurs
stocks, à utiliser les plus minces bribes de leur
avoir, à se dévorer eux-mêmes. La guerre finie il
n'y avait qu'un moyen de rétablir l'ordre économique et financier : solidariser l'Europe plus étroi-
tement encore qu'avant la guerre, appeler tous les
peuples à travailler en commun. Formule générale
qui comportait de multiples applications, dans le
détail desquelles nous ne saurions entrer, dont nous
nous efforcerons cependant de faire entrevoir certaines !

Deux tâches essentielles : assainir financièrement,
réparer économiquement. Pour assainir financièrement, il n'était guère qu'une méthode, difficile à
mettre en œuvre sans doute, réalisable cependant.
Il fallait diluer la dette de l'Europe, l'internationa-
liser, en ne se laissant pas effrayer par le total général des emprunts, en considérant à peine ces
chiffres fantastiques, en prenant pour base les réalités c'est-à-dire la charge annuelle des intérêts et
de l'amortissement, en répartissant cette charge
totale, après l'avoir revisée et réduite dans la mesure du possible, entre tous les peuples au prorata
de leurs forces et de leurs responsabilités, en exi-
geant de tous les pays une participation inégale
mais effective au fardeau commun par l'établissement d'impôts uniformes ou de même structure.
On devait tâcher d'obtenir par exemple que, dans
le monde entier, il fût établi un impôt ou des impôts sur les transports exigés même des pays loin-
tains intéressés au relèvement de l'Europe. Il fallait tout au moins disposer que toutes les nations de
l'ancien continent supporteraient des impôts directs sur les revenus et sur les capitaux, ayant la
même assiette, combinés de façon à prévenir les
fraudes, fixés à des taux différents, très lourds pour
les peuples vaincus, ménageant les peuples vain-

queurs et les neutres. Les ressources ainsi créées eussent été rassemblées et employées à servir les intérêts et à assurer l'amortissement rapide de la dette contractée pendant la guerre aussi bien que de la dette issue des réparations légitimes dues par les vaincus. Simple schéma qui comporte d'infinies modalités mais dont il faut retenir les idées-maîtresses : création d'une dette européenne composée des dettes de guerre et des dettes de réparations — couverture financière obtenue par des contributions de tous les Etats, calculées de telle sorte que les peuples vaincus aient à supporter une charge notablement supérieure à celle incombant aux peuples vainqueurs — participation des neutres.

Pour réparer économiquement le désastre il suffisait de permettre aux pays du vieux continent de travailler et de produire, il suffisait de ne pas entraver leur effort par des tarifs de douane excessifs ou par de nouveaux obstacles à l'échange des marchandises, il suffisait de résister au déchaînement des appétits. On n'a pas eu ce courage, on n'a pas eu davantage la largeur d'esprit nécessaire si bien qu'on a fabriqué la plus extravagante carte économique de l'Europe qui se puisse imaginer. Je m'explique.

Si la guerre avait abouti au maintien des grands Etats avec des rectifications de frontières peu importantes, analogues à celles que comportaient beaucoup de traités de paix antérieurs, la tâche de négociateurs raisonnables eût consisté à faire revivre, en les corrigeant par endroits, en y ajoutant quelques dispositions générales destinées à prévenir la concurrence déloyale ou l'exploitation abusive des monopoles de fait, les conventions en vigueur avant l'ouverture des hostilités. Le conflit mondial ayant conduit à désarticuler l'Europe, à créer une série d'Etats nouveaux, tout un ensemble de précautions devaient être prises. On ne pouvait pas permettre aux nations appelées à la vie politique de briser les courants industriels et commerciaux. On ne pouvait admettre que l'Europe se hérissât de lignes de douanes. Il n'était pas malaisé de comprendre que, pour rétablir l'usine européenne qui avant la guerre s'accommodait tant bien que mal des anciennes barrières de douanes parce qu'établies depuis longtemps, parce que la production s'était à la fois disposée et organisée en conséquence, il fallait ne pas élever encore ces obstacles, surtout ne pas en créer de nouveaux à tort et à travers. On n'y a pas pris garde. On n'a pas observé que, en régime de libre échange, les divisions territoriales, même artificiellement, même arbitrairement décrétées, ne comportent aucun inconvénient, au point de vue économique s'entend, mais qu'il n'en va pas de même en régime protectionniste. Qu'importe au point de vue du mouvement des échanges qu'une république tchéco-slovaque, qu'un royaume yougo-slave soient constitués sur les débris de l'ancienne Autriche du moment où les produits pourront circuler librement, comme par le passé, entre Vienne et Prague, entre Buda-Pest et Sarajevo ! Au contraire, tout est bouleversé si les nouveaux Etats ont la faculté d'établir tels tarifs protecteurs qu'il leur plaît, si, mis en possession des gisements miniers qui, en 1914, approvisionnaient les hauts-fourneaux séparés aujourd'hui par une frontière, il leur est loisible de taxer le minerai ou le charbon, d'en interdire l'entrée ou la sortie à leur convenance. C'est cependant ce qu'on a laissé faire. On a permis, sur toute la surface du vieux continent, des zigzags de cordons de douanes qui équivalent à des cloisons étanches entre ateliers se commandant dans une même usine.

Il était cependant élémentaire ou de saisir cette

occasion d'organiser le libre échange européen ou, si l'on estimait que l'heure de ce grand progrès n'avait pas encore sonné, de stipuler au moins un code économique qui garantît des possibilités de développement à tous les·pays. Qu'y avait-il de plus légitime et de plus nécessaire que d'imposer aux peuples qu'on appelait à la liberté et dont l'émancipation politique ne devait naturellement pas entraver la reconstitution de l'Europe un ensemble de règles ou de garanties au premier rang desquelles aurait figuré l'interdiction de taxer, à l'entrée ou à la sortie, les matières premières, les denrées indispensables à la vie? Quelques-unes de ces règles auraient été étendues à tous les grands pays. Est-il admissible qu'une nation que la nature a largement dotée du charbon, qui est le pain de l'industrie, tire un profit excessif de cet avantage? Peut-on accepter qu'en surélevant les prix de vente de la houille à l'exportation par un procédé ou par un autre elle parvienne tout à la fois à avantager sa propre industrie contre celle de ses alliés de la veille et à imposer un tribut colossal à ces mêmes alliés forcés de payer et la valeur du charbon et l'impôt qui s'y ajoute?

Mais qui donc a songé à ces vastes problèmes, dont nous venons d'indiquer quelques-uns, parmi les hommes d'Etat du continent qui, détachés de ces vulgarités, trônaient dans un empyrée? Ils ne sont même pas descendus, autant qu'il semble, à consulter ceux qui auraient pu conseiller, crier gare. En ce qui concerne notre pays en tous cas, aucun économiste, aucun financier digne de ce nom ne fut mandé.

Ainsi on a abouti au plus invraisemblable tohu-bohu économique et financier, à un tohu-bohu qui paralyse l'existence, qui tarit les sources de la vie de l'Europe, qui bouleverse ses changes, cependant que sa fortune se désagrège, cependant qu'ayant jadis exploité l'univers elle voit deux grands pays s'emparer de ses anciens marchés, cependant que ses clients de la veille se détachent d'elle, s'organisent pour se suffire à eux-mêmes. Si les peuples du vieux continent ne s'accordent pas, s'ils ne s'organisent pas pour travailler en commun ils éprouveront bientôt la difficulté de vivre. En proie à une misère grandissante, l'Europe continentale ira en s'étiolant, quand bien même elle ne subirait pas un soudain effondrement économique que certains entrevoient, quand bien même elle ne serait pas secouée par des guerres nouvelles ou des convulsions révolutionnaires qu'on voit poindre et qui, si elles surviennent, précipiteront son irrémédiable déchéance.

*
* *

Et la France?

Deux questions vitales en dehors du problème européen : la réparation des dévastations commises sur son territoire, l'exonération de sa dette extérieure. Que fut-il disposé?

La première question occupa longuement. Elle donna lieu à d'interminables bavardages. Elle eût été solutionnée à l'avantage de notre pays en quelques minutes si l'on s'en était tenu aux quatorze conditions du Président Wilson dont l'une spécifiait que les peuples vaincus seraient obligés de réparer les dommages causés aux propriétés et aux populations civiles. Mais les nationalistes avaient jeté dans notre pays cette formule : « L'Allemagne paiera tout. » On avait crié sur les toits que la totalité des dépenses de guerre serait remboursée par l'agresseur. L'*Action Française* avait été plus loin. Elle avait revendiqué « la part du combattant ». On peut voir encore aujourd'hui sur les murs des lambeaux d'affiches apposées par les soins des royalistes, où il est prédit aux soldats que, de retour dans leurs foyers, ils seront pourvus, grâce à l'*Action Française*, d'un joli capital versé par l'Allemagne. Honteuse démagogie qu'une ignorance crasse des questions économiques, que dis-je? des possibilités humaines, ne suffit pas à expliquer, encore moins à justifier! Prisonniers de la politique du fanatisme, qui, dans l'espèce, confine à l'ineptie, tenus par les déclarations qu'ils avaient faites et que cependant ils ne pouvaient pas ne pas savoir irréalisables, M. Clemenceau et ses ministres cherchèrent à se dégager des formules du Président Wilson. L'embarras était grand puisqu'il avait été entendu, avant la signature de l'armistice, que la paix serait conclue sur la base des quatorze conditions. Comment faire? M. Lloyd George suggère un expédient : on sollicitera les textes de telle façon que dans la somme à réclamer à l'ennemi sera compris le capital des pensions à servir à tous les blessés, à tous les mutilés de guerre, aux veuves et aux enfants de tous les soldats tués. On applaudit du côté français à cette élégante interprétation. On y rallie, péniblement, dit-on, le Président des Etats-Unis. On y arrive cependant. Singulière victoire pour la France! Ses représentants ont feint d'ignorer que les facultés de paiement des peuples vaincus, même en les supposant revenus à une pleine prospérité, étaient limitées, qu'elles étaient de beaucoup inférieures au gigantesque total représenté par l'addition des dommages matériels et du capital des pensions inscrites aux budgets de tous les pays vainqueurs, que, dès lors, il faudrait ou opérer une réduction au marc le franc des diverses créances ou attendre un nombre d'années qu'on ne saurait compter avant d'avoir recouvré l'intégralité du chiffre jeté sur le papier. Ainsi, la somme légitimement réclamée à l'Allemagne pour la reconstitution de nos départements ravagés ne sera pas payée intégralement ou sera soldée dans des délais qui défient le bon sens. Ne va-t-il pas de soi qu'on ne devait accepter l'inscription sur la liste des réclamations du capital des pensions viagères, si tant est qu'il fût admissible d'entrer dans cette voie, qu'à la condition formelle qu'il y aurait priorité, à notre bénéfice, pour le remboursement des torts matériels. Au cas où il eût été impossible de faire admettre cette stipulation par M. Llyod George, mieux valait mille fois écarter la singulière exégèse du texte de M. Wilson qui nous était « obligeamment » proposée. M. Keynes, dont je n'épouse pas toutes les thèses développées dans le livre remarquable qu'il a écrit sur les conséquences économiques de la paix, a dit, dans la préface de l'édition française de son ouvrage, que, en traitant comme ils le firent la question des réparations, « ceux « dont s'entoura M. Clemenceau (j'admire l'élé- « gance de la phrase) *trahirent les intérêts de la* « *France* ».

Formules qui viennent trop aisément sous la plume! Formules sommaires! Je ne m'approprierai pas celle-ci. Les hommes se trompent... au dommage de leur pays, hélas! C'est ce qui est advenu dans l'espèce. J'ai plus de peine à comprendre, je l'avoue, comment ceux qui avaient charge de représenter la France n'exigèrent pas la remise de la dette interalliée, comment ils n'aperçurent pas que c'était question vitale pour notre pays.

La guerre, ai-je dit devant la Haute-Cour, se fait avec du fer, avec du charbon, avec des hommes. La France a donné les hommes... les corps de 1.385.000 de ses enfants jonchent les champs de bataille, tandis que la Grande-Bretagne, l'Italie, les Etats-Unis réunis n'ont vu tomber que 1.550.000 des leurs. Si l'on considère les habitants âgés de vingt à quarante-quatre ans, ces pertes représentent la proportion de 20 p. 100 en France, de 10 p. 100 en

Grande-Bretagne et en Italie, un pourcentage insignifiant aux Etats-Unis. Notre généreux pays a donc largement versé son sang pour le bien commun. Il a dû, en revanche, demander à ses alliés le fer et le charbon dont il manquait. On les lui a donnés. Je me trompe : on les lui a fait payer. La France subissait le préjudice le plus effroyable pour elle qui se puisse concevoir étant donnée la faiblesse de sa population, étant donnée la courbe de sa natalité qui, depuis François Ier, va sans cesse en descendant, un préjudice que rien ne saurait réparer dont elle ne pouvait être dédommagée d'aucune façon, sous aucune forme. Ses alliés devaient du moins ne pas lui réclamer le remboursement des munitions dont ils avaient approvisionné les héros tombés. Il n'y avait pas à implorer, il y avait à demander justice, il y avait à flétrir Shylock, il y avait à imposer l'annulation de la dette interalliée. *Question passée sous silence!!!*

Qu'est cette dette? que doit la France à l'Angleterre et à l'Amérique, non pas aux particuliers que nul ne songe à frustrer, mais aux Etats? tout simplement 26 milliards 450 millions-or dont 12 milliards 700 millions à la Grande-Bretagne et 13 milliards 750 millions aux Etats-Unis. M. Keynes dont il est de mode non pas seulement de critiquer certaines thèses, discutables je l'ai dit, mais de vitupérer l'œuvre tout entière sans doute parce qu'elle renferme trop de vérités... gênantes, a pu écrire : « La France peut à peine obtenir pleine ré- « paration de l'Allemagne pour les destructions su- « bies sur son territoire, mais, bien que victorieuse, « elle doit payer à ses alliés et amis plus de cinq « fois l'indemnité que, vaincue en 1870, elle versa « à l'Allemagne. *La main de Bismarck fut légère* « *pour elle en face de la main d'un de ses alliés ou* « *de son associé.* »

Encore le compte que fait M. Keynes n'est-il pas exact. Il a négligé les changes. Avec les changes actuels ce n'est pas 26 milliards que la France doit à l'Angleterre et aux Etats-Unis, c'est plus de 65 milliards. Comment pourrons-nous supporter un pareil fardeau? Avant la guerre quand notre pays était en pleine prospérité, il n'équilibrait sa balance commerciale que grâce aux remises que l'étranger lui faisait en paiement des arrérages des capitaux que la France, la grande prêteuse du monde à l'époque, avait dispersés dans l'univers entier. Pour faire face aux charges de guerre, nous avons aliéné la plupart de ces capitaux qui nous valaient une rentrée annuelle de 3 milliards au moins. Déficit d'autant dans notre balance! Il faudrait y ajouter quelques autres milliards pour satisfaire à nos engagements vis-à-vis des Etats alliés. Qu'on se représente bien ce que cela signifie. Nous serions tenus, dès aujourd'hui si nous ne prorogions les échéances, nous serons tenus demain, quand, tout ayant une fin, il nous faudra renoncer à des délais supplémentaires, de prélever sur notre production, sur le travail de nos paysans, de nos industriels, de nos commerçants, de nos ouvriers, une somme de plus d'un milliard-or, représentant actuellement trois milliards environ, que nous devrons envoyer à l'étranger pour le service de la dette interalliée. La France est mise en vassalité financière par les Anglo-Saxons.. On s'est gardé de l'en dégager, soit qu'on n'y ait pas pensé, soit plutôt qu'on ne l'ait pas voulu. Et, pour avoir les coudées franches, on a contraint au silence ceux qui auraient réclamé pour leur pays l'exonération d'une charge intolérable, ceux qui étaient libres de parler haut, ceux qui avaient mesuré les difficultés que devait rencontrer le relèvement économique et financier de la France, ceux qui pendant la guerre avaient voulu préparer la paix par des accords entre alliés sur ces questions, ceux qui avaient pensé à unir la France et l'Italie placées dans la même situation, ayant les mêmes intérêts, pour de communes revendications de justice.

*
* *

Situation redoutable, dont il ne faut cependant pas exagérer la gravité. Situation à laquelle on peut remédier si on sait écarter toutes les rodomontades, rejeter les divagations des trublions du nationalisme, si l'on se place résolument en face des réalités avec la volonté de les mesurer et de s'y adapter!

En 1920 les réalités sont mondiales, elles ne sont plus européennes. Les hommes de 70, pour mieux dire les hommes qui ont conservé ou qui ont accepté la mentalité de 1870, n'ont qu'à se frotter les yeux. Qu'ils regardent le monde! qu'ils regardent au delà des temps présents! Peut-être alors comprendront-ils qu'il est des hommes politiques dont la doctrine s'est opposée à la leur parce que ceux-là n'ont pas rétréci le champ de leur vision, parce que ceux-là ont eu une assez large compréhension des intérêts de leur pays pour ne pas les enfermer en un court espace de temps, pour ne pas les concentrer sur un petit coin de l'Europe.

Qu'est donc l'Europe aujourd'hui? Où va-t-elle? Un écrivain, M. Valéry, prétend qu'elle « deviendra « ce qu'elle est en réalité, c'est-à-dire un « petit cap « du continent asiatique (1) ». Ce qui est dans tous les cas certain, c'est que « le centre de gravité du monde se déplace ». Deux grands empires, les Etats-Unis et le Japon, sont nés dans le courant du siècle précédent. Rien ne pouvait empêcher leur ascension,

_____

(1) P. VALÉRY, *La crise de l'Esprit La nouvelle Revue française,* 1er août 1919.

elle était fatale. Elle se serait cependant harmonisée avec le développement ralenti d'une Europe à l'apogée, l'inévitable transformation de l'univers se serait opérée avec la lenteur clémente des forces naturelles, si la grande guerre n'avait pas éclaté ou si, étant survenue, elle avait été de courte durée. Une paix conclue en 1915 aurait maintenu le monde dans l'état où il était précédemment. Une paix signée en 1917, au moment où les Amériques se jetaient dans le conflit où elles devaient puiser une force et un prestige singuliers de nature à grandement faciliter leur expansion économique, eût limité le mal. En se prolongeant près de cinq ans, la guerre a précipité l'évolution qui cheminait lentement. Comme l'observe M. Demangeon dans son beau livre le *Déclin de l'Europe* (1) « la guerre a obligé l'Europe à faire
« à l'étranger des achats qui l'ont endettée et rendue
« débitrice de ses anciens débiteurs ; en détruisant
« les biens, elle l'a obligée à se reconstituer per-
« dant ainsi les moyens de créer de nouvelles ri-
« chesses à échanger; enfin, en tuant des multitudes
« d'hommes, elle a tari une source d'énergie et de
« vitalité. » Et, pendant ce temps, les Etats-Unis et le Japon demeurés intacts, ont grandi. Aujourd'hui le Japon s'empare du Pacifique, essaie d'élever la Chine comme la Corée à son propre niveau de civilisation, touche les Indes, rêve d'une grande ligne dont il serait le cœur qui comprendrait la plupart des peuples de l'Asie invités à secouer la tutelle de l'Europe. Il proclame que l'Asie doit être aux Asiatiques. Les Etats-Unis ont depuis longtemps affirmé que l'Amérique appartenait aux Américains, mais l'Amérique du Sud leur échappait. Elle était reliée à l'Europe. La guerre, en transformant les relations

(1) A. DEMANGEON, Maître de conférences à la Sorbonne. *Le Déclin de l'Europe,* chez Payot.

économiques de l'ancien continent et de l'Amérique
latine, en privant celle-ci des marchandises européennes, de l'appui financier des grandes banques de
France et d'Angleterre, a obligé le Brésil, l'Argentine, le Chili à se tourner vers les Etats-Unis qui ont
rempli la place **vide**. En quelques années le pana-
méricanisme, dont M. Demangeon dit qu'il est « une
« doctrine faite d'intérêts matériels et de tendances
« sentimentales », qu'on peut définir, ajoute-t-il,
« comme le libre développement de toute l'Amérique
« sous le contrôle économique des Etats-Unis », a
fait de gigantesques progrès.

Et voici que, par un retour extraordinaire des
choses, l'Europe, mère de tant de colonies, devient
une terre de colonisation américaine. L'auteur que
nous citons, montre en des pages saisissantes, nour-
ries de faits, de statistiques, de chiffres, qu'aucun
pays de l'Europe n'échappe à cette collaboration,
qu'on voit partout les hommes d'affaires américains
avec leurs capitaux et leurs produits.

Il ne subsiste qu'une puissance européenne qui
puisse se mesurer avec les deux empires : la Grande-
Bretagne. « Moins atteinte que ses alliés et ses
« ennemis du continent elle continue à tirer de ses
« placements extérieurs des revenus énormes; avec
« ses domaines d'outre-mer, elle constitue toujours
« une forte communauté; pour se restaurer après la
« guerre, elle montre l'énergie tenace qui a fait sa
« grandeur; dès le lendemain de l'armistice, on
« revoyait ses bateaux et ses voyageurs sur ses
« anciens marchés; *nulle part elle ne lâche prise et*
« *même elle prend pied sur de nouvelles posi-*
« *tions* (1).» C'est que l'Angleterre ne s'est pas laissé
persuader que « les réalités sont européennes (2) »,

(1) M. Demangeon, *op. cit.*
(2) Formule chère à certains Français !

c'est que, depuis de longs siècles, elle s'est répandue dans le monde, c'est qu'elle est parvenue à compenser les pertes économiques et financières que la guerre lui a fait subir par l'acquisition d'immenses territoires en Afrique et en Asie où elle est en forte situation pour résister aux deux grands rivaux qui lui sont nés. Sans doute est-elle aux prises avec les difficultés considérables, difficultés en Irlande, en Egypte, aux Indes, mais son merveilleux sens politique lui dictera les transactions nécessaires. Seule des puissances européennes elle peut envisager sans trop d'effroi le déplacement de l'axe du monde. Elle est installée partout. Surtout elle s'est fait investir par le traité de Versailles de la maîtrise des mers dont elle ne se laissera pas dépouiller.

Comment la France peut-elle jouer sa partie entre ces Léviathans qui menacent de submerger le monde? Elle a simplement recouvré son dû : l'Alsace-Lorraine; elle s'est à peine agrandie au delà des mers; elle saigne des dévastations commises sur son territoire dont aucune contribution financière n'a encore allégé le poids; elle est accablée par une dette extérieure formidable; elle a été terriblement éprouvée — et c'est son point le plus sensible — par l'immense perte d'hommes. Il y a cependant dans notre pays de telles ressources d'énergie, un tel ressort dont il a tant de fois donné la preuve, qu'il a si superbement affirmé par le redressement de la Marne, il y a aussi une telle vertu d'expansion souveraine dans l'âme de la France quand elle reste fidèle à ses traditions qu'elle est encore à même de remplir la grande mission qui lui est dévolue, celle que tout au long de ces pages nous avons fait entrevoir, la mission de rassembler autour d'elle l'Europe de l'Ouest et l'Europe centrale. Désunis, les Etats européens entreront en agonie. Unis sous la direction morale des Latins avec, pour contrefort, l'empire africain si riche de réalités et d'espérances que la France a eu l'heureuse fortune de constituer, ils pourront vivre, échapper au servage économique et financier qui les guette, recouvrer la substance de leur grandeur passée.

Conception plus difficile à mettre en œuvre aujourd'hui qu'en 1915, qu'en 1917, qu'au lendemain de l'armistice, à l'heure où la France était en situation telle qu'elle pouvait, en mariant sa doctrine avec celle du Président Wilson, s'assurer les justes avantages en même temps que l'hégémonie morale! On a dit que « rien ne pourrait réparer le dommage qui « fut causé à l'époque ». Je souscrirais à cette formule si je n'étais persuadé que les Anglo-Saxons comprendront qu'il leur faut faire des sacrifices, tels que celui des impôts que, par la vente du charbon, ils prélèvent sur leurs alliés, tels surtout que celui de la dette interalliée, pour refaire une Europe dont la mort lente compromettrait l'existence de l'Angleterre, atteindrait les Amériques mêmes qui ne peuvent se passer encore du vieux continent, qui sont hors d'état de prendre la direction de la civilisation, si je n'étais surtout convaincu que la nécessité de vivre obligera l'Europe continentale à se concerter et à s'unifier, à adopter le code économique orienté vers la liberté des échanges indispensable à son existence.

Mais l'économie n'est que la servante de la politique. Un code économique est conditionné par un code politique.

Et, à nouveau, s'opposent les deux grandes formules, celle de la Révolution française, la vraie, celle que Danton personnifia — celle de la contre-révolution. Si la politique de la réaction prévalait ou, pour parler plus exactement, si elle se poursuivait longtemps encore, notre pays courrait les plus graves périls. Inspirée par le fanatisme borné, la contre-révolution conduit au recroquevillement de la France.

Elle est impuissante à apporter des solutions européennes dans l'ordre économique puisqu'elle ne peut
se détacher du protectionnisme étroit ou plutôt du
prohibitionnisme que réclame la foule des enrichis
de la guerre qui furent et qui sont parmi les plus
passionnés clients du nationalisme. Elle est encore
plus impuissante à apporter des solutions dans
l'ordre politique puisqu'elle n'est fondée que sur la
vanité et sur la haine également infécondes, puisqu'elle ne rêve que compression, que domination
brutale, que militarisme, que résurrection puérile
de la Sainte-Alliance des trônes et des autels. Ceux
qui la soutiennent ne veulent pas entendre que la
grande force de la France dans le monde lui vient
des idées du dix-huitième siècle et de la Révolution
qu'aucun évangile nouveau n'éclipsera ni n'effacera
puisque celui que nos ancêtres ont forgé contient la
substance ou le germe de tout progrès. Ils ne veulent
pas voir que les sympathies que la France a rencontrées au cours de la guerre et qu'elle rencontre encore se mesurent aux sympathies pour la Révolution Française qui fut la révolution humaine, qu'on
ne saurait continuer notre pays qu'en étant du côté
du mouvement de 1789, du côté de ses précurseurs :
les grands ministres de la vieille monarchie, les
grands esprits des siècles passés, du côté de ses
disciples : les hommes d'Etat du dix-neuvième siècle.
*On ne peut servir la France que telle qu'elle s'est
figurée dans le monde et telle que le monde la figure.*

Dominant l'exposé que j'ai dû faire, trop longuement à mon gré, des bas agissements contre un
homme dictés par l'esprit de parti, par la volonté de
tuer une politique de raison, par le désir d'étouffer
une voix gênante à de certaines heures, m'élevant

au-dessus de ces ignominies, je terminerai ce livre par une invocation qui fera revivre dans ma mémoire la prière que, tout enfant, j'ai entendu un orateur, flétrissant le Second Empire, prononcer à la tribune de l'Assemblée Nationale.

Puisse ce pays vivre sa vie hors de tout vasselage, hors de tout pouvoir personnel, hors de toute contre-révolution qui le détruirait! Il n'est pas seulement notre patrie; il est une des plus hautes personnes morales qu'il y ait jamais eu. Une France libre et forte, conservant sa race sans craindre de s'agréger largement les éléments dont elle a besoin de s'enrichir, est la condition indispensable du progrès humain. Par les vertus de son terroir, par l'heureuse fusion des peuples qui s'y est opérée, par la mentalité qui y est diffuse, par l'air même qu'on y respire, la France peut être et elle seule peut être le guide des démocraties auxquelles, quoi qu'on fasse, l'avenir appartient. Puissent ceux qui viendront après nous et qui auront la charge de garder les *Flambeaux* être tout à la fois passionnément Français et passionnément humains, selon notre grande tradition, en pleine logique! L'amour qu'ils auront pour leur pays sera d'autant plus profond qu'il se reliera à une volonté ardente de progrès général et de progrès social et qu'il sera pénétré du culte de l'humanité, de cette pauvre humanité qui se traîne sanglante sur la poussière de la route symbolique vers les sommets dont Renan disait qu'elle monte en lacets!

Mamers, 12 octobre 1916.

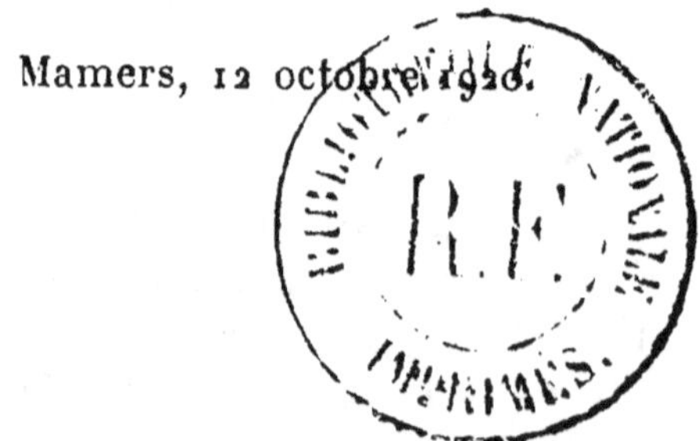

TABLE DES MATIÈRES

———

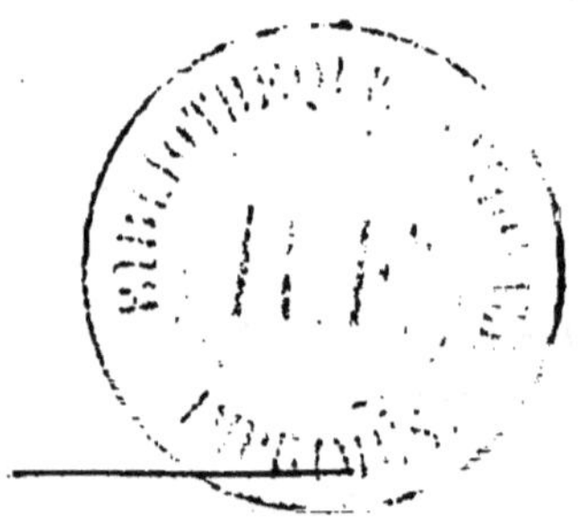

Bar-le-Duc. — Imprimerie Comte-Jacquet (6-1925).